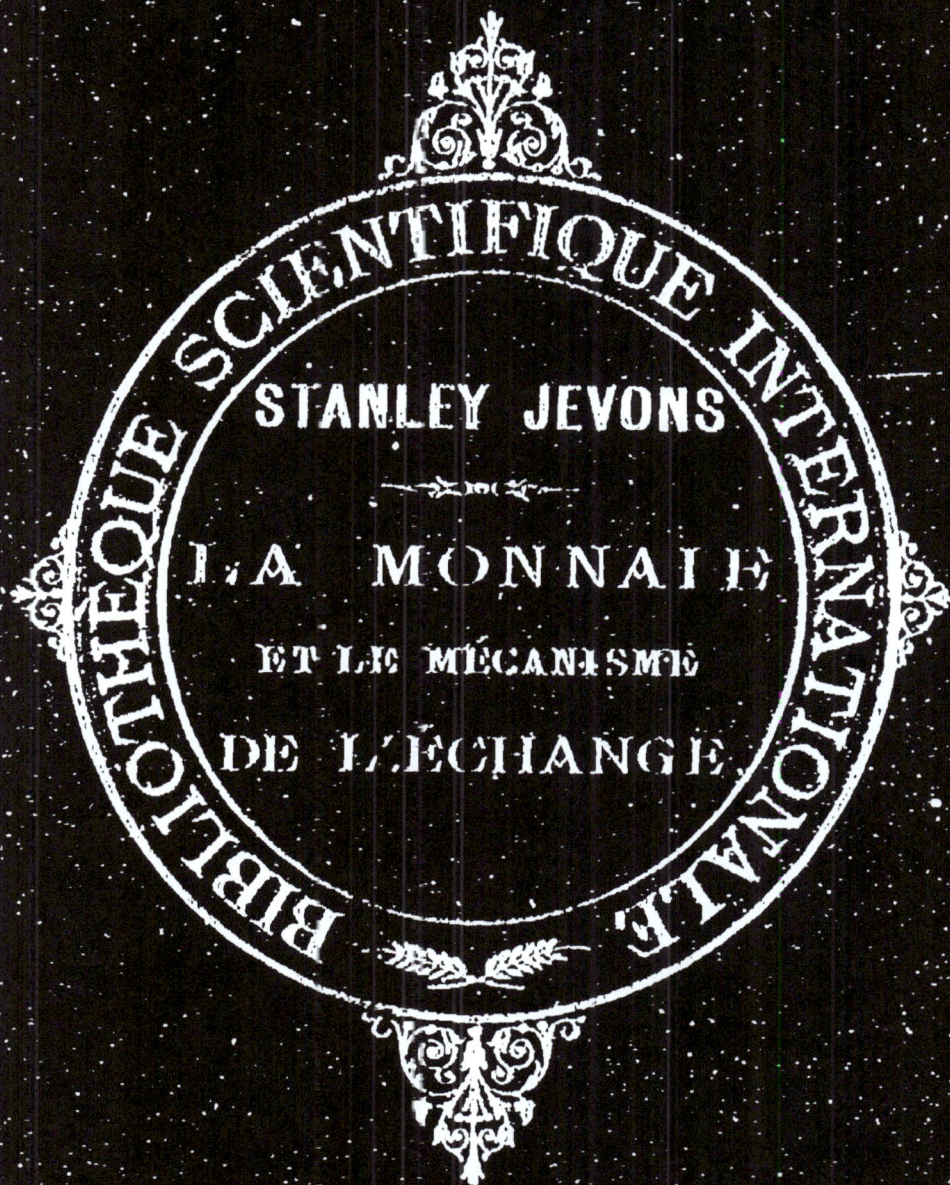

BIBLIOTHÈQUE SCIENTIFIQUE INTERNATIONALE

STANLEY JEVONS

LA MONNAIE

ET LE MÉCANISME

DE L'ÉCHANGE

6ᵉ R

210 (20)

BIBLIOTHÈQUE
SCIENTIFIQUE INTERNATIONALE

PUBLIÉE SOUS LA DIRECTION
DE M. ÉM. ALGLAVE

XX

BIBLIOTHÈQUE SCIENTIFIQUE INTERNATIONALE

Volumes in-8° reliés en toile anglaise. — Prix : 6 fr.

VOLUMES PARUS

Coulommiers. — Typog. PAUL BRODARD.

LA MONNAIE

ET LE

MÉCANISME DE L'ÉCHANGE

PAR

W. STANLEY JEVONS

Professeur d'économie politique au collège Owens, à Manchester.

TROISIÈME ÉDITION

PARIS

LIBRAIRIE GERMER BAILLIERE ET Cⁱᵉ

108, BOULEVARD SAINT-GERMAIN, 108

Au coin de la rue Hautefeuille.

1881

PRÉFACE

J'ai voulu, en composant cet ouvrage, décrire les différents systèmes de monnaie du monde entier, anciens ou modernes, les matières premières employées à faire de la monnaie, la réglementation du monnayage et de la circulation,
les lois naturelles qui régissent cette circulation, et les divers
moyens appliqués ou proposés pour la remplacer par de la
monnaie de papier. Je désire aussi exposer comment on
peut diminuer beaucoup l'usage des espèces métalliques par
l'emploi du système des chèques et des compensations,
maintenant si étendu et si perfectionné.

Ceci n'est pas un livre sur le problème de la circulation
fiduciaire tel qu'il se présente dans de si nombreuses discussions en Angleterre. Je m'occupe seulement un instant
du *Bank Charter Act*; pour cette question, et les autres
mystères intimes du marché monétaire anglais, je renvoie
mes lecteurs à l'admirable ouvrage de M. Bagehot, *Lombard Street*[1], auquel mon volume peut servir d'introduction.

Nous avons encore beaucoup à apprendre sur la monnaie
avant de nous engager dans des questions singulièrement
délicates.

Pour apprendre une langue, nous commençons par étudier sa grammaire avant d'essayer de la lire ou de la parler.
Dans les sciences mathématiques, nous nous préparons, par

1. *Lombard Street* ou le marché financier en Angleterre par W. Bagehot, 1 vol. in-18, 1874. (Germer Baillière).

les opérations de l'arithmétique élémentaire, aux raffine-
ments de l'algèbre et du calcul différentiel. Mais, au grand
malheur des sciences morales et politiques, — comme l'a
très-bien montré M. Herbert Spencer dans son *Introduction à la Science Sociale* [1], — elles sont trop souvent discu-
tées par des personnes qui n'ont pas même étudié auparavant la grammaire élémentaire ou la simple arithmétique
du sujet. De là tous les projets extravagants et les raison-
nements faux que l'on y voit naître de temps en temps.

La monnaie représente pour la science économique ce
qu'est la quadrature du cercle en géométrie, ou le mouvement perpétuel en mécanique. S'il existait un économiste
financier ayant un peu de l'esprit et du savoir de feu le professeur de Morgan, il pourrait faire une collection de projets
paradoxaux sur la monnaie de papier, qui vaudrait la *Collection de Paradoxes* de Morgan sur la quadrature du cercle.

Il y a des gens qui gaspillent leur temps et leur fortune à
essayer de prouver au monde récalcitrant qu'on peut supprimer la pauvreté par la distribution de dessins gravés
sur des morceaux de papier. Je connais un homme soutenant
que les billets de banque sont une panacée contre tous les
maux qui frappent l'humanité. D'autres philanthropes voudraient rendre tout le monde riche en battant monnaie de
papier, soit avec la dette publique, soit avec les terres du
pays, soit avec n'importe quoi. D'autres encore se sont indi-
gnés qu'à notre époque de liberté commerciale, la valeur
du monnayage de l'or demeurât toujours fixée par un règlement. Récemment, un membre du Parlement a même découvert un nouvel abus, et s'est rendu populaire en faisant de
l'agitation à propos des restrictions tyranniques apportées
à la fabrication des pièces d'argent à l'Hôtel des Monnaies.
Je ne m'étonne pas, disait-il, que le peuple soit pauvre,
puisqu'il y a insuffisance de pièces d'un schelling et de
six pence, et que le seul montant des taxes et des impôts

1. 1 vol. in-8, faisant partie de cette *Bibliothèque scientifique internationale.*

payés dans une année dépasse la somme totale de petite
monnaie circulant dans le royaume.

La monnaie est un sujet extrêmement étendu, sur lequel
on a écrit assez de livres pour emplir une bibliothèque considérable. De nombreux changements se sont successivement
introduits dans la circulation du monde entier et d'importantes
enquêtes ont été récemment ouvertes pour rechercher le
meilleur système monétaire. Les renseignements que l'on peut
recueillir sur ce sujet dans les travaux des commissions gouvernementales, dans les rapports des conférences internationales ou dans les ouvrages de quelques auteurs, forment
une collection d'une étendue vraiment effrayante. Je me
suis proposé d'extraire, de cette masse de documents, assez
de faits pour intéresser le grand public et lui permettre
de se faire une opinion sur beaucoup de problèmes relatifs
à la circulation monétaire, dont la solution est urgente.

Devons-nous compter par livres, par dollars, par francs
ou par marcs? Devons-nous avoir l'or et l'argent, l'or ou l'argent comme mesure de la valeur, une circulation métallique ou une circulation de papier? Comment avons-nous
laissé en Angleterre notre monnaie d'or perdre une partie
notable de son poids? Mettrons-nous les frais de remon-
nayage à la charge de l'État ou à celle de l'infortuné particulier qui a des pièces trop légères?

En Amérique ces questions sont encore plus pressantes;
leur solution embrasse à la fois le retour au paiement en
espèces, la réglementation future de la circulation de papier
avec son remplacement partiel par la monnaie, et le caractère
exact à donner au dollar américain, au point de vue du marché
international. L'Allemagne est au plus fort d'une reconstitu-
tion fondamentale, et fort heureuse, de sa circulation métallique et fiduciaire. En France, la grande controverse entre
le double étalon et l'étalon unique se traîne encore vers sa
fin; on y prend d'actives mesures pour rendre possible la
conversion du papier en circulation. Les autres nations de
l'Europe, l'Italie, l'Autriche, la Hollande, la Belgique, la

Suisse, les États Scandinaves et la Russie, ne s'occupent pas
de transformer leur monnaie, ou si elles y pensent, elles
ne sont pas encore fixées sur le choix des moyens. Au spec-
tacle de tous ces changements, rappelons-nous que le présent prépare toujours l'avenir, et que, si un système de
monnaie internationale était trouvé, lors même qu'il ne paraîtrait pas immédiatement applicable, nous devrions tendre
vers lui, comme on doit souhaiter tout ce qui peut rendre
l'humanité meilleure.

Je dois avertir mes lecteurs que j'ai consulté les ouvrages
suivants : de M. Seyd, notamment son traité *Bullion and
the Foreign Exchanges;* du professeur Sumner, *History
of american Currency;* de M. Michel Chevalier, la *Monnaie;* de M. Wolowski, ses nombreuses publications sur la
monnaie ; j'ai fait usage aussi d'articles excellents du *Journal des Economistes.* Je dois encore des remerciements à
plusieurs banquiers et à d'autres personnes de qui j'ai reçu
des renseignements et un obligeant concours, spécialement
à MM. John Mills, T. R. Wilkinson, E. Helm, et à M. Roberts,
chimiste de l'Hôtel royal des monnaies.

Je dois aussi remercier les personnes qui m'ont envoyé
des publications ou des documents souvent d'une grande
valeur relativement à la monnaie. Une mention spéciale est
nécessaire pour la série de documents et de rapports sur la
monnaie et la circulation américaines, que je dois à l'ama-
bilité du directeur de la Monnaie, et à celle de MM. Walker
et E. Dubois.

Enfin je dois beaucoup à M. W. H. Brewer, pour le soin
avec lequel il a revu toutes les épreuves, ainsi qu'au professeur T. E. Cliffe Leslie, et à MM. R. H. Palgrave et Fré-
dérick Hendriks, qui en ont examiné quelques-unes.

LA MONNAIE

ET LE

MÉCANISME DE L'ÉCHANGE

CHAPITRE PREMIER

LE TROC.

Il y a quelques années, mademoiselle Zélie, chanteuse du théâtre Lyrique à Paris, fit autour du globe une tournée artistique, et donna un concert aux Iles de la Société. En échange d'un air de la Norma et de quelques autres morceaux, elle devait recevoir le tiers de la recette. Quand on fit les comptes, on trouva qu'il lui revenait pour sa part trois porcs, vingt-trois dindons, quarante-quatre poulets, cinq mille noix de coco, sans compter une quantité considérable de bananes, de citrons et d'oranges. A la Halle de Paris, ainsi que le fait remarquer la prima-donna dans une lettre spirituelle publiée par M. Wolowski, la vente de ces animaux et de ces végétaux aurait pu rapporter quatre mille francs, ce qui aurait été pour cinq airs une assez jolie rémunération. Mais dans les Iles de la Société les espèces étaient rares ; et, comme mademoiselle Zélie ne put consommer elle-même qu'une faible partie de sa recette, elle se vit bientôt obligée d'employer les fruits à nourrir les porcs et la volaille.

Lorsque M. Wallace voyageait dans l'archipel de la Malaisie, il souffrait plus souvent, à ce qu'il semble, de la rareté

que de la surabondance des provisions. Dans le récit si intéressant qu'il a fait de ses voyages, il nous dit que, dans certaines îles, où l'on ne se servait pas de monnaie, il ne pouvait se procurer les provisions nécessaires au dîner que
moyennant un échange spécial qui exigeait chaque fois de
longs débats. Si l'on ne pouvait offrir au possesseur du pois-
son ou des autres comestibles convoités l'objet contre lequel
il voulait échanger sa marchandise, il s'en allait, et M. Wallace et son monde se passaient de dîner. On reconnut donc
qu'il était très-commode d'avoir toujours sous la main un
approvisionnement d'articles divers, couteaux, pièces d'é-
toffe, arack, gâteaux de sagou ; il y avait ainsi beaucoup de
chances pour qu'un article ou l'autre convînt à ces négociants de passage.

Dans la société civilisée d'aujourd'hui, les inconvénients
de la méthode primitive des échanges sont tout à fait inconnus, et pourraient presque paraître imaginaires. Accoutumés
dès nos plus tendres années à l'usage de la monnaie, nous
n'avons pas conscience des services inappréciables qu'elle
nous rend ; c'est seulement quand nous nous reportons à
des états de société tout différents, que nous pouvons nous
faire une idée exacte des difficultés que l'absence de monnaie entraîne. On se trouve même surpris quand on constate que le troc est aujourd'hui encore le seul mode de
commerce pratiqué par quelques races non civilisées. Il y a
quelque chose de singulièrement absurde en apparence dans
ce fait qu'une société par actions, — appelée Compagnie afri-
caine du troc, à responsabilité limitée, — existe à Londres,
et que ses opérations consistent uniquement à échanger sur
la côte occidentale de l'Afrique des produits manufacturés
de l'Europe contre l'huile de palme, la poudre d'or, l'ivoire,
le coton, le café, la gomme, et d'autres matières brutes.

La forme primitive de l'échange consista sans doute à
donner les objets dont on pouvait se passer pour obtenir
ceux dont on avait besoin. Ce trafic élémentaire est ce que
nous appelons *barter* ou *truck*, en français *troc* ; nous le dis-
tinguons de la vente et de l'achat dans lequel on ne veut
garder que peu de temps l'un des articles échangés, pour
s'en défaire ensuite en procédant à un second échange.

L'objet qui intervient ainsi temporairement dans la vente et dans l'achat est la monnaie. Il semble tout d'abord que l'usage de la monnaie ne peut que donner une double peine, puisqu'il rend deux échanges nécessaires là où un seul suffisait; mais une rapide analyse des difficultés inhérentes au troc simple nous montrera qu'à ce point de vue l'avantage est tout entier du côté de la monnaie. Une telle analyse peut seule nous montrer que l'argent ne nous rend pas un service unique, mais plusieurs services différents dont chacun est indispensable. La société moderne ne pourrait exister, dans sa forme actuelle si complexe, sans les moyens que nous fournit la monnaie pour évaluer, distribuer, négocier les denrées les plus diverses.

DÉFAUT DE COÏNCIDENCE DANS LE TROC.

La première difficulté, dans le troc, est de trouver deux personnes dont chacune possède et peut céder les objets qui conviennent aux besoins de l'autre. Il peut y avoir beaucoup d'hommes qui éprouvent des besoins et beaucoup d'autres qui possèdent ce dont manquent les premiers; mais pour qu'un échange soit possible, il faut qu'il se produise une double coïncidence, et c'est ce qui arrivera rarement. Un chasseur, au retour d'une chasse heureuse, a beaucoup plus de gibier qu'il ne lui en faut, et manque peut-être d'armes et de munitions pour recommencer sa chasse. Mais ceux qui ont des armes sont peut-être aussi fort bien pourvus de gibier, de telle sorte qu'un échange direct entre eux est impossible. Dans une société civilisée, le propriétaire d'une maison peut la trouver incommode et par suite jeter les yeux sur une autre maison qui ferait exactement son affaire. Mais, au cas même où le propriétaire de cette seconde maison souhaite s'en défaire, il est fort peu probable que ses désirs répondent exactement à ceux du premier propriétaire, et qu'il veuille échanger les maisons. Vendeurs et acheteurs ne peuvent arriver à s'accorder que par le moyen de quelque denrée, de quelque *marchandise banale*, comme disent les Français, que tous en même temps sont disposés à recevoir, de sorte qu'après l'avoir obtenue par une vente, on peut toujours ensuite l'employer à un achat. Cette marchandise banale est appelée un *moyen d'échange*, parce qu'elle forme un troisième et moyen terme dans toutes les opérations de commerce.

Dans ces dernières années on a essayé une curieuse tentative pour faire revivre la pratique de l'échange à l'aide d'avis mis en circulation. Le *Exchange and Mart* est un journal destiné à annoncer tous les objets dépareillés dont leurs propriétaires veulent se défaire en échange de quelque article désiré. Une personne a quelques vieilles monnaies et un vélocipède, et veut les changer contre une bonne concertina. Une jeune dame désire posséder « Middlemarch, » et offre pour l'avoir quelques vieux morceaux de musique dont elle ne veut plus. A en juger par les dimensions et le succès du journal, ainsi que par quelques autres journaux hebdomadaires qui lui ont emprunté son idée, nous devons présumer que ces offres sont quelquefois acceptées, et que la presse peut amener, jusqu'à un certain degré, la double coïncidence nécessaire à la pratique du troc.

NÉCESSITÉ D'UNE MESURE DE VALEUR.

Dans le troc nous rencontrons une seconde difficulté. A quel taux doit-on faire un échange quelconque? Si l'on donne une certaine quantité de bœuf pour une certaine quantité de blé; si l'on échange de la même façon le blé pour du fromage, le fromage pour des œufs, les œufs pour la cire, et ainsi de suite. nous aurons encore à résoudre cette question : Combien de bœuf pour combien de cire? c'est-à-dire combien faut-il donner de chaque denrée pour une quantité déterminée d'une autre marchandise? Avec le système de l'échange, la liste des prix courants serait un document singulièrement compliqué, car chaque denrée y devrait être évaluée en termes de chaque autre denrée; autrement on serait réduit sans cesse à des applications très-incommodes de la règle de trois. Entre cent articles il n'y a pas moins de 4950 échanges possibles, et tous ces échanges doivent être ramenés soigneusement les uns aux autres, sinon le commerçant rusé fera des bénéfices trop aisés en achetant aux uns pour revendre aux autres.

Toutes ces difficultés disparaissent si l'on choisit une des marchandises, et si l'on fixe le taux auquel elle doit s'échanger contre chacune des autres. Sachant combien de blé on peut acheter pour une livre d'argent, et d'autre part combien de cire pour la même quantité d'argent, nous savons sans autre difficulté combien il faut de blé en échange de cette même quantité de cire. La marchandise choisie devient ainsi un *commun dénominateur*, ou une *commune mesure de valeur*, elle nous fournit les termes dont nous nous servons pour évaluer tous les autres objets, de sorte que leurs valeurs respectives peuvent se comparer sans difficulté.

NÉCESSITÉ DES MOYENS DE SUBDIVISION.

Un troisième inconvénient de l'échange, moins grave peut-être, vient de ce qu'une foule d'objets ne peuvent se diviser. Un tas de blé, un sac de poudre d'or, une certaine quantité de viande peuvent se partager, et l'on peut en donner une partie plus ou moins considérable en échange de ce qu'on veut obtenir. Mais le tailleur, ainsi que nous le rappellent plusieurs traités d'économie politique, a beau avoir un habit tout prêt pour l'échange; cet habit dépasse peut-être de beaucoup en valeur le pain que le tailleur demande au boulanger, ou la viande du boucher. Il ne peut couper son habit en morceaux sans détruire la valeur de son ouvrage. Il est évident qu'il a besoin de quelque moyen d'échange, d'une marchandise contre laquelle il cédera l'habit, de sorte qu'il pourra céder ensuite une partie de la valeur de cet habit pour du blé; d'autres parties pour de la viande, du combustible, pour les choses dont il a besoin chaque jour, tout en en conservant peut-être une partie pour des besoins à venir. Cet exemple suffit : il est clair qu'il nous faut un moyen de diviser et de distribuer la valeur selon nos différents besoins.

De nos jours le troc se pratique encore quelquefois, même dans les pays les plus avancés au point de vue du commerce, mais seulement dans les cas où l'on n'en sent pas les inconvénients. Les domestiques reçoivent une partie de

leurs gages sous forme de nourriture et de logement ; les
ouvriers agricoles peuvent recevoir une partie de leur paiement en cidre, en orge, ou on leur concède l'usage d'une
pièce de terre. L'usage a toujours été de payer le meunier
en lui laissant une partie du grain qu'il s'est chargé de
moudre. Le système du *truck*, avec lequel on payait les
ouvriers en nature, est à peine éteint dans quelques parties
de l'Angleterre. Parfois des propriétaires dont les champs
sont limitrophes échangent entre eux quelques pièces de
terre ; mais tous ces cas sont relativement insignifiants.
Presque toujours, dans les échanges, l'argent intervient de
façon ou d'autre, et, même quand il ne passe pas de main
en main, il n'en est pas moins la mesure dont on se sert
pour estimer les valeurs données ou reçues. Le commerce
commence par l'échange, et, dans un certain sens revient à
l'échange ; mais, ainsi que nous le verrons, la dernière forme
de l'échange est bien différente de la première. La plus
grande part sans contredit des paiements commerciaux se
fait aujourd'hui en Angleterre, en apparence du moins, sans
l'aide d'espèces monnayées ; mais si ces affaires se concluent
si aisément, c'est que l'argent y sert de commun dénominateur, et les achats opérés d'un côté sont balancés par les
ventes qui se font de l'autre.

CHAPITRE II

L'ÉCHANGE.

La monnaie est la mesure qui sert à fixer la valeur des choses, elle est l'intermédiaire de l'échange ; cependant je ne crois nullement nécessaire d'entrer dans une longue discussion sur la nature de la valeur et les avantages de l'échange. L'échange des denrées, personne ne pourra refuser de le reconnaître, repose sur ce principe évident, que chacun de nos besoins, pris séparément, n'exige, pour se satisfaire, qu'une quantité limitée de certains objets. Ainsi, à mesure qu'un de nos besoins est pleinement satisfait, nous en venons, suivant la remarque si juste de Senior, à souhaiter la variété, c'est-à-dire à désirer la satisfaction de quelque autre besoin. L'homme à qui l'on fournit chaque jour trois livres de pain n'en désirera pas davantage; mais il éprouvera un vif désir d'avoir du bœuf, du thé, de l'alcool. S'il vient à rencontrer une personne qui a beaucoup de bœuf et manque de pain, tous deux donneront ce qu'ils désirent moins pour ce qu'ils désirent davantage. L'échange a été défini *le troc du superflu contre le nécessaire*, et cette définition deviendra correcte si nous la modifions ainsi : *L'échange est le troc de ce qui est relativement superflu contre ce qui est relativement nécessaire.*

Assurément on ne saurait fixer avec exactitude combien il faut à chaque personne de pain, de bœuf, ou de thé, com-

bien d'habits et de chapeaux. Nos désirs n'ont pas de limites
précises ; tout ce qu'on peut dire c'est qu'à mesure que nous
sommes plus abondamment pourvus d'une substance, le
besoin que nous en sentons s'affaiblit dans une certaine
mesure. Un verre d'eau dans le désert, ou sur le champ de
bataille, peut sauver la vie, et devient d'une utilité infinie.
Une personne a besoin de deux ou trois pintes par jour pour
sa boisson et pour sa cuisine. Il serait fort à souhaiter, pour
la propreté, que chacun en eût un gallon ou deux par jour ;
mais nous ne tardons pas à atteindre un point où un approvisionnement d'eau plus considérable prend bien moins
d'importance. On a reconnu que, pour la population d'une
ville moderne, une quantité de vingt-cinq gallons par tête et
par jour suffit à tous les besoins, et qu'il ne serait guère
utile d'en fournir davantage. Parfois enfin il s'en faut de
beaucoup que l'eau soit utile : ainsi dans une inondation,
dans une maison humide, dans une mine envahie.

L'UTILITÉ ET LA VALEUR NE SONT PAS DES QUALITÉS INTRINSÈQUES

Une chose ne peut donc être dite utile que lorsqu'elle est
fournie en temps opportun et en quantité modérée. L'utilité
n'est pas, dans une substance, une qualité *intrinsèque ;* car,
s'il en était ainsi, quelque quantité de cette substance que l'on
possédât, on en désirerait toujours davantage. Nous ne devons pas confondre l'utilité d'une chose avec les propriétés
physiques d'où dépend cette utilité. L'utilité et la valeur ne
sont que des qualités accidentelles d'une chose, naissant de
ce fait que quelqu'un a besoin de cette chose ; et le degré
d'utilité, ainsi que la quantité de valeur qui en résulte, sont
en raison inverse de la satisfaction qui a été antérieurement donnée à ce besoin.

Si donc nous considérons que le degré de l'utilité varie
sans cesse, et qu'elle est même variable pour chacune des
parties différentes d'une même marchandise, nous reconnaîtrons sans peine que nous échangeons les parties de notre
propriété, qui ne présentent pour nous qu'une faible utilité,
contre des objets qui, peu utiles à d'autres, sont vivement
désirés par nous. Cet échange se poursuit jusqu'au moment

où la portion de son bien qu'on céderait égale en utilité celle qu'on recevrait, de telle sorte qu'il n'y aurait plus de gain : si l'on poussait l'échange plus loin il y aurait perte. Sur ces considérations il est facile d'établir une théorie de la nature de l'échange et de la valeur que j'ai exposée dans mon livre (1) intitulé « *Théorie de l'Economie politique.* » On y voit que les lois bien connues de l'offre et de la demande sont conformes à cette idée de l'utilité, et fournissent ainsi une vérification de la théorie. Depuis la publication de l'ouvrage que je viens de citer, M. Léon Walras, l'ingénieux professeur d'économie politique de Lausanne, est arrivé de son côté à la même théorie de l'échange (2), ce qui est, pour la vérité de la théorie, une confirmation remarquable.

LA VALEUR EXPRIME LE RAPPORT DES OBJETS ÉCHANGÉS.

Fixons maintenant notre attention sur ce fait que, dans tout échange, une quantité déterminée d'une substance est échangée contre une quantité définie d'une autre substance. Les choses échangées peuvent être extrêmement différentes de leur nature et se mesurer de diverses manières. Nous pouvons donner, par exemple, un certain poids d'argent contre une certaine longueur de corde, ou un tapis d'une certaine surface, ou un certain nombre de gallons de vin, ou une force de tant de chevaux, ou un transport à telle distance. Les quantités à mesurer peuvent s'exprimer en termes d'espace, de temps, de masse, de force, d'énergie, de chaleur, ou en unités physiques quelconques. Mais toujours chaque échange consistera à donner tant d'unités d'une chose pour tant d'unités d'une autre, chaque chose étant mesurée de la manière qui lui est propre.

Ainsi tout acte d'échange se présente à nous sous la forme d'*un rapport entre deux nombres.* D'ordinaire on emploie le mot de *valeur,* et si, aux prix courants, une tonne de cuivre s'échange contre dix tonnes de fer en barres on a

1. *Theory of political economy,* in-8, 1871 (London, Macmillan).
2. Walras, *Éléments d'économie politique pure.* Lausanne, Paris (Guillaumin), 1874.

l'habitude de dire que la valeur du cuivre est, à poids égal, dix fois celle du fer.

Cet emploi du mot de valeur, dans le sens du moins où nous le prenons ici, n'est qu'une manière indirecte d'exprimer un rapport. Quand nous disons que l'or vaut plus que l'argent, nous entendons par là, que, dans les transactions ordinaires, le poids de l'argent dépasse celui de l'or contre lequel on l'échange.

Mais la valeur, ainsi que l'utilité, n'est pas dans une chose une propriété intrinsèque; c'est un accident extrinsèque, un rapport. Jamais nous ne parlerons de la valeur d'une chose sans avoir dans l'esprit quelque autre chose avec laquelle nous mettons la première en rapport pour l'évaluer. Une même substance peut augmenter et diminuer de valeur dans le même temps. Si, en échange d'un poids d'or déterminé, je puis obtenir plus d'argent et moins de cuivre que d'ordinaire, la valeur de l'or s'est élevée relativement à l'argent; mais elle s'est abaissée relativement au cuivre. Il est évident qu'une propriété intrinsèque d'une chose ne peut augmenter et diminuer en même temps. Donc la valeur ne peut être qu'un simple rapport, une qualité accidentelle d'une chose relativement à d'autres choses et aux personnes qui en ont besoin.

CHAPITRE III

Nous avons vu que trois inconvénients sont attachés à la pratique du simple troc : à savoir, le peu de chances de rencontre entre les personnes qui éprouvent les besoins et celles qui peuvent les satisfaire ; la complexité des échanges qui ne sont pas exprimés en unités d'une seule substance ; enfin le besoin de quelque moyen de diviser et de distribuer les objets qui ont de la valeur. La monnaie remédie à ces inconvénients, et par suite remplit deux fonctions distinctes d'une haute importance : elle nous offre :

1° Un moyen ou *médium* d'échange ;

2° Une commune mesure de valeur.

Sous sa première forme la monnaie n'est qu'une marchandise quelconque, appréciée par tout le monde, un objet quelconque, aliment, vêtement ou ornement, que toute personne est disposée à recevoir, que, par conséquent, toute personne désire posséder en plus ou moins grande quantité, afin de détenir ainsi les moyens de se procurer en tout temps les choses nécessaires à la vie. Quoique beaucoup de denrées diverses puissent remplir d'une manière plus ou moins parfaite cette fonction de médium, généralement l'habitude ou la force des circonstances fera choisir quelque article particulier qui deviendra la monnaie par excellence. Cet article commencera à s'employer comme mesure de valeur. En s'habituant à échanger souvent les objets contre certaines sommes de monnaie, on apprendra à évaluer les autres choses en unités de cette monnaie, de sorte que tous les échanges pourront se calculer et s'accomplir sans difficulté par la comparaison de la valeur de la monnaie des objets échangés.

ÉTALON DE VALEUR.

Une troisième fonction de la monnaie ne tarde pas à faire son apparition. Le commerce ne peut se développer beaucoup sans que l'on commence à emprunter et à prêter. Sans doute on a coutume, en certains cas, de rendre le même article qu'on avait emprunté, et, dans la plupart des cas, il serait possible de payer sa dette en employant la même denrée. Si c'est du blé qu'on a emprunté, on peut rendre le blé, et payer en blé les intérêts; mais souvent le prêteur ne voudra pas recevoir les choses prêtées à une époque indéterminée, alors qu'il n'en a pas grand besoin, ou que leur valeur est tombée très-bas. Un emprunteur, de son côté, peut avoir besoin d'articles différents, qu'il ne trouvera probablement pas chez la même personne; de là naît l'avantage de faire les prêts et les emprunts à l'aide d'une denrée dont la valeur est généralement reconnue et ne varie guère. Toute personne, dans une convention où l'on s'engage à lui remettre quelque chose à une époque à venir, aimera mieux que le paiement se fasse en une denrée qui aura probablement alors la même valeur qu'à présent. Cette denrée sera généralement la monnaie courante, qui arrivera ainsi à jouer le rôle d'*une valeur régulatrice* ou *étalon de valeur*. Nous ne devons pas supposer que la substance qui devient ainsi la valeur type, soit réellement d'une valeur invariable, mais seulement qu'on la choisit comme une mesure sur laquelle on réglera la valeur des paiements à effectuer. Si nous considérons que la valeur n'est autre chose que le rapport des quantités échangées, il est certain que nulle substance ne conserve une valeur constante relativement aux autres denrées. Mais il sera bon, cela va sans dire, de choisir comme valeur type celle qui a le plus de chance d'être échangée contre une foule d'autres denrées dans des proportions presque invariables.

EMMAGASINEMENT DE LA VALEUR.

Il y a quelque intérêt à rechercher si la monnaie ne joue pas un quatrième rôle distinct, qui consiste à emmagasiner la valeur sous une forme convenable pour la transporter dans des endroits éloignés. La monnaie, employée comme moyen d'échange, circule de côté et d'autre sans s'écarter beaucoup d'un même endroit, et peut revenir bien souvent dans les mêmes mains. Elle subdivise et répartit la propriété; elle facilite le jeu du mécanisme de l'échange. Mais parfois une personne a besoin de condenser sa propriété sous le moindre volume possible, de manière à pouvoir la déplacer tout entière en même temps ou à l'emporter avec elle dans un long voyage, ou à la transmettre à un ami qui habite un pays éloigné. Une chose qui représente une grande valeur sous un volume et un poids peu considérable, et dont la valeur sera reconnue dans toutes les parties du monde, devient alors nécessaire. La monnaie qui a cours dans un pays remplit peut-être ces conditions mieux que toute autre chose, bien que des diamants et d'autres pierres précieuses, ou quelques objets d'une beauté et d'une rareté exceptionnelles puissent servir aussi en pareil cas.

L'emploi d'objets précieux comme moyen d'emmagasiner et de transporter la valeur peut, dans certains cas, précéder leur usage comme monnaie. M. Gladstone constate que, dans les poèmes homériques, on voit souvent l'or accumulé sous forme de trésor; il y est quelquefois employé à rémunérer les services, quoiqu'il ne fût pas encore devenu la commune mesure de la valeur, puisqu'alors c'étaient les bœufs qui servaient à ce dernier usage.

Si nous consultons l'histoire, l'or, cette substance si généralement appréciée, semble avoir été employé en premier lieu comme une matière précieuse, propre à l'ornementation, secondement comme un moyen d'accumuler la richesse; troisièmement comme moyen d'échange; et enfin comme une mesure de valeur.

SÉPARATION DES FONCTIONS.

Le lecteur devra, et c'est un point de la plus haute importance, distinguer soigneusement et constamment l'une de l'autre les quatre fonctions que la monnaie remplit, du moins dans les sociétés modernes. Nous sommes tellement accoutumés à demander à une seule et même substance ces quatre services différents, qu'ils tendent à se confondre ensemble dans notre pensée. Nous en venons à regarder comme presque nécessaire cette réunion de fonctions, qui n'est tout au plus qu'une affaire de commodité, et qui peut n'être pas toujours un avantage. Nous pourrions certainement employer une certaine matière comme moyen d'échange, une seconde comme mesure de valeur, une troisième comme valeur type, et une quatrième comme accumulation de valeur. Dans les ventes et les achats nous pourrions déplacer certaines quantités d'or ; pour exprimer et pour calculer les prix, nous pourrions nous servir de l'argent ; quand nous voulons faire de longs baux, nous pourrions indiquer le loyer en blé, et quand nous désirons emporter avec nous nos richesses nous pourrions les réaliser en pierres précieuses. Cet usage de matières différentes pour chacune des différentes fonctions de la monnaie a été mis effectivement en pratique dans des circonstances particulières. Sous le règne de la reine Elisabeth, l'argent était la mesure commune de la valeur ; l'or s'employait pour les paiements importants au taux qu'établissait le rapport de sa valeur avec celle de l'argent ; tandis que le blé avait été fixé par l'Acte 18 d'Elisabeth, C. VI (1576), pour servir de valeur type dans le paiement des loyers de certaines terres appartenant à des collèges.

Il y a un avantage évident à choisir, si c'est possible, une substance unique qui pourra remplir toutes les fonctions de la monnaie. Les paiements seront plus faciles à faire avec la même monnaie qui a servi à calculer le prix des choses. Comme peu de gens ont assez de temps ou de patience pour étudier attentivement l'histoire des prix, on admet aisément que la même monnaie, qui nous sert actuellement dans toutes nos petites transactions, est aussi la valeur la moins variable pour enregistrer des dettes et des contrats à longue échéance. Il y a aussi une quantité de paiements qui sont fixés par la loi d'une manière invariable, tels que les péages, les honoraires, les redevances : beaucoup d'autres paiements sont fixés par l'usage. En conséquence, lors même que la valeur du médium d'échange varierait considérablement, on n'en continuerait pas moins à l'employer pour exécuter les paiements, comme s'il conservait une valeur fixe : les uns y trouveraient leur profit aux dépens des autres.

Un des principaux objets que nous devons nous proposer dans ce livre sera de considérer les différentes matières qui ont joué le rôle de monnaie, qui ont été ou peuvent être proposés pour cet usage. Nous devrons essayer de découvrir, si la chose est possible, quelque matière qui réunisse au plus haut degré tous les caractères qu'exigent les différentes fonctions de la monnaie ; mais nous ne devons pas oublier que ces fonctions peuvent fort bien être réparties entre différentes matières. Nous commencerons par passer rapidement en revue les moyens très-divers qu'on a employés depuis les époques les plus reculées pour satisfaire le besoin auquel la monnaie répond ; ensuite nous examinerons les propriétés physiques et les circonstances qui rendaient les substances employées plus ou moins propres à l'usage auquel on les appliquait. Nous pourrons arriver ainsi à déterminer avec quelque exactitude la nature de la matière qui serait la mieux appropriée à la satisfaction de nos besoins actuels.

CHAPITRE IV

HISTOIRE DE LA MONNAIE DANS LES TEMPS PRIMITIFS

Accoutumés, dans les sociétés civilisées où nous vivons, à nous servir de monnaie métallique frappée, nous apprenons de bonne heure à identifier la monnaie avec l'or et l'argent. De là naissent des illusions et des erreurs fâcheuses. Il est donc toujours bon de se rappeler cette vérité, si bien établie par Turgot, que toute espèce de marchandise possède la double propriété de mesurer et de transmettre la valeur. Quant à savoir quelles marchandises fourniront, dans un état de société donné, la monnaie la plus convenable, c'est une simple question de commodité. Pour se mieux convaincre de cette vérité que nous avions exprimée, il suffit de considérer rapidement les matières très-diverses qui ont joué, à différentes époques, le rôle de monnaie. Quoiqu'il y ait une foule de numismates et d'économistes politiques, l'histoire naturelle de la monnaie est un sujet à peine effleuré, sur lequel j'aimerais à m'étendre ; mais les limites étroites qui me sont imposées me permettent seulement une esquisse, un court résumé des faits intéressants qu'on pourrait recueillir en grand nombre.

LA MONNAIE CHEZ LES PEUPLES CHASSEURS

L'état le plus rudimentaire de l'industrie humaine est peut-être celui où les hommes se procurent les objets nécessaires à la vie en chassant les animaux sauvages. Les produits de la chasse doivent, dans une telle société, constituer la propriété dont la valeur est le plus généralement reconnue. La chair prise est sans doute trop facilement altérable pour qu'on puisse l'amasser ou l'échanger souvent ; mais il n'en est pas de même des peaux, qui, conservées et fort appréciées comme vêtements , formèrent une des premières matières de la monnaie. Aussi une foule de témoignages nous apprennent-ils que les peaux ou les fourrures furent employées comme monnaie par un grand nombre de nations anciennes. Aujourd'hui encore elles servent à cet usage dans plusieurs parties du monde.

Dans le livre de Job nous lisons : « Peau pour peau, tout ce qu'un homme possède, il le donnera pour sauver sa vie ; » ce qui indique clairement que les peaux étaient employées pour représenter la valeur par les anciens peuples de l'Orient. Des recherches étymologiques montrent qu'on en peut dire autant des nations septentrionales dès les premiers temps de leur histoire. Dans la langue des Esthoniens le mot *ráha* a la signification de monnaie; mais son équivalent dans le langage des Lapons , leurs congénères , n'a pas encore perdu sa signification originale de peau ou de fourrure. On dit qu'une monnaie de cuir circula en Russie jusqu'au règne de Pierre le Grand; et il est à remarquer que les écrivains classiques rapportent des traditions tendant à établir que la monnaie la plus ancienne employée à Rome, à Lacédémone et à Carthage, était faite de cuir.

Mais il n'est pas nécessaire de remonter jusqu'à ces époques reculées pour retrouver l'usage de cette monnaie de peau. Dans le trafic de la Compagnie de la baie d'Hudson avec les Indiens de l'Amérique du Nord, les fourrures, malgré leurs différences de qualité et de dimensions, formèrent longtemps le médium d'échange. Un fait très-instructif confirme la valeur des témoignages cités plus haut : même quand l'usage des espèces métalliques se fut répandu chez les Indiens, la peau était encore employée communément comme monnaie de compte. Ainsi Whymper (1) dit : « Un

---

1. *Travels in Alaska*, etc., par P. Whymper, p. 235.

fusil, qui avait une valeur nominale de quarante shellings environ, se donnait pour vingt *peaux*. C'est le terme
anciennement employé par la Compagnie. Une peau de cas·
tor passe pour valoir deux shellings environ, et représente
deux martres, et ainsi de suite. A Fort-Yukon on entendait
sans cesse parler de peaux, attendu que c'était de cette façon qu'on évaluait les vêtements fournis aux travailleurs. »

LA MONNAIE CHEZ LES PEUPLES PASTEURS.

Au second degré de civilisation, dans l'état pastoral, le
gros et le petit bétail sont naturellement le genre de propriété le plus estimé et le plus facile à négocier. Les animaux
changent facilement de propriétaires, se transportent eux-
mêmes, et peuvent se conserver pendant plusieurs années,
de sorte qu'ils remplissent sans peine quelques-unes des
fonctions de la monnaie.

C'est ce que la tradition, les écrits, l'étymologie établissent
par une foule de témoignages. Dans les poèmes homériques
les bœufs sont mentionnés fort clairement, et à plusieurs reprises, comme le genre de marchandise servant à exprimer la valeur des autres objets. Il y est dit que les armes de
Diomède valaient neuf bœufs, et elles sont comparées avec
celles de Glaucos, qui en valaient cent. Le trépied, donné
comme premier prix aux lutteurs dans le vingt-troisième
chant de l'Illiade, était évalué à douze bœufs, et une captive
habile aux travaux de son sexe, à quatre (1). Il est d'autant
plus intéressant de trouver les bœufs employés ainsi comme
mesure commune de la valeur, que, d'après d'autres passages de ces mêmes poèmes, nous voyons les métaux précieux,
quoiqu'ils ne soient pas encore frappés, employés pour accumuler la richesse, et, à l'occasion, comme moyen d'é-
change. Ainsi nous voyons clairement qu'à ces époques
primitives les différentes fonctions de la monnaie étaient
remplies par des marchandises différentes.

Dans plusieurs langues le nom de la monnaie est identique à celui de quelque espèce de bétail ou d'animaux do-

1. Gladstone, *Juventus mundi*, p. 534.

mestiques. On reconnaît généralement que *pecunia*, nom latin de la monnaie, dérive de *pecus*, bétail. Nous voyons dans l'Agamemnon d'Eschyle que la figure d'un bœuf fut la première empreinte appliquée sur les monnaies, et l'on en dit autant des premiers *as* qui furent frappés à Rome. Les recherches des numismates ne confirment pas ces traditions, qui furent probablement imaginées pour expliquer le rapport entre le nom de la pièce et celui de l'animal. On peut trouver, dans beaucoup de langues modernes, un rapport analogue entre les mêmes dénominations. Ainsi les Anglais se servent communément, pour désigner le paiement d'une somme d'argent, du terme *fee*, qui n'est autre chose que l'anglosaxon *feoh*. Or ce dernier mot signifie à la fois monnaie et bétail, et, de plus, il se rattache à l'allemand *vieh*, qui, aujourd'hui encore, a uniquement la signification primitive de bétail. Ainsi que me l'apprend mon ami, le professeur Théodores, la même relation d'idées se montre dans le nom grec de la propriété, κτῆμα, qui a concurremment le sens de possession, de troupeau, de bétail, et que Grimm rattache à un verbe primitif κέτω ou κετάω, nourrir du bétail. Grimm suppose que la même racine reparaît dans les langues teutoniques et scandinaves, ainsi dans le gothique *skatts*, le haut allemand moderne *schatz*, l'anglo-saxon *scat* ou *sceat*, l'ancien nordique *skat*, mots qui tous signifient richesse, propriété, trésor, taxe ou tribut, surtout sous forme de bétail. Cette théorie est confirmée par le fait que l'équivalent frison, *sket*, a conservé jusqu'à nos jours le sens primitif de bétail. Dans le nordique, l'anglo-saxon et l'anglais, *scat* ou *scot* a pris le sens spécial de taxe ou tribut.

Dans les anciens recueils de lois germaines, les amendes sont réellement exprimées en têtes de bétail. Le professeur Théodores m'apprend encore que, dans le Zend Avesta, les honoraires à payer aux médecins sont soigneusement fixés, et toujours on se sert de quelque espèce de bétail pour les évaluer. Dans l'ouvrage si intéressant que Sir H. S. Maine vient de publier sur « l'Histoire primitive des institutions, » la cinquième et la sixième leçons sont remplies de renseignements curieux nous montrant la place importante que tenaient les troupeaux dans la richesse des so-

ciétés primitives. Comme on le comptait par têtes (*capita*),
le bétail s'appelait *capitale*, d'où vient le terme économique
de *capital*, l'expression juridique de *cheptel*, et le mot anglais de *cattle* (bétail).

Dans les pays où les esclaves étaient une des propriétés
les plus communes et les plus estimées, ils devaient naturellement, ainsi que les bestiaux, être employés comme
moyen d'échange. Pausanias fait mention de cet usage, et
dans l'Afrique centrale, comme dans quelques autres régions
où l'esclavage est encore florissant, les esclaves servent
comme moyen d'échange concurremment avec le bétail et
les dents d'éléphant. D'après la relation d'Earl sur la Nouvelle-Guinée, il y a dans cette île un trafic d'esclaves considérable, et une tête d'esclave y forme l'unité de valeur. En
Angleterre même on croit que les esclaves s'échangeaient à
une certaine époque en guise de monnaie.

ARTICLES DE PARURE EMPLOYÉS COMME MONNAIE.

La passion de la parure est un des instincts les plus anciens et les plus puissants de la race humaine; comme les
objets employés à la satisfaire devaient être durables, universellement estimés et faciles à transporter, il était naturel
qu'on leur fît jouer aussi le rôle de monnaie. Les fils ou colliers de wampum des Indiens de l'Amérique du nord fournissent un exemple de cet usage; car ils ont certainement
été employés comme parure. C'étaient des chapelets formés
avec les extrémités de coquilles blanches et noires qu'on
avait d'abord polies par le frottement, puis enfilées en forme
de ceintures et de colliers; on les estimait selon leur longueur, mais aussi selon leur couleur et leur éclat, un pied
de wampum noir valait deux pieds du blanc. C'était si bien
une *monnaie* acceptée parmi les indigènes que la cour du
Massachusetts décida, en 1649, que, pour le paiement des
dettes entre colons, elle serait reçue jusqu'à concurrence de
quarante shellings. Ce qui est assez curieux aussi, c'est que,
semblables à nos avares européens entassant des monnaies d'or et d'argent, les plus riches d'entre les chefs in-

diens entassaient des colliers de wampum, faute d'un meilleur placement pour le superflu de leur richesse.

Une monnaie tout-à-fait analogue à celle des Indiens de l'Amérique du nord, ce sont les cauris qui, sous un nom ou sous un autre, — chamgos, zimbis, bouges, porcelaines, etc. — ont été longtemps employés dans les Indes-Orientales comme petite monnaie. Dans l'Inde anglaise , à Siam , sur la côte ouest d'Afrique, sur d'autres côtes intertropicales, on les emploie encore comme menue monnaie ; et on les importe pour cet usage des îles Maldives et Laquedives, sur les rivages desquelles ils sont recueillis. Ils changent de valeur suivant qu'ils sont plus ou moins abondants ; mais aux Indes le taux ordinaire est d'environ 5000 cauris par roupie, ce qui donne, pour la valeur de chaque coquille, la deux centième partie d'un penny (20 pour un centime). Les Fidjiens, cette population intéressante qui fait partie comme nous de l'empire anglais, employaient, au lieu de cauris, des dents de baleine, et le rapport de valeur des dents blanches aux dents teintes en rouge était à peu près le même que celui des shellings aux souverains d'or (25 fr.).

Entre autres objets d'ornement ou objets précieux employés en guise de monnaie , on peut mentionner l'ambre jaune, les pierres gravées telles que les scarabées égyptiens, et les dents d'éléphant.

MONNAIE CHEZ LES PEUPLES AGRICULTEURS.

Une foule de produits du règne végétal conviennent au moins aussi bien que quelques-uns des articles qui viennent d'être mentionnés pour jouer le rôle de monnaie. On ne s'étonnera donc pas de trouver les plus durables de ces produits employés de cette façon dans un peuple qui tire de l'agriculture ses moyens de subsistance. Depuis le temps des anciens Grecs jusqu'à l'époque actuelle le blé a servi de moyen d'échange dans des régions très-diverses de l'Europe. En Norvége le blé se dépose même dans des greniers publics comme on dépose la monnaie dans les banques; il se prête et s'emprunte. Le rôle que jouent en Europe le blé, l'orge, l'avoine, appartient au maïs dans quelques parties de l'Amérique centrale, et notamment au Mexique, où il avait cours autrefois. Dans un grand nombre de contrées qui entourent la Méditerranée, l'huile d'olive est un des articles de production et de consommation les plus communs; comme elle est d'ailleurs assez uniforme en qualité, qu'elle se conserve et se divise facilement, elle a longtemps servi de monnaie dans les îles Ioniennes, à Mitylène, dans quelques villes de l'Asie-Mineure et dans d'autres parties du Levant.

De même que les cauris circulent dans les Indes orientales, les noix de cacao, dans l'Amérique centrale et dans le Yucatan, forment une monnaie fractionnaire parfaitement reçue et sans doute ancienne. Les voyageurs nous ont donné sur leur valeur des renseignements très-précis; mais il est impossible de faire concorder ces renseignements sans supposer de grandes variations soit dans la valeur des noix, soit dans celle des espèces auxquelles on les compare. En 1521, à Caracas, trente noix de cacao valaient environ un penny anglais (10 centimes), tandis que dernièrement dix noix faisaient un penny, si nous en croyons Squier. Dans les contrées de l'Europe où les amandes sont communes, elles ont eu cours dans certaines limites, comme les noix de cacao; mais leur valeur change aussi, suivant que la récolte est plus ou moins abondante.

Cependant ce n'est pas seulement comme menue monnaie que les produits végétaux ont été employés dans les temps modernes. Dans les colonies américaines et dans les îles des Indes occidentales, les espèces furent plus d'une fois très-rares aux débuts de la colonisation, et les législateurs prirent le parti d'obliger les créanciers à recevoir les paiements en produits naturels dont le taux était fixé. En 1618, le gouverneur des plantations de la Virginie ordonna que le tabac serait reçu au taux de trois shellings la livre, avec peine de trois ans de travaux forcés pour celui qui le refuserait. Lorsque la Compagnie de Virginie introduisit dans ses domaines des jeunes femmes que devaient épouser les colons, on les mit au prix de cent livres de tabac par tête; et ce prix s'éleva dans la suite à cent cinquante. En 1732, la législature du Maryland donna encore cours forcé au tabac et au maïs; et en 1641 on fit des lois semblables sur le blé dans le Massachussets. Les gouvernements de quelques-unes des îles des Indes occidentales semblent avoir tenté d'imiter ces lois qui établissaient des monnaies particulières ; on les a vus décider que dans un procès la partie gagnante serait tenue d'accepter différents genres de produits bruts, comme le sucre, le rhum, les mélasses, le gingembre, l'indigo, le tabac.

La difficulté de conserver la plupart des substances animales empêche qu'elles soient souvent employées comme monnaie ; mais on dit que les œufs ont eu cours en Suisse dans les villages des Alpes, et la morue sèche a certainement joué le rôle de monnaie à Terre-Neuve.

ARTICLES MANUFACTURÉS ET OBJETS DIVERS EMPLOYÉS COMME MONNAIE.

On trouvera peut-être que cette énumération des objets qui ont servi de monnaie est déjà trop longue pour cet ouvrage. Je me contenterai donc d'ajouter brièvement qu'un grand nombre de marchandises manufacturées ont été employées comme moyens d'échange en différents temps et en différents lieux. Telles sont les étoffes de coton appelées *pièces de Guinée*, et qui servent au trafic sur les rives du Sénégal ; tels sont d'autres tissus analogues qui ont eu cours en Abyssinie, dans l'archipel Soulou, à Sumatra, au Mexique, au Pérou, en Sibérie et chez les Veddahs. Il est moins facile d'expliquer l'origine de la curieuse monnaie de paille qui circula jusqu'en 1693 dans les possessions portugaises d'Angola, et qui consistait en petites nattes, appelées *libongos*, tressées avec de la paille de riz, et valant environ un penny et demi chacune (1). Ces nattes devaient avoir, du moins à l'origine, un autre usage indépendamment de leur emploi comme monnaie ; peut-être étaient-elles analogues à ces fines et belles nattes si estimées des insulaires de Samoa, et qui leur servaient aussi dans leurs échanges.

Le sel a eu cours non-seulement en Abyssinie, mais à Sumatra, au Mexique et ailleurs encore. Des pains de benjoin

---

1. Voyez un opuscule intitulé : *Deux lettres à M. Wood sur les espèces et la monnaie ayant cours dans les îles Leeward.* Londres, 1740.

ou de cire à Sumatra, des plumes rouges dans les îles de l'Océan pacifique, des briques de thé en Tartarie, des pelles ou des pioches de fer chez les Malgaches, sont des formes particulières de la monnaie. Les remarques d'Adam Smith sur les clous qui servaient à cet usage dans certains villages d'Ecosse reviendront à la mémoire de beaucoup de lecteurs, et n'ont pas besoin d'être reproduites ici. M. Michel Chevalier a cité un cas tout à fait analogue qui s'est présenté dans un des districts houillers de la France.

Si les limites de cet ouvrage le permettaient, il serait intéressant de discuter l'hypothèse assez vraisemblable émise par Boucher de Perthes, et suivant laquelle ces beaux ustensiles de pierre que l'on trouve maintenant en si grand nombre doivent peut-être, après tout, être comptés parmi les plus anciens moyens d'échange. Quelques-uns de ces instruments sont faits de jade, de néphrite, ou d'autres pierres dures qui provenaient de contrées très-éloignées de celles où on les a rencontrées, de sorte qu'un trafic actif alimenté par ces ustensiles doit avoir eu lieu à des époques sur lesquelles nous n'avons aucun renseignement.

Dans les auteurs classiques nous trouvons quelques allusions obscures à une monnaie de bois qui aurait eu cours chez les Byzantins, et à un talent de bois qui aurait été employé à Antioche et à Alexandrie; mais faute d'informations plus précises sur la nature de cette monnaie, nous devons nous borner à en faire mention.

CHAPITRE V

QUELLES QUALITÉS DOIT AVOIR LA MATIÈRE DONT ON FAIT LA MONNAIE.

Un grand nombre d'écrivains récents, tels que Huskisson, Mac Culloch, James Mill, Garnier, M. Chevalier, Walras, ont décrit d'une manière satisfaisante les qualités que doit présenter la matière de la monnaie. Il semble cependant que certains écrivains plus anciens aient presque aussi bien compris le même sujet. Harris a traité de ces qualités avec une clarté remarquable dans son « *Essai sur le numéraire et la monnaie* » publié en 1757. Cet ouvrage, qui parut avant « *La Richesse des Nations* », exposait déjà les principes fondamentaux de la matière de telle façon qu'aujourd'hui même on n'y pourrait guère trouver à reprendre. Cependant quatre-vingts ans plus tôt, Rice Vaughan, dans son petit « *Traité de la monnaie* », avait établi avec brièveté, mais d'une manière satisfaisante, les qualités que la monnaie doit présenter. Nous trouvons même que William Stafford, (1581) contemporain de la reine Elisabeth, et auteur d'un remarquable dialogue, s'était fait une idée fort juste de son sujet. Toutefois, entre tous les écrivains, c'est probablement M. M. Chevalier qui a développé, de la manière la plus précise et la plus complète, les qualités que la monnaie doit présenter, et sur beaucoup de points j'adopterai ses idées.

Le principal défaut dans lequel on tombe en traitant ce

sujet vient de ce qu'on ne remarque pas que la monnaie
doit présenter des qualités différentes pour remplir ses différentes fonctions. Le choix de la matière la plus convenable
est donc un problème très-complexe, parce qu'il faut prendre
en considération l'importance relative des différentes fonctions de la monnaie, les proportions dans lesquelles la
monnaie remplit chacune de ces fonctions, et l'importance
de chacune des qualités physiques de la substance relativement à chaque fonction. Quand l'industrie est encore
dans un état rudimentaire, la monnaie n'a guère d'autre
rôle que de circuler entre les acheteurs et les vendeurs. Il
convient alors qu'elle soit assez portative, et qu'elle puisse
se diviser en fragments de dimensions variées, de manière
qu'on puisse sans peine parfaire une somme quelconque ; il
faut qu'on la connaisse facilement à ses caractères exté-
rieurs ou au dessin dont elle porte l'empreinte. Mais quand
la monnaie en arrive, — ainsi que cela ne tarde pas, — à
être employée presque exclusivement comme mesure de valeur et comme valeur type, quand le système d'échanges
devient un trop perfectionné, les propriétés précédemment
signalées perdent beaucoup de leur importance, et la stabilité dans la valeur, jointe peut-être à la facilité de transport,
est la qualité la plus importante. Cependant, avant de nous
hasarder à discuter des questions si complexes, nous devons
commencer par une discussion préliminaire des propriétés
de la monnaie, qu'on pourrait peut-être énumérer ainsi dans
l'ordre de leur importance :

1. Utilité et valeur.
2. Facilité de transport.
3. Indestructibilité.
4. Homogénéité.
5. Divisibilité.
6. Stabilité dans la valeur.
7. Caractères facilement recon-
naissables.

1. UTILITÉ ET VALEUR.

Puisque la monnaie doit être échangée contre des objets
qui ont de la valeur, elle doit elle-même posséder de la valeur,
et par conséquent une utilité qui serve de base à cette valeur. Une fois que la monnaie a cours on ne la reçoit que
pour la faire circuler, de sorte que si l'on pouvait amener
tout le monde à prendre, à un certain taux déterminé,

des morceaux de matière dépourvus de valeur, il semble qu'il ne serait pas indispensable que la monnaie possédât en elle-même une valeur réelle. Un fait de ce genre se présente : souvent en effet, dans l'histoire des monnaies, des coquillages sans valeur apparente, des bouts de cuir, des feuilles de papier sont reçus en échange de marchandises précieuses. Toutefois ce phénomène étrange trouve, la plupart du temps, une explication facile, et si nous étions bien au courant de l'histoire de toutes les monnaies, la même explication s'appliquerait sans doute à tous les cas.

Certainement, dans les sociétés primitives, l'usage de la monnaie ne reposait pas sur des règlements fixés par la loi, de sorte que l'utilité de la matière pour d'autres usages doit avoir été la condition préalable de son emploi comme monnaie. Ainsi cette singulière monnaie de wampum que les premiers explorateurs trouvèrent chez les Indiens de l'Amérique du nord, était, ainsi que nous l'avons dit plus haut, estimée comme parure. Les cauris, si communément employés en Orient, sont estimés comme objets de parure sur la côte occidentale d'Afrique, et, suivant toute probabilité, servaient d'ornements avant d'être employés en guise de monnaie. Tous les autres articles mentionnés au chap. IV, bœufs, blé, peaux, tabac, sel, noix de cacao, etc., qui ont joué le rôle de monnaie dans un pays ou dans l'autre, avaient une utilité et une valeur indépendantes. S'il y a quelques exceptions apparentes à cette règle, une connaissance plus complète du sujet nous en fournirait sans doute l'explication. Nous pouvons donc être d'accord avec Storch, quand il dit : « Il est impossible qu'une substance qui n'a aucune valeur propre soit proposée pour servir de monnaie, quelque convenable qu'elle soit à d'autres égards pour cet emploi. »

Quand une substance est employée très-communément comme monnaie, on conçoit que son utilité finit par dépendre principalement des services qu'elle rend sous cette forme à la communauté.

Par exemple on se sert bien plus souvent de l'or pour le monnayer que pour en faire de la vaisselle, des bijoux, des montres, etc.

Il peut arriver qu'une substance, employée à l'origine à des usages divers, finisse par servir uniquement en qualité de monnaie, et que cependant, par suite de cet emploi et par la force de l'habitude, elle conserve sa valeur. Tel est probablement le cas pour les cauris. L'importance de l'habitude, personnelle ou héréditaire, est au moins aussi grande dans la science monétaire qu'elle l'est, suivant M. Herbert Spencer, en morale, et dans les phénomènes sociologiques en général.

Il n'y a cependant aucune raison de supposer que la valeur de l'or et de l'argent soit uniquement due, de nos jours, à leur emploi conventionnel comme monnaie. Ces métaux possèdent des propriétés si remarquables et si utiles que, si nous pouvions seulement nous les procurer en quantité suffisante, ils remplaceraient tous les autres métaux dans la confection des ustensiles domestiques, des ornements, et d'une multitude de petits objets que l'on fait maintenant en cuivre, en laiton, en bronze, en étain, ou en quelques autres métaux ou alliages de qualité inférieure.

Afin que la monnaie puisse remplir d'une manière satisfaisante quelques-unes de ses fonctions, faciliter par exemple les échanges comme intermédiaire, ou accumuler la richesse, ou la transporter, il importe qu'elle soit composée d'une substance très-appréciée dans toutes les parties du monde, et, si faire se peut, presque également estimée par tous les peuples. Il y a des raisons de penser que l'or et l'argent ont été admirés et appréciés par toutes les tribus qui étaient assez heureuses pour se les procurer. L'éclat et la beauté de ces métaux doivent avoir attiré l'attention et excité l'admiration dans les temps les plus anciens aussi bien qu'à l'époque actuelle.

2. FACILITÉ DE TRANSPORT.

La matière de la monnaie ne doit pas seulement avoir de la valeur; cette valeur doit encore être dans un tel rapport avec le poids et la masse de la matière, que la monnaie ne soit ni trop gênante par son poids d'un côté, ni de l'autre incommode par ses dimensions trop exiguës. La tradition rapportait en Grèce que Lycurgue avait obligé les Lacédémoniens à se servir d'une monnaie de fer, afin que le poids de cette monnaie les empêchât de s'adonner trop au commerce. Quoiqu'il en soit, il est certain que la monnaie de fer ne pourrait s'employer à présent en paiements un peu considérables, puisqu'un penny pèserait environ une livre; puisqu'au lieu de remettre un billet de cinq livres sterling, nous devrions livrer une tonne de fer. Au siècle dernier le cuivre s'employait réellement comme principal moyen d'échange en Suède; et les marchands étaient obligés d'emmener une brouette avec eux quand ils avaient à recevoir des paiements en dalers de cuivre. Un grand nombre des substances employées comme monnaie dans les anciens temps devaient laisser beaucoup à désirer pour la facilité du transport. Sans doute les bœufs et les brebis se transportaient bien eux-mêmes; mais le blé, les peaux, l'huile, les noix, les amandes, etc., quoique assez convenables à d'autres égards pour servir de monnaie, étaient d'un volume énorme, et ne pouvaient que difficilement se transporter.

Cette facilité de transport est une qualité importante, non-seulement parce qu'elle permet de porter en poche de petites sommes sans difficulté, mais parce que des sommes considérables peuvent ainsi se transporter à peu de frais d'un pays à l'autre, et même d'un continent à l'autre. Le résultat est d'assurer dans toutes les parties du monde une uniformité approximative de la valeur de la monnaie. Une substance très-pesante et très-volumineuse relativement à sa valeur, comme le blé et le charbon, peut être fort rare dans un pays, tandis qu'elle surabonde dans un autre : alors l'offre et la demande ne peuvent s'équilibrer sans une grande dépense de transport. Au contraire, le prix du transport de l'or ou de l'argent de Londres à Paris, y compris l'assurance, n'est que de quatre dixièmes pour cent; et entre les parties du monde les plus éloignées, il ne dépasse pas deux ou trois pour cent.

De même que les substances peuvent manquer de valeur, elles peuvent en avoir trop, de sorte que pour les transactions ordinaires il serait nécessaire d'avoir recours au microscope ou à des instruments de précision. Les diamants

sans parler de quelques autres objections, auraient beaucoup
trop de valeur pour les petites transactions. La valeur de ces
pierres précieuses croît, dit-on, comme le carré de leur
poids, de sorte que nous ne pouvons établir aucune comparaison exacte entre elles et les métaux, dont la valeur est
simplement proportionnelle au poids. Si nous admettons seulement qu'un diamant d'un carat (quatre grains) vaut 15 livres
sterling, nous trouvons qu'il a, au même poids, 460 fois la
valeur de l'or. Il y a aussi plusieurs métaux rares, comme
l'iridium et l'osmium, qui auraient beaucoup trop de valeur
pour servir de monnaie. L'or même et l'argent sont trop
précieux pour la menue monnaie. Un penny d'argent pèse
maintenant 7 grains 1/4, et un penny d'or ne pèserait qu'un
demi-grain. Le joli jeton octogonal d'un quart de dollar, qui
a cours en Californie, est la plus petite pièce d'or que j'aie
jamais vue ; elle pèse moins de quatre grains, et elle est si
mince qu'on l'enlèverait presque d'un souffle.

3. INDESTRUCTIBILITÉ.

Destinée à circuler pour les besoins du commerce et à être
tenue en réserve, la monnaie doit être difficile à détruire ou
à détériorer. Il ne faut pas qu'elle s'évapore comme l'alcool,
qu'elle se putréfie comme les substances animales, qu'elle
tombe en poussière comme le bois, qu'elle se rouille comme
le fer. Des objets faciles à détruire, comme les œufs, la
morue sèche, le bétail, l'huile, ont sans doute servi de monnaie ; mais la monnaie de ce genre, après avoir servi à cet
usage quelques jours, doit nécessairement être bientôt con-
sommée. On ne peut donc conserver une grande quantité
de denrées si peu durables, et leur valeur, par là même, doit
être très-variable. Les différentes espèces de grains prêtent
moins à cette objection ; car, une fois bien séchés, ils n'é-
prouvent, pendant plusieurs années, aucune détérioration
appréciable.

4. HOMOGÉNÉITÉ.

Toutes les parties ou échantillons de la substance employée comme monnaie devront être *homogènes*, c'est-à-

,dire présenter les mêmes qualités, de sorte que des poids
égaux possèdent également la même valeur. Pour que nous
puissions calculer sûrement à l'aide d'unités de nature quelconque, il faut que toutes les unités soient égales et semblables, afin que deux et deux ne manquent jamais de faire
quatre. Si nous comptions en pierres précieuses, il arrive-
rait rarement que quatre pierres eussent exactement la valeur de deux autres. Les métaux précieux eux-mêmes, à
l'état natif, ne sont pas parfaitement homogènes, et sont
mêlés les uns avec les autres presque dans toutes les proportions; mais il n'y a pas là un grand inconvénient; car
l'essayeur détermine facilement la quantité de métal pur que
contient chaque lingot. Par le raffinage et le monnayage les
métaux sont ensuite ramenés à des titres presque égaux, de
sorte que des poids égaux sont alors d'une valeur largement
égale.

5. DIVISIBILITÉ.

Une propriété étroitement unie à la précédente est la divisibilité. Sans doute toute matière est mécaniquement divi-
sible, et presque à l'infini. Les pierres les plus dures peuvent être brisées, et l'acier peut être coupé par un acier
plus dur. Mais il ne suffit pas que la matière de la monnaie
puisse être divisée; il faut encore que la valeur de la masse
totale soit exactement la même avant et après la division. Si
nous coupons une peau ou une fourrure, les morceaux auront, ordinairement, beaucoup moins de valeur que n'en
avait le tout, excepté pour certains usages spéciaux; il en
sera de même pour le bois, la pierre et la plupart des autres
matières dont la réunion est ensuite impossible. Mais on
peut fondre de nouveau en une seule masse, dès qu'on le
voudra, des morceaux de métal, et la dépense de l'opération,
y compris la perte de matière, est très-faible pour les métaux précieux, puisqu'elle varie de un penny à deux par
once. Ainsi, la valeur d'une pièce d'or ou d'argent est à
peu près proportionnelle au poids du métal fin qu'elle contient.

6. STABILITÉ DANS LA VALEUR.

Evidemment on doit désirer que la valeur de la monnaie
ne soit pas sujette à fluctuation. Les proportions dans lesquelles elle s'échange contre d'autres objets doivent être
maintenues dans une moyenne aussi invariable que possible. Cette condition aurait relativement peu d'importance
si la monnaie ne s'employait que pour mesurer les valeurs à
un moment déterminé, et comme moyen d'échange. Si d'un
autre côté tous les prix se modifiaient dans la même proportion dès que la valeur de la monnaie varie, personne ne
gagnerait ni ne perdrait, excepté pour les pièces qu'on se
trouverait avoir en poche, en réserve, ou à son compte chez
un banquier. Mais, dans la pratique, ainsi que nous l'avons
vu, on emploie l'argent comme valeur typique et régulatrice
dans les contrats à longue échéance, et souvent l'usage ou
la loi maintiennent les paiements à un taux invariable, lors
même que la somme payée change considérablement de
valeur. Aussi tout changement dans la valeur de la monnaie
occasionne un certain préjudice à la société.

On pourrait dire, il est vrai, que le débiteur gagne ce que
perd le créancier, ou vice-versâ, de telle sorte qu'en somme
la communauté est aussi riche qu'auparavant; mais cela
n'est pas tout à fait vrai. Une analyse mathématique du problème montre, que si l'on prend une somme quelconque à
une personne pour la donner à une autre, dans le plus
grand nombre des cas le préjudice causé à l'une dépasse le
profit que fait l'autre. Une personne qui jouit d'un revenu
de cent livres sterling par an perdra plus, si on lui en ôte
dix, qu'elle ne gagnerait si on lui en donnait dix de plus,
parce que le degré d'utilité de l'argent est beaucoup plus
considérable pour elle à quatre-vingt-dix livres qu'à cent
dix. D'après le même principe tous les jeux, les paris, les
faits de pure spéculation, toutes les autres circonstances
où le hasard intervient dans le transport de la propriété
impliquent, dans la majorité des cas, une perte d'utilité. Ce
qui encourage l'industrie, le commerce et l'accumulation du
capital, c'est uniquement l'attente des jouissances qu'on en

doit retirer; or toute variation dans la valeur du numéraire tend dans une certaine proportion à frustrer cette attente, et à affaiblir le mobile de notre activité.

7. CARACTÈRES FACILEMENT RECONNAISSABLES.

Nous voulons désigner par là la propriété que présente une substance d'être facilement reconnue et distinguée de toute autre substance. Comme moyen d'échange, la monnaie passe continuellement de main en main, et il y aurait un grand inconvénient à ce que chacune des personnes qui la reçoit fût obligée de l'examiner, de la peser, de l'essayer. S'il faut des connaissances particulières pour distinguer la mauvaise monnaie de la bonne, les pauvres gens qui ne savent rien seront certainement trompés. Le moyen d'échange doit donc présenter certains caractères bien distincts auxquels personne ne puisse se tromper. Les pierres précieuses, même quand elles conviendraient à d'autres égards, ne sauraient s'employer comme monnaie, parce qu'un lapidaire habile est seul capable de distinguer les pierreries naturelles des imitations.

On peut dire que cette qualité de la monnaie en implique aussi une autre à laquelle on a donné avec raison en anglais le nom d'*impressibility*; c'est la propriété que possède une substance de recevoir une empreinte, un sceau, un dessin qui constatera son caractère de numéraire et indiquera sa valeur. Nous devrions dire plus simplement que cette substance doit pouvoir se monnayer, de manière qu'un fragment de matière, une fois émis avec l'empreinte de l'État, d'après des règlements appropriés, puisse être reconnu de tous comme monnaie bonne et légale, égalant en poids, en dimensions et en valeur toutes les monnaies marquées à la même empreinte. Plus tard nous étudierons avec plus de détails les conditions qu'implique la fabrication d'une bonne pièce de monnaie.

CHAPITRE VI

Bien que les nombreuses denrées mentionnées au chapitre IV présentent toutes, à divers degrés, les qualités requises pour la confection de la monnaie, cependant elles ne sauraient un instant soutenir la comparaison à cet égard avec la plupart des métaux : c'est ce qu'il est inutile de montrer par un examen bien détaillé. Quelques-uns des métaux semblent avoir été marqués par la nature comme les substances les plus propres à servir de monnaie, du moins si l'on veut les employer à opérer les échanges ou à accumuler la richesse. Aussi voyons-nous l'or, l'argent, le cuivre, l'étain, le plomb et le fer recevoir une circulation plus ou moins active à toutes les époques historiques. L'argent et le cuivre ont même été si étroitement associés dans l'esprit des hommes à l'idée de monnaie, que nous voyons les noms de ces métaux employés à désigner la monnaie elle-même. En grec αργυρος signifie également argent, argent monnayé et monnaie en général; en latin *œs* désigne le cuivre, le bronze ou le laiton, et en même temps la monnaie et le salaire; en français le mot *argent* désigne en même temps le métal et la monnaie (1). Beaucoup d'autres

---

1. Le mot anglais *money*, surtout dans cet ouvrage, désigne toute espèce de *numéraire*, mot employé d'ordinaire, comme argent en

langues, sans en excepter la langue anglaise, présentent
de même les deux sens réunis dans un seul mot. Par
exemple, quoique les pièces d'un penny soient maintenant
faites de bronze, on les désigne encore par le mot de cop-
pers (cuivres).

A l'exception du fer, les principaux métaux sont particulièrement indestructibles; on a beau les manier et les faire
passer de main en main, ils ne subissent que peu ou point
de détérioration. Tout métal possède une grande homogénéité; chaque morceau ne diffère d'un autre que par le
poids, et les différences de pureté peuvent être déterminées
et obtenues avec exactitude pour l'or et l'argent. Les métaux
sont aussi parfaitement divisibles à l'aide du ciseau ou du
creuset, et cependant on peut toujours, par une refonte, en
réunir tous les fragments sans beaucoup de dépense et sans
grande perte de matière. La plupart d'entre eux se reconnaissent et prennent les empreintes avec une extrême facilité. Chaque métal possède sa couleur, sa densité, sa dureté
caractéristiques, de sorte qu'avec fort peu d'expérience on
peut distinguer un métal d'un autre. Leur malléabilité nous
permet de leur donner, en les roulant, en les coupant, en
les martelant, toutes les formes désirées, et d'y marquer,
à l'aide de coins, des empreintes durables. A l'exception des monnaies de porcelaine qui ont été employées
à Siam, je ne sache pas que jamais une autre substance
que le métal ait été employée à frapper des pièces de
monnaie.

En ce qui concerne la stabilité de la valeur, les métaux,
considérés comme valeur régulatrice, sont probablement
moins satisfaisants que certaines autres denrées : le blé,
par exemple. Sans doute les métaux doivent avoir été fort
estimés dès les époques les plus reculées; car les sauvages

---

français, pour désigner les espèces monnayées. Cela cause en français quelque embarras, d'autant plus que le mot français monnaie a
trois sens distincts :
1° La monnaie générale ou le numéraire (money, currency).
2° Une pièce de monnaie (coin).
3° L'établissement où se fait la monnaie (Mint).
Nous espérons, malgré cette pauvreté de la langue française relativement à l'anglaise, avoir évité les équivoques.

d'aujourd'hui en font le plus grand cas. Mais leur valeur a baissé et baisse pour ainsi dire continuellement, à cause des progrès de l'industrie, et parce que les moyens mécaniques et chimiques d'extraction se perfectionnent sans cesse. L'ordre même de leurs valeurs subit des changements. Suivant M. Gladstone le fer était, dans les âges homériques, beaucoup plus apprécié que le cuivre, ou plutôt le χαλϰος qui était alors le métal le plus commun et le plus souvent employé. Le plomb était peu connu ou peu estimé; mais l'or, l'argent et l'étain occupaient, en tête de la liste, la même place qu'aujourd'hui.

LE FER.

Si nous passons en revue les métaux les plus importants, nous trouvons d'abord chez Aristote, Pollux et d'autres écrivains, des preuves que le fer était fort employé comme monnaie à une époque reculée. On ne connaît aucun spécimen de cette monnaie actuellement existant; mais cela s'explique facilement par la rapidité avec laquelle la rouille consume ce métal. En l'absence de spécimens, nous ne connaissons ni la forme ni les dimensions de cette monnaie; mais il est probable qu'elle consistait en petites barres, en lingots, en chevilles analogues à ces petites barres de fer qu'on emploie encore dans le commerce avec les populations de l'Afrique centrale. La monnaie de fer est encore, ou était il y a peu de temps, employée au Japon pour de faibles sommes; mais l'émission en a cessé.

Il n'est plus question à présent d'employer le fer pur dans les pays civilisés pour en frapper des monnaies, d'abord à cause du peu de prix du métal, ensuite parce que la rouille ferait bientôt disparaître la netteté de l'empreinte, parce que les pièces seraient malpropres et faciles à contrefaire. Mais il n'est nullement impossible qu'on allie encore le fer ou l'acier avec d'autres métaux pour le frappage des menues monnaies.

LE PLOMB.

Le plomb a souvent été employé comme monnaie, ainsi que nous l'apprennent quelques passages des anciens poètes grecs et latins. En 1635, des balles de plomb circulaient comme menue monnaie avec la valeur d'un farthing chacune, dans le Massachusetts. Aujourd'hui encore ce métal a cours chez les Birmans, et se donne au poids pour de petits paiements. Il est facile de voir qu'un métal si mou ne convient nullement au monnayage, quand il est à l'état de pureté. On l'a souvent allié avec l'étain pour en frapper des monnaies.

L'ÉTAIN.

L'étain aussi a souvent été employé pour la monnaie à différentes époques. Denys de Syracuse fit frapper les premières pièces de ce genre que nous connaissions avec certitude ; mais, comme à ces époques reculées l'étain venait de la Cornouaille, on ne peut guère douter qu'il ait fourni la matière de la première monnaie des Bretons. Dans une foule de collections on trouve des séries de monnaies en étain émises par les empereurs romains ; les rois d'Angleterre l'employèrent aussi. En 1680, Charles II fit frapper des farthings d'étain, qui portaient au centre un bouton de cuivre afin de rendre la contrefaçon plus difficile. Des demi-pence et des farthings d'étain furent aussi frappés en quantités considérables sous le règne de Guillaume et de Marie (de 1690 à 1691). Des monnaies de ce métal étaient autrefois en usage chez les Javanais, les Mexicains et beaucoup d'autres peuples ; on dit même qu'il a encore cours, mais au poids, dans le détroit de Malacca.

L'étain conviendrait admirablement à certains égards pour faire les pence, à cause de sa belle couleur blanche, de la résistance parfaite qu'il oppose à l'oxydation, de sa valeur beaucoup plus élevée que celle du cuivre. Malheureusement lorsqu'il est pur il est mou, se ploie et se brise si facilement qu'on trouve des difficultés insurmontables pour l'employer comme monnaie.

LE CUIVRE.

Ce métal convient à beaucoup d'égards pour le monnayage. Il ne s'altère pas quand il est exposé à l'air sec, possède une

belle couleur rouge très-distinctive, prend bien le dessin
des coins, et en conserve mieux l'empreinte que la plupart
des autres métaux. Aussi le trouvons-nous employé continuellement en qualité de monnaie, soit seul, soit subor-
donné à l'or et à l'argent. Les plus anciennes monnaies des
Hébreux étaient composées principalement de cuivre; la
monnaie métallique des Romains fut faite d'un cuivre impur
appelé æs, jusqu'en 269 av. J.-C., époque où ils monnayèrent
l'argent pour la première fois. Dans les derniers temps non-
seulement on a fait généralement usage du cuivre pour les
pièces de faible valeur; mais, en Russie et en Suède, il y a
cent ans, il composait la grande masse du numéraire. La
faible valeur qu'il présente en gêne maintenant l'emploi.
Un penny (10 centimes), s'il contenait tout le métal équivalent à sa valeur nominale, pèserait 870 grains, plus d'une once
trois quarts. Sa valeur est sujette aussi à des fluctuations
considérables. De plus, il est peu probable qu'à l'avenir on
frappe le cuivre à l'état pur, car on sait à présent que le
bronze convient beaucoup mieux au monnayage.

L'ARGENT.

A peine est-il besoin de dire que l'argent se distingue par
sa blancheur éclatante, avec laquelle aucun autre métal pur
ne peut rivaliser. Sans doute, on a produit certains alliages,
comme le métal des miroirs ou le métal anglais, qui possèdent un éclat presque égal; mais ou bien ils sont cassants,
ou ils sont trop mous pour rendre le son métallique de l'argent. Quand il reste longtemps exposé à l'air l'argent se ternit par la formation d'une pellicule noire de sulfite d'argent;
mais ce n'est pas là un obstacle qui empêche de le monnayer; car cette pellicule est toujours extrêmement mince,
et sa couleur d'un noir particulier, nous aide même à distinguer le métal pur des contrefaçons. Lorsqu'il est modifié
par un alliage convenable, l'argent est assez dur pour résister longtemps à l'usure, et il est, après l'or, le plus malléable
des métaux, celui qui prend le mieux les empreintes.

Une monnaie, ou un autre objet fait d'argent, peut se reconnaître aux caractères suivants: — 1° Une blancheur

pure et brillante quand le métal vient d'être frotté ou gratté ; 2° une teinte noirâtre lorsque la surface est restée longtemps exposée à l'air ; 3° une pesanteur spécifique modérée ; 4° un beau son métallique ; 5° une dureté considérable ; 6° l'acide nitrique concentré dissout l'argent, et la solution devient noire si on l'expose à la lumière.

Est-il besoin de dire que, depuis l'invention du monnayage, l'argent a été employé à cet usage dans tous les siècles ? Sa valeur relativement à l'or et au cuivre lui assigne dans un système monétaire une place intermédiaire entre ces deux métaux. Sa valeur reste très-stable pour des périodes de cinquante à cent ans, parce que, concurremment avec le métal monnayé, il s'en conserve une masse considérable sous forme de vaisselle, de montres, de joyaux, d'ornements divers; si bien qu'une variation dans la production pendant quelques années ne saurait produire un changement appréciable pour la masse totale. Il existe dans presque toutes les parties du monde des mines d'argent en exploitation, et, partout où il se produit du plomb, on obtient, par la méthode Pattinson, une quantité d'argent faible mais constante.

L'OR.

Si l'argent est beau, l'or l'est encore davantage ; il présente même une réunion de propriétés utiles et frappantes qui ne se rencontre dans aucune substance connue. A cette couleur jaune, riche et brillante, qu'on ne peut décrire qu'en employant le mot de doré, il joint une malléabilité étonnante et une pesanteur spécifique très-élevée, qui n'est dépassée que par celle du platine et de quelques métaux extrêmement rares ou presque inconnus. D'ordinaire nous pouvons nous assurer si une monnaie est vraiment en or, à l'aide de ces trois marques caractéristiques : 1° couleur d'un jaune brillant; 2° pesanteur spécifique considérable ; 3° tintement métallique lorsqu'on laisse tomber la monnaie. Ce traitement prouvera que la pièce ne contient ni platine ni plomb.

S'il nous reste quelque doute sur la nature du métal, nous n'avons qu'à en examiner la solubilité. L'or est extrêmement peu oxydable et peu soluble : il ne se ternit et ne change nullement d'aspect quand il est exposé pendant un temps quelconque dans un air ou sec, ou humide, ou impur ; il est insoluble dans tous les acides ordinaires. L'acide nitrique concentré attaquera rapidement toute contrefaçon à laquelle on aura donné la couleur de l'or, mais il n'altèrera pas l'or fin, ou tout au plus pourra-t-il dissoudre une faible quantité de l'argent et du cuivre auquel l'or est allié.

L'or est, presque à tous égards, parfaitement propre au monnayage. Sans doute, à l'état de pureté parfaite, il est presque aussi mou que l'étain ; mais, allié avec un dixième ou un douzième de cuivre, il devient assez dur pour résister à l'usure, et pour donner un beau son métallique ; cependant il reste parfaitement malléable et prend fort bien l'empreinte. Son point de fusion n'est pas trop élevé, et pourtant on ne constate aucune oxydation et aucune volatilisation du métal aux températures les plus hautes qu'on puisse produire dans nos fourneaux. Ainsi les vieilles monnaies et les vieux fragments de métal peuvent être fondus avec une perte très-légère, et une dépense qui n'excède pas un demi-penny par once, c'est-à-dire un peu plus du vingtième d'un pour cent.

LE PLATINE.

C'est un de ces métaux comparativement rares qui n'ont été connus que dans les derniers temps. Son point de fusion extrêmement élevé et sa faible affinité pour l'oxygène en font une des substances les plus indestructibles, tandis que sa couleur blanche, jointe à sa pesanteur spécifique extraordinaire, sont des caractères auxquels on ne peut se tromper. Comme il semblait, pour ces raisons, très-propre à être monnayé, le gouvernement Russe, qui possède, dans les monts Ourals, les principales mines de platine, commença en 1828, à en frapper des pièces qui devaient avoir la valeur de douze, six, et trois roubles. Bientôt on vit que l'emploi de ce métal prêtait à diverses objections. Comme son aspect est beaucoup moins beau que celui de l'or et de l'argent, on ne l'emploie guère comme ornement, et sa seule application usuelle se trouve dans la construction des appareils de chimie. On n'a donc pas sous la main un approvisionnement considérable de ce métal; d'un autre côté, comme ses gisements sont assez rares, la production n'en peut guère augmenter, de telle sorte qu'une variation un peu importante dans la demande entraînera sûrement un changement considérable dans la valeur. De plus la dépense du monnayage était très-grande, à cause de l'extrême difficulté qu'on trouve à fondre le platine, et les pièces détériorées ne pouvaient être retirées et frappées de nouveau qu'avec un grand surcroît de dépense. On reconnut donc que la monnaie de platine était fort incommode; on renonça en 1845 à la fabriquer, et les pièces émises furent retirées de la circulation.

De notables perfectionnements ayant été obtenus depuis dans le traitement du platine, M. Jacobi, représentant de la Russie à la conférence monétaire internationale qui se tint à Paris en 1867, proposa d'employer le platine pour frapper des pièces de cinq francs. Mais il n'est pas probable qu'une telle proposition soit adoptée

LE NICKEL.

On regardait naguère ce métal comme l'écueil du métallurgiste; mais dernièrement il a pris une place importante dans l'industrie, et même dans la science monétaire. On ne l'emploie qu'allié à d'autres métaux, et pour la monnaie on a coutume de fondre une partie de nickel avec trois de cuivre. Les petites pièces belges, et les pièces d'un *cent* des Etats-Unis, ont été ainsi composées et paraissent très-commodes. En 1869, 1870 et 1871, on a exécuté à la Monnaie d'Angleterre, pour la colonie de la Jamaïque, des pence et des demi-pence de cet alliage, pour la somme de 3.000 livres sterling. Ces pièces sont au nombre des plus belles qui soient jamais sorties de Tower Hill, et à certains égards elles sont admirablement propres à la circulation. Malheureusement on fit les pièces trop grandes et trop lourdes; non-seulement elles furent ainsi moins commodes; mais, lorsqu'en 1873 on demanda au directeur de la Monnaie de fournir une nouvelle quantité de ce numéraire, il reconnut que le prix du nickel s'était élevé considérablement, de sorte que la matière seule aurait coûté plus que la valeur nominale des pièces à frapper. Cette élévation de prix était due en partie au petit nombre de mines de nickel exploitées jusqu'à présent, en partie à la demande de ce métal occasionnée par le gouvernement allemand qui a choisi ce même alliage pour les pièces de dix et de cinq *pfennigs* de son nouveau système monétaire. Les dernières monnaies, maintenant en cours d'émission, sont de dimensions commodes, elles sont un peu moins volumineuses que le shelling et la pièce de six pence, et semblent admirablement appropriées à leur but. L'empire d'Allemagne possédera bientôt la meilleure monnaie fractionnaire du monde, au lieu d'avoir la plus mauvaise. Les fluctuations dans le prix du nickel, qui sont à présent une cause d'embarras, peuvent devenir moins graves dans la suite, lorsque la masse du métal employé et la production annuelle deviendront plus considérables.

LES AUTRES MÉTAUX.

Les métaux mentionnés jusqu'ici sont loin de représenter tous ceux que connaissent à présent les chimistes, et il serait imprudent d'affirmer qu'à l'avenir la monnaie sera toujours formée des mêmes matières que par le passé. D'un côté, il n'est pas impossible qu'avec le temps on n'arrive à produire un métal plus précieux que l'or. L'ordre dans lequel les métaux ont été employés comme principal moyen d'échange est à peu près celui-ci : 1° cuivre, 2° argent, 3° or. A mesure que la valeur des métaux en général a baissé, les plus précieux ont remplacé ceux qui l'étaient moins, et l'or, plus portatif, prend maintenant avec rapidité la place de l'argent. Quelque métal plus précieux, comme l'iridium et l'osmium, si rares et si difficiles à travailler, ou le palladium, ce métal si remarquable, remplacera peut-être l'or. Mais la chose est fort improbable et ne peut guère être considérée que comme une hypothèse scientifique.

D'un autre côté, il existe quelques métaux qui peuvent être produits à meilleur compte que l'argent, tels que l'aluminium et le manganèse. Il ne serait pas inutile de faire des recherches à ce sujet, et de voir si de semblables métaux ne fournissent pas la solution d'une question assez difficile, celle de la monnaie fractionnaire, que nous discuterons plus loin d'une manière plus complète.

LES ALLIAGES.

A différentes époques on a employé une multitude d'alliages pour en frapper des monnaies. Il serait même plus exact de dire que rarement les métaux ont été monnayés, si ce n'est à l'état d'alliages. L'or même et l'argent sont d'ordinaire alliés soit l'un avec l'autre, soit avec le cuivre. Ce dernier métal a, généralement aussi, été employé uni avec d'autres. L'*as* des Romains était formé non de cuivre pur, mais du métal composé appelé chez eux *œs* : c'était un alliage de cuivre et d'étain assez semblable au bronze qu'on vient tout récemment d'employer pour la petite monnaie en France, en Angleterre et dans d'autres pays. Le laiton fut employé en grandes quantités par quelques-uns des empereurs Romains. Il est probable que, dans beaucoup de cas, les anciens métallurgistes, en fondant un mineral, obtenaient un alliage naturel des métaux qui s'y trouvaient contenus, et qu'ils étaient obligés d'employer ce mélange, faute de savoir le décomposer. C'est ainsi que nous pouvons expliquer le métal curieux contenant de soixante à soixante-dix parties de cuivre, de vingt à vingt-cinq de zinc, de cinq à onze d'argent, avec de faibles quantités d'or, de plomb et d'étain, et qui était employé pour faire les *stycas* ou menues monnaies des anciens roi de Northumbrie.

Les monarques ou les Etats dans l'embarras ont souvent monnayé le métal qu'ils pouvaient se procurer le plus facilement. La monnaie irlandaise émise par Jacques II fut, dit-on, composée d'un mélange de vieux fusils, de cloches brisées, de cuivre hors de service, de potée d'étain, de vieux ustensiles de cuisine, et en général de tous les métaux de rebut sur lesquels ses officiers pouvaient mettre la main. Il essaya même de faire circuler des couronnes d'étain en leur donnant la valeur des couronnes d'argent.

CHAPITRE VII

Il est clair que, pour la fabrication de la monnaie, les métaux sont de beaucoup supérieurs aux autres substances, et
il est presque aussi évident que certains métaux surpassent
à cet égard tous les autres. Nous pouvons dire particulièrement de l'or et de l'argent, avec Turgot, que la nature des
choses a fait d'eux, indépendamment de toute loi et de toute
convention, la monnaie universelle. Même quand l'art du
monnayeur n'aurait pas été inventé, il est probable que l'or
et l'argent auraient néanmoins constitué la monnaie universelle. Mais nous devons maintenant considérer comment, en
prenant des morceaux de ces métaux d'un poids déterminé,
et en leur donnant la forme et l'empreinte qui en font des
pièces de monnaie, on peut tirer de leurs propriétés le parti
le plus avantageux.

Sans doute, quand ces métaux commencèrent à avoir
cours, on se contenta de les donner et de les recevoir après
une estimation approximative de leur poids, contre des denrées d'autre nature. Quelques-uns des spécimens les plus
anciens de la monnaie consistent en ce qu'on appelle l'*œs
rude*; ce sont des masses, rudes et informes, de cuivre à
l'état natif qui furent employées par les Etrusques. Dans
le musée de l'Archiginnasio, à Bologne, on peut voir le
squelette d'un Etrusque, à demi engagé dans la terre, serrant

encore entre ses mâchoires décharnées le petit lingot de cuivre brut qu'on y avait introduit pour satisfaire aux demandes de Caron. Pline nous dit aussi qu'avant Servius Tullius le cuivre circulait à l'état brut. Dans la suite le cuivre, le laiton ou le fer furent probablement employés sous la forme de petites barres ou brochettes, et le nom de l'unité de valeur chez les Grecs, *drachma*, vient, à ce qu'on suppose, de ce fait que la main pouvait saisir à la fois (1) six de ces pointes de métal, dont chacune portait le nom d'obole (2). On suppose que tel fut le premier système monétaire où l'on ait compté le nombre des pièces, au lieu de les peser.

L'or peut s'extraire fort aisément des dépôts d'alluvions, où il se trouve sous forme de grains ou de poussière. Telle fut, en conséquence, la forme primitive de la monnaie d'or. Les anciens Péruviens enfermaient, par précaution, la poudre d'or dans des tuyaux de plume, et le faisaient circuler ainsi plus commodément. Dans les placers de la Californie, de l'Australie et de la Nouvelle-Zélande, la poudre d'or s'échange aujourd'hui directement, à l'aide de la balance, contre toutes sortes d'objets. L'art de fondre l'or et l'argent, et de leur donner à l'aide du marteau des formes diverses, remonte à une haute antiquité. De nos jours encore, le pauvre Hindou qui a économisé quelques roupies charge un joaillier de les fondre et de lui en faire un simple bracelet qui est à la fois pour lui une parure et un placement.

De même les Goths et les Celtes avaient autrefois coutume d'étirer l'or en fils épais qu'ils enroulaient ensuite en forme de spirale et que probablement ils portaient autour de leurs doigts jusqu'au moment où le métal leur devenait nécessaire pour quelque achat. Il est fort probable que cette monnaie sous forme de bagues, dont on a rencontré de nombreux spécimens dans différentes contrées de l'Europe et de l'Asie, fut le premier pas vers la monnaie frappée. On peut avoir, dans certains cas, donné aux bagues avec intention des poids égaux ; car César nous apprend que les Bretons portaient des bagues de fer d'un poids déterminé, qui leur

---

1. ὁράσσομαι saisir avec la main, empoigner.
2. ἰβολός, de ἰελός, broche.

servaient de monnaie. Dans d'autres cas les bagues ou bijoux étaient achetés et vendus avec l'aide de la balance et certaines peintures égyptiennes représentent des personnages occupés à peser des bagues. Il est probable que, pour éviter ces fréquentes pesées, on fit des sacs scellés contenant un certain poids de bagues : tels sont peut-être les sacs d'argent donnés par Naaman à Gehazi dans le second livre des Rois (V. 23). On dit que cette monnaie en forme de bagues est encore en usage chez les Nubiens.

On a donné à l'or et à l'argent, pour les convertir en monnaie, diverses autres formes. Ainsi la monnaie siamoise consiste en très-petits lingots ou en tiges ployées sur elles-mêmes d'une manière particulière. A Pondichéry et ailleurs l'or est employé sous forme de petits grains ou boutons.

L'INVENTION DU MONNAYAGE.

On peut fixer avec un certain degré de probabilité la date de l'invention du monnayage. La monnaie frappée était certainement inconnue aux âges Homériques; mais elle existait du temps de Lycurgue. Nous pouvons donc admettre, avec différentes autorités, qu'elle fut inventée entre ces deux périodes, c'est-à-dire vers l'an 900 avant J.-C. La tradition rapporte aussi que Pheidon, roi d'Argos, fit frapper la première monnaie d'argent dans l'île d'Egine vers 895, et cette tradition est confirmée par l'existence de petits lingots d'argent trouvés à Egine. Cependant les dernières recherches conduisent à croire que Pheidon vivait au milieu du huitième siècle avant J.-C. ; et Grote a montré qu'il y a de bonnes raisons pour admettre que ce fut à Argos, et non pas à Egine, que se passa le fait qu'on lui attribue.

Il est assez facile de voir comment se produisit l'invention. Dans ces époques reculées les sceaux étaient d'un usage commun, ainsi que nous l'apprennent les peintures égyptiennes et les briques à empreintes de Ninive. Comme on les employait pour indiquer la propriété ou ratifier les contrats, ils devinrent un symbole d'autorité. Quand un souverain voulut pour la première fois certifier le poids de pièces de

métal, il fit naturellement usage de son sceau pour informer
ses sujets du fait, exactement comme aujourd'hui, à Golds-
miths' Hall, on se sert d'un petit poinçon pour certifier sur
la vaisselle plate le titre du métal. Dans les monnaies primitives on ne cherchait pas à façonner le métal de manière
que le poids n'en pût être changé sans une altération de
l'empreinte ou du dessin. Les premières monnaies frappées
soit en Lydie, soit dans le Péloponnèse, n'étaient frappées
que d'un côté. La monnaie persane appelée *larin*, consiste
en un fil cylindrique d'argent, long de six centimètres environ, qui est ployé en deux, et porte une empreinte à un
endroit aplati pour la recevoir. C'est probablement un souvenir de la monnaie en bagues. En Chine la monnaie actuelle se compose en grande partie de ce qu'on appelle
sycee silver ; ce sont de petits lingots d'argent en forme de
soulier, contrôlés et marqués par le gouvernement.

QU'EST-CE QU'UNE PIÈCE DE MONNAIE.

Quoique dans ces bagues, ces grains, ces lingots, nous
ayons quelque chose qui se rapproche de ce que nous appelons des pièces de monnaie, il est évident que, pour obtenir
une monnaie convenable, nous devons faire quelque chose de
plus. L'empreinte doit être gravée non-seulement de manière à certifier la pureté et le poids primitif, mais aussi
à empêcher toute altération ultérieure. Monnayer le métal, ainsi que nous comprenons cet art aujourd'hui, c'est en
former d'abord des pièces plates dont le contour est circulaire, ovale, carré, hexagonal, octogonal, ou présente d'autres lignes régulières, puis, à l'aide de coins gravés, y imprimer des dessins sur les deux faces, et quelquefois sur les
champs. Non-seulement il est très-coûteux et très-difficile de
contrefaire des monnaies qui ont été bien frappées de cette
manière, mais l'intégrité du dessin nous garantit qu'aucun
des possesseurs de la pièce n'en a enlevé de fragment.
Le degré même de l'usure (frai) que la pièce doit fatalement
subir au bout de quelque temps, peut s'évaluer à peu près
quand on considère la netteté ou l'effacement partiel du
dessin, et l'aplatissement des arêtes de la tranche. « Les

« pièces de monnaie, » dit M. Chevalier, « sont des lingots
« dont le poids et la pureté sont garantis. » Rien, dans cette
définition, ne distingue les pièces de monnaie de ces petits
lingots chinois dont nous parlions tout à l'heure, ou des
barres et des lingots de métal qui portent l'estampille ordinaire. J'aimerais donc mieux dire : Les pièces de monnaie sont des lingots dont le poids et la pureté sont garantis
par l'intégrité de dessins imprimés sur les surfaces du
métal.

DIFFÉRENTES FORMES DE MONNAIES.

De temps en temps on a fabriqué des monnaies de formes
très-diverses, quoique les pièces circulaires soient de beaucoup les plus nombreuses. Parmi les monnaies innombrables qu'ont émises les états allemands, on peut trouver des
pièces octogonales et hexagonales. Une singulière monnaie
carrée, avec une empreinte circulaire au centre, fut émise
à Salzbourg en l'an 1513. Des monnaies de siége ont été
émises en Angleterre et ailleurs sous la forme de carrés,
de losanges, etc. Au nombre des spécimens de monnaies
les plus extraordinaires qui aient jamais été employées
figurent ces larges plaques de cuivre pur qui ont circulé en
Suède dans le dix-huitième siècle. Elles étaient épaisses de
trois huitièmes de pouce environ, et les dimensions en
étaient variées ; le demi-daler avait 3 pouces 1/2 carrés, la
pièce de deux dalers n'avait pas moins de 7 pouces 1/2, et
pesait 3 livres 1/2. Comme un dessin n'en pouvait couvrir
toute la surface, chaque angle portait une empreinte circulaire, et il y en avait une au centre, de manière à rendre les
altérations aussi difficiles que possible.

Chez les nations orientales, les formes des monnaies sont
encore plus curieuses. Au Japon la plus grande partie du
numéraire consiste en itzibus d'argent. Ce sont des pièces
d'argent oblongues, aplaties, couvertes des deux côtés de
dessins et de légendes dont les caractères sont les uns en
relief, les autres en creux. Les monnaies d'argent de dimensions moindres ont une forme semblable. Au nombre des
menues monnaies du Japon se trouvent aussi de grandes

pièces ovales, faites au moule, de cuivre ou d'un métal composé, dont chacune est percée au centre d'un trou carré. On connaît les sapèques des Chinois, rondelles formées d'une sorte de laiton et percées au milieu d'un trou carré qui permet de les enfiler ensemble. Les monnaies de Formose leur ressemblent, si ce n'est qu'elles sont beaucoup plus grandes et plus épaisses. Toutes les pièces faites de cuivre, ou de métaux non précieux, en Chine, au Japon, à Formose, se distinguent par un large rebord plat, et portent des caractères en relief sur un fond évidé, de manière à rappeler les pence de cuivre de Boulton et de Watt. On les obtient en jetant le métal dans un moule, puis en polissant les bavures à la lime. De pareilles monnaies résistent au frai et conservent l'empreinte mieux que les pièces européennes; mais il est facile de les contrefaire.

Les pièces les plus singulières sont les monnaies en forme de cimeterres qui avaient cours autrefois en Perse.

QUELLE EST LA MEILLEURE FORME POUR LA MONNAIE ?

Il est très-important de chercher la meilleure forme possible pour les monnaies, et la meilleure manière de les frapper. L'usage de la monnaie crée, pour ainsi dire, un crime artificiel de faux monnayage, et la tentation qui pousse les gens à pratiquer cet art illicite est tellement forte que nulle pénalité ne peut l'étouffer, ainsi que le prouve trop une expérience de deux mille ans. Des milliers de coupables ont été punis de mort, et tous les supplices infligés au crime de trahison ont été appliqués à celui-ci sans effet. Ruding a donc incontestablement raison quand il dit, que nous devons faire tous nos efforts moins pour châtier le crime, que pour le prévenir par les perfectionnements apportés à l'art du monnayage. Il faut frapper nos monnaies d'une manière si parfaite qu'il devienne impossible de les imiter ou de les altérer avec succès.

On doit, quand on veut étudier avec soin la forme et le dessin d'une pièce de monnaie, avoir surtout quatre choses en vue.

1º Prévenir la contrefaçon.

2° Empêcher qu'on enlève frauduleusement une partie du métal.

3° Réduire autant que possible la perte de métal inévitable que la pièce subit par le frai.

4° Faire de la pièce un monument artistique et historique du gouvernement qui l'émet et du peuple qui l'emploie.

Pour empêcher la contrefaçon notre principale ressource est de rendre l'exécution mécanique de la pièce aussi parfaite que possible, et de la frapper par des procédés qui exigent des machines très-compliquées. Lorsque toutes les monnaies étaient obtenues par la fusion, le faux monnayeur pouvait réussir dans son travail presque aussi bien que celui qui travaillait pour l'Etat. Ainsi, dans l'empire Romain, il était difficile de distinguer entre la bonne et la fausse monnaie. La monnaie fabriquée au marteau fut un grand perfectionnement par rapport aux pièces moulées, et la monnaie faite au moulinet par rapport à celle qu'on faisait au marteau. L'introduction du balancier monétaire à vapeur de Boulton et de Watt fut un progrès nouveau, et le balancier à genou articulé d'Ulhorn et Thonnelier, employé maintenant dans presque toutes les monnaies, excepté celle de Tower Hill, est le dernier perfectionnement introduit dans le mécanisme du monnayage.

On doit apporter l'attention la plus scrupuleuse à l'exécution parfaite de la moulure, de la légende, ou du dessin, quel qu'il soit, imprimé sur le champ des pièces modernes. Il sert en même temps à empêcher que la pièce ne soit rognée, ou altérée par un changement de métal, et à déjouer l'habileté du contrefacteur. Les monnaies anciennes avaient la tranche fruste et dépourvue d'empreinte, et la première pièce dont le cordon ait reçu une légende fut une pièce d'argent de Charles IX, roi de France, frappée en 1573. Les pièces anglaises eurent pour la première fois le cordon grainé ou estampé en 1658 ou 1662, quand l'usage du moulinet à vis s'introduisit définitivement dans notre fabrication. Toutes les grosses pièces qui sortent maintenant de la Monnaie anglaise et de la plupart des autres, portent sur le cordon des moulures ou des dentelures produites par des saillies ménagées à la surface intérieure du collier qui retient le flan quand il est pressé et frappé entre les deux coins. Ces colliers sont difficiles à exécuter, et, quand même on saurait les faire, ils ne peuvent servir que dans la presse mécanique; le contrefacteur ne peut d'ailleurs imiter la moulure à la main ; car il est presque impossible d'employer la lime avec une régularité suffisante.

La pièce française de cinq francs porte sur le cordon cette légende en relief : « Dieu protége la France. » Ces lettres en relief défient complétement l'art du contrefacteur. La couronne anglaise porte pour légende : « *Decus et Tutamen*, » avec l'année du règne, le tout imprimé en creux, ce qui permettrait évidemment une imitation à l'aide de l'emporte-pièce. Les nouvelles monnaies d'or allemandes ont le cordon lisse ; la pièce de dix marcs a seulement quelques marques légères en creux, et la pièce de vingt marcs porte la légende : « *Gott mit uns*, » en lettres peu marquées, ce qui est certainement une garantie beaucoup moins satisfaisante que le cordon à moulure adopté dans la plupart des autres monnaies. Il vaudrait la peine de chercher si la moulure ne peut pas se combiner avec une légende ou un autre dessin en relief, de manière à rendre l'imitation encore plus difficile. Il y a un ou deux siècles, les monnaies d'argent étaient ordinairement ornées d'une sorte de chapelet qui tournait autour du cordon. On pourrait y substituer maintenant des dessins compliqués reproduits à la mécanique avec une régularité parfaite, et qu'il serait tout à fait impossible d'imiter à la main.

LES MONNAIES COMME ŒUVRES D'ART.

Je viens de considérer la meilleure forme à donner à une pièce de monnaie pour empêcher la contrefaçon. La falsification des pièces, la perte qu'elles subissent par le frai et les meilleurs moyens pour éviter ces inconvénients seront traités au chapitre XIII. Il serait déplacé de s'étendre longuement dans cet ouvrage sur l'usage des monnaies comme médailles artistiques. Je dois cependant faire remarquer que plusieurs des pièces qui sortent encore de la Monnaie anglaise sont des monuments de mauvais goût. Il est difficile d'imaginer

des dessins plus pauvres que ceux du shelling et de la pièce
de six pence; et cependant ils remontent à une époque où
l'art, dans plusieurs de ses branches, avait atteint son apogée
en Angleterre. De même que l'architecture et l'art industriel
se régénèrent grâce aux efforts des particuliers, est-il trop
hardi d'espérer que le gouvernement anglais suivra ce mouvement ? Le florin est à certains égards un progrès énorme
fait sur le shelling, c'est à d'autres égards un retour au style
des anciennes pièces anglaises. En 1847 on produisit un
très-beau modèle de la pièce d'une couronne, dans un style
analogue ; mais la pièce ne fut jamais émise. M. Lowe, pendant qu'il était directeur de la Monnaie, nous rendit l'ancien souverain avec saint Georges et le Dragon, dessin bien
supérieur au bouclier avec ses guirlandes. Je pense néanmoins que le moment est venu d'opérer une amélioration
considérable dans le dessin de nos monnaies.

MONNAIES HISTORIQUES.

Quelques états ont utilisé leurs coins pour en faire des
monuments commémoratifs d'événements considérables,
conquêtes, jubilés, avénements de souverains, etc. Les états
allemands, et la Prusse en particulier, ont frappé une lon
gue série de belles monnaies depuis le *Kronung's thaler*
de 1861, jusqu'au *Sièges thaler* de 1872. Quelques-unes de
ces pièces se conservent dans les collections comme des
médailles. Si l'on pouvait imaginer la littérature détruite, les
cités modernes et leurs monuments tombés en ruines, ces
monnaies médailles deviendraient les monuments les plus
durables, et l'histoire des rois de Prusse pourrait être retra-
cée par les numismates de l'avenir, comme on a dernièrement retrouvé celle des grandes dynasties de la Bactriane.
En 1842, M. Anténor Joly soumit aux chambres françaises
un projet de monnaie historique, et renouvela sa proposition en 1852. M. Ernest Dumas a proposé aussi l'émission
de pièces de vingt centimes en bronze, qui serviraient en
même temps de monnaie et de médailles commémoratives.
Ces propositions n'ont pas eu de suite en France. En Angleterre on n'a pas non plus frappé de pièces de ce genre.

Sauf la petite dépense qu'exigerait le renouvellement des coins, je ne vois aucune objection à l'émission d'une monnaie historique.

LE MONNAYAGE CONSIDÉRÉ COMME ATTRIBUT DU SOUVERAIN.

Toute communauté civilisée a besoin d'être fournie de monnaies bien exécutées, ce qui soulève cette question : comment assurer la production de ces monnaies? Les pièces de chaque genre doivent contenir des poids exactement égaux de métal pur, et porter une empreinte qui constate ce poids. Peut-on se fier à la concurrence ordinaire des manufacturiers et des industriels pour assurer la production d'une quantité suffisante de semblables monnaies, comme s'il s'agissait de boutons, d'épingles et d'aiguilles? Ou devons-nous établir un service public, soumis à un contrôle législatif sévère, pour assurer un bon monnayage ?

Comme il n'est pas d'opinion qui ne trouve un avocat, il s'est rencontré quelques personnes pour penser que le monnayage devait être abandonné à l'action de la libre concurrence. M. Herbert Spencer, particulièrement dans sa « Social Statics, » a soutenu cette doctrine. De même, dit-il, que nous nous fions à l'épicier pour nous fournir du thé, et au boulanger pour nous fournir du pain, nous pourrions nous fier à la maison Heaton et Fils, ou de même à quelque autre maison entreprenante de Birmingham qui nous fournirait les souverains et les shellings à ses risques et périls. Il était convaincu que, comme le public s'adresse de préférence à l'épicier qui vend du thé de bonne qualité, et au boulanger dont le pain est bon et pèse le poids, de même le monnayeur honnête et habile prendrait possession du marché, et que sa monnaie en chasserait les produits inférieurs.

Bien que je doive toujours un profond respect aux opinions d'un penseur aussi éminent que M. Spencer, je pense qu'à ce sujet il applique un principe général à un cas exceptionnel auquel il n'est nullement applicable. Il a négligé l'importante loi de Gresham (qui sera expliquée au chapitre suivant), loi d'après laquelle la bonne monnaie ne peut chasser la mauvaise. En matière de numéraire, l'intérêt personnel produit un résultat tout à fait contraire à celui qu'il produit dans les affaires d'un autre ordre : c'est ce que nous expliquerons, et nous verrons que, si le monnayage était libre, ceux qui vendraient des monnaies de valeur inférieure, à des prix réduits, chasseraient du marché les produits supérieurs.

Cette conclusion est amplement confirmée par l'expérience. A des époques et dans des contrées très-diverses, la monnaie a été fabriquée par l'industrie privée, et le résultat a toujours été l'altération du numéraire. Pendant longtemps, en Angleterre, la monnaie de cuivre consista principalement en jetons émis par des commerçants qui les produisaient en quantités excessives et ne leur donnaient qu'un poids très-léger. Dans les *Vies de Boulton et de Watt*, par M. Smiles, nous trouvons une lettre intéressante où Boulton se plaint que, pendant ses voyages, aux barrières de péage, il ne recevait en moyenne qu'un bon penny contre deux mauvais. Les industriels de bas étage achetaient, nous dit-il, la monnaie de cuivre à la valeur nominale de trente-six shellings pour vingt shellings en argent; puis, avec cette monnaie de mauvais aloi, ils payaient les salaires de leurs ouvriers, de façon à faire un profit considérable. Telle était la multitude de ces pièces en circulation, que les magistrats et les habitants de Stockport tinrent un meeting où ils décidèrent de ne plus recevoir à l'avenir d'autres demi-pence que ceux de la compagnie d'Anglesey, qui pesaient le poids légal. Ceci montre, s'il était nécessaire de le prouver, que les efforts isolés et l'action de l'intérêt personnel étaient impuissants à chasser de la circulation la mauvaise monnaie; et il est à croire que le meeting en question demeura sans effet sérieux. En Chine la petite monnaie courante, appelée *cash* ou *li*, est d'ordinaire fabriquée par des particuliers, ce qui fait que les dimensions, la qualité et la valeur de ces monnaies sont tombées bien bas.

Dans mon opinion, il n'y a rien qu'on doive, moins que la monnaie, abandonner à l'action de la libre concurrence. Dans les lois constitutionnelles, le droit de monnayage a toujours été tenu pour une des prérogatives particulières de la couronne, et c'est une maxime de la loi civile, que *monetandi jus principum ossibus inhœret*. Le mieux est de laisser ce

soin au pouvoir exécutif et à ses conseillers scientifiques
qui ont fait des recherches approfondies et minutieuses sur
ce sujet compliqué de la monnaie et du monnayage. Il faut
tenir autant que possible cette question en dehors des luttes
de parti et des vicissitudes de l'opinion publique, pour la
remettre à la·décision des hommes compétents. Sans doute,
dans le passé, les rois ont été les faux monnayeurs les plus
notoires, et ont souvent altéré les monnaies ; mais ce danger
n'est pas à craindre dans les temps modernes. On doit plutôt en redouter un tout contraire : il est à craindre, en effet,
que des gouvernements populaires ne refusent d'adopter les
améliorations les plus faciles et les plus nécessaires dans le ·
système monétaire de peur de n'avoir pas pour eux, en pareil cas, l'opinion publique ; et cependant le public, soumis à
l'influence de l'habitude et fort peu instruit en pareille matière, sera toujours hors d'état de se mettre d'accord sur le
meilleur système.

CHAPITRE VII

Avant de poursuivre l'étude des systèmes monétaires qui ont été adoptés effectivement par les nations anciennes ou modernes, il est bon de nous arrêter quelques instants sur les différentes significations que peut recevoir le mot de *monnaie* et sur les principes naturels qui gouvernent l'emploi et la circulation des pièces de monnaie. Nous devons, en premier lieu, distinguer trois choses qui, dans le jeu d'un système monétaire, sont souvent séparées, savoir : les pièces réellement employées, les nombres qui servent à les désigner, et le rapport de ces nombres avec l'unité de valeur adoptée. De plus nous devrons distinguer les monnaies selon que leur valeur dépend du métal qu'elles contiennent, du métal contre lequel on peut les échanger, ou des autres monnaies dont elles sont l'équivalent légal.

L'ÉTALON OU UNITÉ FIXE DE VALEUR

Il est indispensable, en premier lieu, d'établir clairement ce que nous entendons par *unité fixe de valeur*. Cette unité doit consister en une quantité fixe de quelque matière, déterminée relativement aux unités de poids et d'étendue. Certaines personnes ne verront peut-être dans la valeur qu'un pur phénomène mental; la livre monétaire devrait alors être définie, comme le faisait lord Castlereagh, un *sentiment de valeur.* Mais nous pourrions alors, au même titre, définir le yard une sensation de longueur, et le grain une sensation de pesanteur. De même que dans les sciences physiques toute quantité est déterminée par son rapport avec quelque objet réel pris comme unité fixe, de même, si nous voulons arriver à mesurer et à exprimer la valeur d'une manière quelconque, nous devons avoir recours à des quantités fixes d'une ou de plusieurs denrées déterminées et invariables.

Cette expression, *unité fixe de valeur*, causera sans doute un malentendu presque inévitable, parce qu'on croira qu'elle implique l'existence d'une chose dont la valeur est immuable. Cependant, ainsi que nous l'avons vu (p. 9), la valeur n'exprime que la proportion essentiellement variable suivant laquelle deux marchandises s'échangent l'une contre l'autre ; de sorte qu'il n'y a nulle raison de supposer qu'aucune substance puisse conserver deux jours la même valeur. Tout ce que nous voulons dire en parlant d'unité fixe de valeur, c'est que l'on choisit quelque substance uniforme et invariable, à l'aide de laquelle toutes les proportions suivant lesquelles s'opèrent les échanges pourront être exprimées et calculées, et cela sans aucune considération des sensations ou des phénomènes psychologiques produits chez l'homme par les diverses denrées. Pour des raisons que nous avons déjà signalées, ce sont quelques métaux, l'or, l'argent, le cuivre, que l'on a généralement considérés comme les matières les plus propres à fournir l'unité en question.

Peu importe le poids ou la grandeur absolue de l'unité de monnaie, pourvu que tout le monde adopte la même unité, qu'elle soit déterminée d'une manière permanente et exacte, et que dans la suite on ne s'en écarte pas. Avant que le yard anglais fût fixé, peu importait qu'on le choisit plus court de quelques pouces. Il importerait même peu que le pouce, le pied, le stade ou le mille fût l'unité de longueur, pourvu que l'une de ces mesures fût fixée d'une manière bien précise, et que les autres fussent liées à la première par des rapports connus. Ainsi il est indifférent, au fond, que nous choisissions comme unité de valeur la livre d'or au titre, ou l'once, ou le nombre de grains que contient le souverain.

Seulement il est nécessaire que tout contrat où des sommes de monnaie seront stipulées nous permette de nous assurer avec exactitude de la quantité d'or au titre qu'une personne doit à une autre.

M. Chevalier et quelques autres économistes du continent plaident chaudement en faveur d'une unité fixe et universelle de valeur, qui coïnciderait avec les poids du système métrique. Ils voudraient que l'unité de valeur fût fixée exactement à dix grammes d'or, et semblent croire qu'il y a quelque pouvoir magique dans cette correspondance des monnaies et des poids. Ces rapports simples présenteraient peut-être de légers avantages aux commerçants en métaux qui calculent la valeur métallique des monnaies avant de les fondre ou de les exporter, ou pour les employés de la monnaie qui sont chargés de fixer et de constater le poids des pièces; pour toute autre personne c'est une question complétement indifférente. Ceux qui emploient le numéraire dans leurs affaires ne s'informent jamais de la quantité de métal qu'il contient. Il n'y a probablement pas en Angleterre une personne sur dix mille qui sache ou ait besoin de savoir qu'un souverain doit contenir 123 grains 27447 cent millièmes d'or au titre. En outre, si nous convenons de choisir pour unité une quantité d'un certain métal qui puisse s'exprimer avec exactitude en mesures du système métrique, les poids des monnaies formées d'autres métaux seront des nombres fractionnaires compliqués, qui ne pourront être déterminés que relativement aux valeurs accidentelles des métaux sur le marché.

Tout ce que nous pouvons dire, c'est donc que l'unité fixe de valeur est un poids entièrement arbitraire du métal choisi comme régulateur. Le montant de ce poids, qui est, en thèse générale, une question sans importance, doit être fixé de la manière qui semble la plus convenable eu égard aux habitudes des nations ou à d'autres circonstances accidentelles.

PIÈCES DE MONNAIE, MONNAIE DE COMPTE, UNITÉ DE VALEUR.

Il est bon de distinguer nettement trois choses qui, bien qu'elles aient les unes avec les autres des rapports déterminés, ne sont pas nécessairement identiques. L'unité de valeur, c'est-à-dire le poids normal du métal choisi, ne prend pas nécessairement la forme d'une pièce de monnaie. Elle peut être, pour cela, une quantité trop petite ou trop grande. Tout ce qui est nécessaire, c'est que les monnaies qui ont cours soient des multiples ou des sous-multiples de l'unité, ou puissent s'exprimer aisément en termes de l'unité. Il n'est même pas indispensable que les nombres par lesquels nous exprimons la valeur soient des nombres de pièces ou des nombres d'unités de valeur. La *monnaie de compte*, ainsi qu'on l'appelle, peut différer à la fois de la monnaie courante et de la monnaie type. Le système Anglo-Saxon nous en fournit un fort bon exemple. L'unité de valeur était la livre saxonne d'argent au titre, quantité beaucoup trop considérable pour prendre la forme d'une pièce de monnaie. Les seules monnaies qui aient été émises en quantités un peu considérables par les rois Anglo-Saxons, étaient des pence d'argent et quelques demi-pence. Cependant la monnaie de compte usuelle était le shelling qui, après avoir varié de quatre à cinq pence, fut fixé par Guillaume Ier à douze pence, valeur qu'il a toujours conservée depuis. Jamais, avant le règne de Henri VII, on ne frappa une monnaie qui portât le nom de shelling. Quoique le shelling ait survécu, d'autres monnaies de compte ont été oubliées, par exemple le *mancus*, qui valait trente pence, ou six shellings de cinq pence chacun. Le *mark*, l'*ora*, la *thrimsa* étaient d'autres monnaies de compte usitées parmi les Anglo-Saxons.

Dans le système anglais actuel, il se trouve que les trois espèces de monnaie coïncident, ce qui présente assurément des avantages. Le *souverain* est en même temps la principale pièce de monnaie, l'unité de valeur, et la monnaie de compte dans toutes les affaires importantes, quoique, pour exprimer les petites sommes, on préfère encore le shelling. En France, la monnaie de compte et l'unité de valeur est actuellement le franc en or; mais comme il ne pèse que 0 gr., 3226, il n'est monnayé qu'en pièces de cinq, de dix et de vingt francs, avec des pièces d'argent auxiliaires. En Russie, avant le règne de Pierre-le-Grand, le rouble était une monnaie de compte fictive, équivalant à cent copecks de cuivre.

Quand Montesquieu affirmait que les nègres de la côte occidentale d'Afrique avaient un signe de valeur purement idéal appelé *macute,* il se méprenait sur la nature de la monnaie de compte. La macute servait aux nègres à désigner un nombre déterminé, quoique probablement variable, de cauris, nombre qui à une certaine époque fut de 2000. La macute a aussi été monnayée en pièces d'argent de huit, six et quatre macutes, frappées par les Portugais pour l'usage de leurs colonies, la macute ayant environ la valeur de 3 pence $\frac{1}{4}$.

Quand la monnaie d'un pays subit un changement, il y a beaucoup de chances pour que les espèces monnayées, les monnaies de compte et l'unité de valeur cessent de s'accorder. Quelquefois on applique une nouvelle monnaie de compte aux espèces anciennes. C'est ce qui se fait aujourd'hui en Norvège. Le gouvernement de Stockholm essaie d'introduire dans ce pays le système monétaire décimal usité en Suède, et l'on dit que quelques marchands font déjà leurs comptes en *kroner* et en *ore,* quoique la monnaie en circulation se compose uniquement d'anciens *skillings* et de *dalers* en papier. D'un autre côté les monnaies sont quelquefois changées, et cependant on conserve l'ancienne manière de compter, surtout pour les transactions avec les étrangers. Ainsi les comptes commerciaux entre les Etats-Unis et l'Angleterre se faisaient, jusqu'à l'année dernière, en dollars; et le dollar, conformément à une loi de 1789, était évalué à 4 shellings 6 pence. Ce taux semble avoir été le taux traditionnel du dollar mexicain dans les échanges, et on le conservait encore quand le dollar américain était frappé de manière à n'avoir plus que la valeur de 49 pence anglais et quelques millièmes.

Il y a deux raisons qui ont souvent amené une différence entre les monnaies réelles et la monnaie de compte. Les pièces peuvent, par suite de l'usure naturelle, ou parce qu'on les rogne frauduleusement, tomber au-dessous du poids fixé, et cependant, un agio, ou une remise étant faite en raison de la dépréciation moyenne, l'ancienne unité de valeur peut se conserver comme monnaie de compte, ce qui était le cas pour Amsterdam, Hambourg et d'autres villes. Lorsqu'on frappe dans un pays une monnaie dépréciée, la monnaie de compte peut, soit changer avec elle, soit être maintenue ; c'est même un problème extrêmement obscur, pour ne pas dire insoluble, de décider si, à certaines époques de l'histoire d'Angleterre, les prix étaient exprimés en monnaies nouvelles d'une valeur inférieure, ou en bonnes et anciennes monnaies. Le professeur J. E. T. Rogers, dans son admirable « Histoire de l'agriculture et des prix en Angleterre », a montré qu'au quatorzième siècle, bien que les monnaies fussent en apparence comptées, elle étaient souvent reçues au poids. Dans les anciens comptes de colléges qu'il a examinés, il trouve en même temps, à l'article des dépenses, des frais marqués pour l'achat de balances destinées aux pesées et pour le défaut de poids des monnaies.

Dans beaucoup de pays, même aujourd'hui, le numéraire en circulation ne consiste pas en une série simple et bien liée de monnaies, mais dans un mélange de pièces de dimensions et de valeurs diverses, importées de l'étranger. En pareil cas, la monnaie de compte doit nécessairement être en désaccord avec la masse des espèces courantes, dont la valeur est fixée d'ordinaire par un tarif exprimé en termes de la monnaie de compte. Dans les états allemands, il y a quelques années, l'or anglais et français circulait librement de cette manière. Au Canada, une confusion singulière règne dans les systèmes monétaires. Comme il n'y a pas de monnaie nationale, le numéraire consiste en espèces étrangères fort diverses, qui sont surtout des variétés du dollar. L'unité monétaire est un dollar, qui est reçu pour cinquante pence anglais ; mais il est représenté par des billets, et non par une pièce quelconque. En même temps il y a deux monnaies de compte différentes : d'abord la Livre d'Halifax, partagée en vingt shellings, de vingt pence chacun, et dont la valeur est déterminée par le fait que soixante de ces pence égalent un dollar ; puis, le sterling d'Halifax, qui maintient, pour le calcul des prix dans le commerce avec l'étranger, l'ancien taux du dollar à 4 shellings 6 pence.

Nous devons distinguer entre les monnaies suivant qu'elles sont à valeur pleine ou qu'elles possèdent seulement une valeur de convention. Une pièce à valeur pleine est celle dont la valeur dans les échanges dépend uniquement de la valeur réelle du métal qu'elle contient. L'empreinte ne sert alors qu'à indiquer et garantir la quantité de métal pur. Nous pouvons traiter ces pièces comme des lingots, et les fondre ou les exporter dans des contrées où elles n'ont pas de cours légal : la valeur du métal, étant indépendante de la législation, sera reconnue partout.

Au contraire les monnaies à valeur conventionnelle ou jetons (tokens) sont celles qui, indépendamment de leur valeur intrinsèque, peuvent, par la force de la loi ou de l'habitude, s'échanger, selon un certain rapport déterminé, contre des pièces à valeur pleine. Le métal que ces monnaies contiennent a naturellement une certaine valeur; mais cette valeur peut descendre d'une manière presque indéfinie au-dessous de la valeur nominale. Dans les monnaies d'argent anglaises, la différence avec le prix réel de l'argent sur le marché est de 9 à 12 pour cent; pour les pièces de bronze, elle est de 75 pour cent. Le métal contenu dans les pièces de bronze françaises ne vaut de même qu'un quart environ de leur valeur monétaire. Dans bien des cas la différence a été beaucoup plus forte, par exemple pour les vieilles pièces d'un kreutzer qui circulaient dernièrement en Allemagne. Les demi-pence de Wood, qui jadis excitèrent tant de mécontentement en Irlande, et les petites monnaies émises auparavant en Irlande par Charles II, nous fournissent les exemples d'une monnaie conventionnelle réduite au plus bas aloi possible.

On s'est habitué à désigner la valeur du métal que contient une pièce de monnaie par l'expression de *valeur intrinsèque;* mais ce mot d'*intrinsèque* risque de donner de fausses notions sur la nature de la valeur qui n'est jamais une propriété intrinsèque ou essentielle; mais qui est simplement une circonstance, un rapport extérieur (voyez chap. II). Pour éviter toute équivoque, j'emploierai l'expression de *valeur métallique*, et je distinguerai cette valeur de la *valeur nominale, usuelle, ou légale*, suivant laquelle une pièce est échangée réellement, ou doit légalement s'échanger contre d'autres pièces.

La valeur métallique d'une pièce peut descendre au-dessous de sa valeur nominale de deux manières, soit qu'on diminue le poids, soit qu'on change le titre du métal. La monnaie d'argent anglaise conserve encore l'ancien titre de 11 onces 2 drachmes d'argent par livre troy (1), titre qui date d'un temps immémorial. Par la loi de 1816, les monnaies d'argent, qui étaient auparavant, du moins en théorie, des monnaies à valeur pleine, perdirent 6 pour cent de leur poids, et devinrent ainsi ce qu'elles sont encore, c'est-à-dire des monnaies à valeur conventionnelle ou jetons. En France, et dans les autres pays appartenant à l'union monétaire dite latine, les petites pièces d'argent de deux francs, d'un franc, de cinquante centimes, ont été converties en jetons par la réduction du titre de l'argent, qui est descendu de 900 à 835 millièmes. Il semble que peu importe la méthode adoptée : cependant la méthode anglaise, tant qu'elle ne donne pas aux pièces une exiguïté incommode, est peut-être un peu meilleure, parce que quelques personnes peuvent s'assurer du poids d'une monnaie, tandis que les essayeurs de profession peuvent seuls vérifier le titre du métal.

Est-il besoin de dire que les pièces qui circulent dans un pays avec une valeur conventionnelle peuvent, dans d'autres pays, être reçues avec leur valeur métallique?

DE LA MONNAIE LÉGALE A COURS FORCÉ.

On doit en outre distinguer la monnaie suivant qu'elle est ou n'est pas ce que l'on appelle en anglais *legal tender*, c'est-à-dire qu'elle a ou n'a pas ce que les Français appel-

1. La livre troy vaut 373 gr. 242.

lent *cours forcé*. Par le cours forcé d'une monnaie on veut dire qu'un créancier est tenu de la recevoir en paiement d'une dette dont le montant a été énoncé en monnaies du pays. Un des principaux objets de la législation est de prévenir toute incertitude dans l'interprétation des contrats; en conséquence la loi sur les monnaies détermine avec précision ce qui constituera une offre légale de paiement de la part du débiteur, dans une dette d'argent. Si un débiteur offre à son créancier le montant de sa dette en monnaie ayant cours forcé, et qu'il essuie un refus, le créancier pourra bien sans doute réclamer son dû plus tard, et même poursuivre son débiteur; mais c'est lui qui devra supporter les frais de la poursuite.

Mais il semble qu'aucune nécessité légale n'oblige à conclure les échanges ou les contrats en monnaie du pays. Suivant la loi commune, les contrats relatifs à l'échange direct de deux valeurs quelconques, ou stipulant des achats et des ventes en monnaie quelconque, seront valables, pourvu qu'il n'y ait aucune obscurité dans les termes du contrat. En conséquence, l'article six de l'Acte de monnayage (33 Victoria, c. 10), tout en spécifiant que tout contrat, vente, paiement, billet, note, transaction ou affaire où il est question d'argent, sera fait ou exécuté conformément aux monnaies courantes et ayant cours forcé en vertu de cet Acte, ajoute cependant, « à moins qu'il ne soit fait, contracté, conclu, exécuté ou réglé conformément à la monnaie de quelque possession anglaise ou de quelque état étranger. »

Par conséquent, si j'entends bien la question, toute personne est libre d'acheter, de vendre ou de faire des échanges à l'aide de la monnaie quelconque ou de la marchandise qu'elle préfère; et le fait que certaines monnaies, dans certaines limites, ont cours forcé, signifie simplement que l'État fournit un moyen d'échange déterminé et en définit avec précision la nature. L'Acte exige que la *monnaie anglaise* soit celle qui est émise par les établissements de l'État conformément aux termes de l'Acte. Par conséquent un créancier reste toujours libre de recevoir, s'il lui plaît ainsi, ses paiements en monnaies qui n'ont pas cours forcé; et je présume que rien ne pourrait l'empêcher de conclure un contrat en ces termes. Si un homme s'engageait par contrat à vendre des marchandises jusqu'à concurrence de 100 livres sterling, et à recevoir le paiement de cette somme en pence et en demi-pence de bronze, le contrat serait valable sans nul doute, bien que la monnaie de bronze n'ait cours forcé que pour les paiements qui n'excèdent pas douze pence.

La signification exacte de l'expression *cours forcé* peut, bien entendu, varier d'un pays à l'autre, et les remarques précédentes s'appliquent seulement aux pays soumis à la loi anglaise.

FORCE DE L'HABITUDE DANS LA CIRCULATION DE LA MONNAIE.

Il est une foule de phénomènes sociaux que l'on ne pourra jamais comprendre si l'on n'a sans cesse présente à l'esprit la force de l'habitude et des conventions sociales. Nulle part cette vérité n'éclate mieux que dans le sujet qui nous occupe. Bien souvent, dans le cours des siècles, des souverains puissants ont entrepris de mettre en circulation des monnaies nouvelles et d'en retirer d'anciennes; mais les instincts de l'intérêt personnel ou les effets de l'habitude ont eu plus de pouvoir sur les populations que les lois et les pénalités. Dans certains exemples particuliers, il peut être difficile d'expliquer les faits qui se produisent relativement à la circulation des monnaies. Cependant une analyse attentive du caractère de ceux qui manient la monnaie et des motifs qui les décident à la conserver ou à s'en défaire, jettera beaucoup de lumière sur ce sujet.

Nous devons remarquer, tout d'abord, que la grande majorité de la population qui se sert des monnaies n'a point de théories ni d'idées générales au sujet de la monnaie. Elle est guidée uniquement, à ce sujet, par l'opinion populaire et la tradition. La seule préoccupation de la plupart des gens, en recevant une pièce de monnaie, est de savoir si de semblables pièces ont été reçues sans difficulté par d'autres personnes. Ainsi, aujourd'hui encore, dans les parties reculées de la Norvége, les anciens dalers en papier sont préférés aux belles pièces d'or de vingt kroner nouvellement frappées. La plupart du temps le public ne possède aucun moyen de

connaître la valeur métallique, ou même la valeur légale
d'une pièce qui ne lui est pas familière. Bien peu de personnes possèdent des balances et des poids convenables
pour peser une monnaie, et un essayeur ou un chimiste peut
seul constater le titre du métal. Souvent des voyageurs, qui
avaient porté des monnaies, excellentes mais nouvelles,
dans des pays où elles étaient inconnues, ont eu à subir, en
les employant dans leurs paiements, des pertes sérieuses.
Quand nos pence de bronze étaient encore une nouveauté, il
m'arriva d'en porter quelques-uns dans un canton reculé du
pays de Galles, où ils furent refusés.

En général on reçoit la monnaie simplement parce qu'elle
se présente sous un aspect familier. Cela est si vrai parmi
des populations très-ignorantes que, souvent, il a été avantageux de conserver sans jamais la changer l'empreinte des
pièces qui avaient une fois passé dans l'usage. On a plus d'une
fois, pour cette raison, frappé des pièces portant une date
déjà ancienne, ou l'effigie d'un souverain mort. La Monnaie
autrichienne frappe encore le thaler de Marie-Thérèse avec
le même dessin et la même date qu'il portait quand il fut
frappé pour la première fois en 1780, et cela, parce que c'est
la monnaie favorite dans quelques-uns des états du nord de
l'Afrique et dans quelques parties du Levant. Lorsque le
gouvernement anglais entreprit l'expédition d'Abyssinie, il se
procura une grande quantité de ces monnaies pour payer les
indigènes. C'est ainsi encore que les dollars mexicains ont
d'ordinaire plus de valeur que l'argent en lingot, à cause de
la facilité avec laquelle ils passent en Orient.

Assurément c'est à cette tyrannie de l'habitude, et au
manque de moyen pour estimer la valeur réelle d'une monnaie, qu'est due la dépréciation subie par les monnaies. Les
faux monnayeurs et les rois reconnaissent de même qu'il
suffit de donner exactement aux monnaies nouvelles la forme
et l'apparence des anciennes; dès lors la population accep-
tera les monnaies inférieures sans difficulté.

Les annales du monnayage, en Angleterre comme dans les
autres pays, ne sont guère qu'une répétition monotone; nous
y voyons sans cesse les gouvernements et les particuliers
émettre des monnaies altérées, puis de temps en temps on

fait quelques efforts méritoires, mais souvent impuissants pour ramener la monnaie de bon aloi. Un exemple curieux d'efforts, suivis de succès, pour tromper une nation se rencontre dans certains deniers Romains de l'époque des Consuls. Les faux monnayeurs ayant introduit parmi les sujets Germains des deniers fourrés, c'est-à-dire plaqués, il semble que le public ait eu l'idée d'y faire des entailles à la scie pour s'assurer que les monnaies étaient bonnes. Une fois les Germains habitués à voir ainsi des monnaies de bon aloi avec des entailles, le gouvernement Romain trouva qu'il était avantageux d'émettre des pièces nouvelles entaillées de même. Mais les faussaires ne se tinrent pas pour battus. Ils fabriquèrent des deniers fourrés portant aussi des entailles qui semblaient laisser voir à l'intérieur le métal pur ; et de fausses monnaies ainsi entaillées se voient encore dans les cabinets des numismates.

LOI DE GRESHAM.

Quoique le public, en général, ne distingue pas les monnaies les unes des autres, pourvu qu'elles se ressemblent en apparence, une classe peu nombreuse de changeurs, de négociants en métaux, de banquiers ou d'orfèvres prend à tâche d'étudier ces différences afin d'en tirer profit. Ce sont eux qui souvent détruisent la monnaie, soit en la fondant, soit en l'exportant dans des pays où on la fond tôt ou tard. Quelques monnaies se perdent, d'autres disparaissent dans les naufrages, d'autres sont exportées par des émigrants et des voyageurs qui ne font guère attention à la valeur métallique de la monnaie. Mais incontestablement la plus grande partie de la monnaie à valeur pleine est retirée de la circulation par des personnes qui savent qu'elles trouveront leur profit à choisir dans cette intention les pièces de poids nouvellement sorties de la monnaie. De là vient la pratique, actuellement fort répandue en Angleterre, de *trier* la monnaie, et de vouer au creuset les pièces neuves, en remettant en circulation, dans toutes les occasions favorables, les vieilles pièces usées.

Ces considérations nous montrent la vérité et l'importance

d'une loi, ou principe général sur la circulation de la monnaie, loi que M. Macleod a nommée très-justement la loi ou le théorème de Gresham, d'après sir Thomas Gresham qui en reconnut l'exactitude il y a trois siècles. Cette loi, en quelques mots, consiste en ce que *la mauvaise monnaie chasse la bonne*, mais que *la bonne monnaie ne peut chasser la mauvaise*. A première vue il semble qu'il y ait quelque chose de paradoxal dans le fait que, lorsque de belles monnaies nouvelles, pesant le poids, sont émises, le public continue à faire circuler de préférence les anciennes qui ont perdu de leur poids et de leur valeur. C'est ainsi que souvent des efforts louables pour la réforme de la monnaie ont été déçus, avec de grandes pertes pour les gouvernements, et au grand embarras des hommes d'état qui n'avaient pas étudié les principes de la science monétaire.

En toute autre circonstance, chacun est amené par l'intérêt personnel à choisir le bon et à rejeter le mauvais ; mais lorsqu'il s'agit de monnaie, il semble que par une sorte de paradoxe on garde la mauvaise pour se défaire de la bonne. L'explication est très-simple. Le public ordinaire ne rejette pas la bonne ; mais fait circuler indistinctement les pièces lourdes ou légères, parce qu'il n'emploie la monnaie que comme moyen d'échange. Ce sont ceux qui veulent fondre, exporter, accumuler ou dissoudre les pièces de l'état, ou les convertir en bijoux ou en feuilles d'or, qui choisissent soigneusement dans ce dessein les nouvelles pièces plus pesantes.

La loi de Gresham, à elle seule, nous fournit une réfutation suffisante de la doctrine de M. Herbert Spencer mentionnée plus haut (p. 53), suivant laquelle l'industrie privée doit être chargée de produire la monnaie. Quand une personne a besoin de meubles, de livres ou de vêtements, on peut se fier à elle pour choisir les articles les meilleurs, parce que c'est elle qui doit les garder et s'en servir ; mais pour l'argent c'est tout-à-fait le contraire. La monnaie est faite pour circuler. On a besoin de monnaie, non pas pour la garder dans sa poche, mais pour la faire passer dans la poche du voisin ; et moins la monnaie que l'on fait accepter au voisin est bonne, plus grand est le profit qu'on fait soi-même. Ainsi il y a une tendance naturelle à l'avilissement de la monnaie métallique, tendance qui ne peut être combattue que par la surveillance constante du gouvernement.

De la loi de Gresham nous pouvons conclure que deux précautions sont nécessaires dans les règlements qui concernent la monnaie. Premièrement les pièces normales, quand elles sortent de la Monnaie, doivent avoir autant que possible le poids normal; autrement la différence tournera au profit du commerçant en métal et de l'exportateur. En second lieu il faut prendre des mesures efficaces pour retirer de la circulation toutes les pièces qui sont descendues par le frai au-dessous du poids légal; autrement elles continueront à circuler pendant un temps indéfini comme monnaies à valeur conventionnelle. Tout commerce consiste dans l'échange de marchandises d'égale valeur, et la monnaie principale doit être composée de pièces de métal d'un contenu métallique si exactement égal, que tout le monde, y compris les commerçants en métaux, les banquiers, et tous ceux qui spéculent sur la valeur des monnaies, substitue indifféremment une pièce à l'autre. Mais il est clair que ces remarques ne s'appliquent pas aux monnaies qui n'ont qu'une valeur conventionnelle, puisque la valeur courante de ces jetons dépasse leur valeur métallique; donc toute personne qui les emploiera autrement que comme monnaie perdra la différence. Le poids de ces monnaies est donc relativement de peu d'importance, tant que le public les reçoit et que l'écart entre la valeur métallique et la valeur monétaire n'est pas une tentation trop forte pour le faux monnayeur.

Actuellement en Angleterre la force de l'habitude et l'absence des moyens de vérification chez le public, tendent à produire par le frai une diminution dans la valeur de nos monnaies d'or. Pour qu'un souverain ait sa valeur légale, il faut que son poids soit au-dessus de 122 grains 5 dixièmes; mais, dans le commerce ordinaire, on continue à donner et à recevoir sans y faire attention des souverains dont la valeur métallique a souvent diminué de 2, de 4, et parfois de 6 et 8 pence. Toute pièce à valeur réelle tend ainsi à devenir une pièce à valeur conventionnelle, et des pièces de ce genre ne peuvent être retirées de la circulation que par l'état.

EXTENSION DE LA LOI DE GRESHAM.

Les remarques de Gresham sur l'impuissance des bonnes monnaies à chasser les mauvaises du marché, ne se rapportaient qu'aux monnaies faites d'un même métal; mais le principe s'applique aussi aux relations de plusieurs monnaies de différents genres qui circulent ensemble. L'or comparé avec l'argent, l'argent avec le cuivre, ou l'or avec le papier, sont soumis à la même loi, c'est-à-dire que le moyen d'échange qui a moins de prix restera dans la circulation, tandis que le plus cher disparaîtra. L'exemple le plus remarquable de ce fait, qui se soit jamais rencontré, s'est produit au sujet de la monnaie japonaise. Lors du traité de 1858, conclu entre la Grande-Bretagne, les États-Unis et le Japon, et qui ouvrit en partie ce dernier pays aux commerçants européens, il existait au Japon un système monétaire très-curieux. De toutes les monnaies japonaises, celle qui avait le plus de valeur était le *Kobang*, consistant en un disque d'or mince et ovale, long de deux pouces environ, large d'un pouce 1/4, pesant 200 grains, et portant une ornementation extrêmement primitive. Elle avait cours dans les villes du Japon pour quatre *itzebus* d'argent; mais elle valait, en monnaie anglaise, environ 18 shellings et 5 pence, tandis que l'itzebus ne valait que 1 shelling 4 pence. Ainsi les Japonais n'estimaient leur monnaie d'or qu'au tiers environ de sa valeur, si l'on se réfère aux valeurs relatives des métaux dans les autres parties du monde. Les premiers négociants européens trouvèrent là une source de profits comme il ne s'en rencontre guère. En achetant les kobangs au taux du pays, ils triplaient leur argent, jusqu'au moment où les indigènes, voyant ce qui se passait, retirèrent de la circulation le reste de l'or. Maintenant les Japonais opèrent dans leur système monétaire une réforme complète, et leur gouvernement a acheté l'Hôtel de la Monnaie anglais à Hong-Kong.

Ce qui s'est produit sur une si grande échelle au Japon est arrivé souvent en Angleterre et dans d'autres pays d'Europe dans des proportions plus restreintes. Si le rapport de l'or et de l'argent, dans le taux légal de la monnaie, diffère d'un ou deux pour cent du rapport commercial, il peut y avoir avantage à exporter un métal plutôt que l'autre. C'est ainsi, comme nous le verrons, que la plus grande partie de la monnaie française a été changée d'argent en or entre 1849 et 1869. En fait la nature des monnaies dans la plupart des pays a été déterminée d'une manière analogue, et c'est ainsi que l'Angleterre et les États-Unis ont été amenés à adopter des espèces en or comme numéraire principal. Il y a tout lieu de croire que, dans l'ancienne Rome, soit sous la République, soit du temps de l'Empire, on trouva de grandes difficultés à régler les rapports de la monnaie d'argent et de la monnaie de cuivre, et que l'embarras augmenta encore après l'introduction de la monnaie d'or.

CHAPITRE IX

Nous sommes maintenant en mesure d'analyser la constitution des différents systèmes de monnaie métallique qui ont existé, qui existent, ou dont on peut concevoir l'existence. Les systèmes réellement mis en pratique sont plus nombreux qu'on ne le suppose d'ordinaire, et nulle part je n'en ai rencontré une classification irréprochable. Sans doute M. Courcelle-Seneuil a décrit d'une manière satisfaisante quelques-uns des principaux systèmes. MM. Michel Chevalier, Garnier, et d'autres écrivains anglais ou continentaux ont adopté de leur côté de courtes classifications. Mais nous devons maintenant donner une idée générale des diverses manières dont deux, trois métaux ou davantage peuvent être employés à constituer un système monétaire plus ou moins commode.

Il semble qu'il y ait pour un gouvernement cinq manières différentes de traiter la monnaie métallique.

1° Il peut se borner à établir un système de poids et mesures, et permettre alors que les métaux précieux passent de main en main, comme d'autres marchandises, en quantités déterminées à l'aide des poids et mesures de l'État, et sous la forme que les individus trouvent la plus commode. C'est ce que nous appellerons le système de *monnaie pesée.*

2° Pour éviter l'incommodité des pesées fréquentes, et

l'incertitude sur la pureté du métal, il peut, avec un ou plusieurs métaux, frapper des pièces d'un poids et d'un titre déterminés, et permettre ensuite au public de faire les contrats et les ventes en employant à son choix l'une ou l'autre des espèces frappées. Ce système peut être appelé système de *monnaie comptée à circulation libre*.

3° Pour prévenir les malentendus, le gouvernement, tout en émettant des espèces différentes composées de métaux différents, peut ordonner que, toutes les fois qu'un contrat sera formulé en monnaie nationale, il sera entendu qu'il s'agit de monnaie d'un seul métal, laquelle sera spécifiée et nommée par la loi, tandis que les autres monnaies seront admises sur le marché avec des valeurs variables relativement à la monnaie choisie comme monnaie principale. Ceci est le *système à cours forcé unique*.

4° Le gouvernement peut, avec deux ou plusieurs métaux différents, émettre des monnaies différentes, et décider que dans les contrats, les sommes stipulées en monnaie seront payées en espèces de l'un ou de l'autre genre, à des taux déterminés et fixés par la loi. C'est le *système à cours forcé multiple*.

5° Tout en conservant comme principale monnaie légale une monnaie unique, à l'aide de laquelle toutes les sommes importantes devront être payées, on peut décider que des espèces composées d'un autre métal seront reçues dans les paiements en quantités limitées, et que ces espèces équivaudront, dans ces limites, à la monnaie principale. C'est ce qu'on peut appeler *système à cours forcé composite*.

MONNAIE PESÉE.

L'ordre dans lequel j'ai énuméré les principaux systèmes de monnaie métallique, n'est pas seulement l'ordre logique; c'est aussi l'ordre historique dans lequel les systèmes se sont la plupart du temps développés. Des témoignages irréfutables prouvent qu'à l'origine la monnaie était simplement pesée. Avant l'invention de la balance, les morceaux et les grains de métal étaient très-probablement échangés d'après une estimation imparfaite de leur taille et de leur

poids; mais plus tard la balance devint un instrument nécessaire dans toutes les transactions importantes. Dans l'Ancien Testament nous trouvons plusieurs passages impliquant
avec évidence que les anciens Hébreux avaient coutume de
peser la monnaie. Dans la Genèse (XXIII, 16), Abraham est
représenté pesant, pour les remettre à Ephron, « quatre cents
sicles d'argent ayant cours chez les marchands ; » mais on
pense que le métal en question consistait en lingots bruts ou
en anneaux qui ne peuvent être considérés comme des
pièces de monnaie. Dans le livre de Job (XXVIII, 15) il est
dit que « la sagesse ne peut être acquise à prix d'or, et que
l'argent ne sera pas pesé pour la payer. »

Aristote, dans sa *Politique* (livre I, ch. IX), nous expose
d'une manière intéressante ses idées sur l'origine de la monnaie, et nous dit nettement que les métaux circulaient d'a-
bord simplement d'après leur poids et leurs dimensions;
Pline fait une semblable assertion. Un fait remarquable nous
conduit encore à croire qu'il en était ainsi; c'est que, même
lorsque les balances n'étaient plus en usage, la coutume
d'en apporter une se conservait encore à Rome, dans la vente
de certaines choses, comme une formalité légale.

On ne peut guère douter que tout système de monnaies
n'ait été, à l'origine, identique avec un système de poids,
l'unité de valeur étant l'unité de poids de quelque métal
choisi. La livre sterling anglaise était certainement une livre
saxonne d'argent au titre, quantité trop considérable pour
qu'on pût en faire une seule pièce de monnaie, mais qui se
divisait en deux cent quarante pence d'argent, dont chacun
pesait un pennyweight. Dans les *pounds* anglaises et écossaises, dans la *livre* française, nous avons les restes d'un
système uniforme et international de monnaie et de poids,
dont l'établissement est attribué à Charlemagne, mais qui
malheureusement fut bouleversé et détruit par les altérations que la monnaie reçut dans un pays ou dans l'autre. La
plupart des unités principales de valeur étaient de même à
l'origine des unités de poids, comme le siclo, le talent, le
statère, la libra, le marc, le franc, la lira.

Dans l'Ancien Testament l'idée de monnaie est exprimée
trois fois par le mot hébreu *kesitah*, qui, dans quelques ver-

sions anciennes, est traduit par des mots ayant le sens d'*a-gneau*. On pourrait voir là une preuve nouvelle de l'emploi primitif du bétail comme moyen d'échange; mais mon savant ami, le professeur Théodores, m'apprend que cette traduction vient probablement d'une méprise accidentelle, et que le mot *kesitah* signifiait à l'origine « un poids déterminé, » ou bien « une quantité précise. » Le mot correspondant en arabe, *kist*, désigne, dit-on, une balance.

La monnaie est encore pesée, et non comptée, dans une partie considérable de la race humaine. Dans l'empire birman, par exemple, trois métaux ont cours simultanément, savoir le plomb, l'argent et l'or; et tous les paiements se font au poids, l'unité de poids pour l'argent étant le tical. Dans l'empire Chinois et la Cochinchine, il y a sans doute une monnaie de *cash* ou *sapèques* avec cours forcé; mais l'or et l'argent sont communément soumis à des pesées où le taël sert d'unité. Un travail très-intéressant sur la monnaie chinoise, de M. le comte de Rochechouart, se trouve dans le *Journal des économistes*, année 1869 (vol. XV, p. 103). Suivant cet écrivain l'or et l'argent sont traités comme de simples marchandises, et il n'y a pas même de marque reconnue, ou de garantie donnée par le gouvernement pour la pureté du métal. Le voyageur peut porter ces métaux avec lui, attendu qu'il faudrait une voiture pour transporter une quantité suffisante de *cash*. Toutefois, en échangeant son or et son argent, il est sûr d'éprouver de grandes pertes, d'abord à cause de la fausseté des balances et des poids, et ensuite à cause de l'incertitude sur le degré de pureté du métal. Pour acheter un taël d'or le voyageur devra peut-être donner dix-huit taëls d'argent; mais en le revendant il n'obtiendra peut-être pas plus de quatorze taëls.

Quels qu'en soient les inconvénients, la monnaie pesée est encore le système naturel et nécessaire auquel on revient lorsque l'usure des pièces, la confusion des monnaies diverses, la chute d'un état, ou d'autres causes détruisent la confiance que le public avait dans un système d'une organisation plus élevée. Chez les Anglo-Saxons, quoique le penny d'argent fût censé correspondre au *pennyweight*, on avait coutume de donner *compensatio ad pensum* qui revenait en réalité à donner les monnaies au poids, en dédommagement de l'usure des pièces, et d'un monnayage imparfait ou frauduleux. Primitivement, chez les Romains, l'*as* égalait un poids d'une livre; mais il diminua rapidement, de sorte qu'à l'époque de la première guerre punique, il ne dépassait pas deux onces, et lors de la seconde guerre il était descendu jusqu'à une once. Le peuple romain en était alors revenu naturellement à peser le métal, et l'*æs grave* n'était que de la monnaie donnée au poids, et non plus comptée.

De notre temps la monnaie pesée est d'un usage bien plus étendu qu'on ne le supposerait, parce que, dans beaucoup de parties du monde, la monnaie consiste en un assemblage hétérogène de vieilles espèces d'or, d'argent et même de cuivre, importées de pays différents, et qui ont été de toutes les façons usées, rognées, altérées. Dans de semblables pays le seul moyen d'éviter les pertes et les fraudes est de peser chaque pièce, et l'empreinte n'est guère considérée que comme une indication du titre des métaux. D'autre part, dans toutes les grandes transactions internationales, la méthode de peser la monnaie est la seule employée. Les règlements d'un état au sujet du cours forcé n'ont aucun effet hors de ses frontières; et comme toutes les monnaies sont sujettes à plus ou moins de frai et à des variations de poids, on ne les reçoit que pour le poids réel du métal qu'elles contiennent. Les espèces émises par les ateliers monétaires étrangers bien dirigés sont achetées et vendues au poids, sans être fondues; mais les espèces des petits états, qui ont parfois altéré leur monnaie, sont fondues et considérées simplement comme métal brut.

MONNAIE COMPTÉE A CIRCULATION LIBRE.

La conduite la plus simple relativement à la monnaie semble être pour un état de revenir à la notion primitive des espèces frappées, et d'émettre des pièces d'or, d'argent et de cuivre, en garantissant qu'elles sont égales à un certain nombre d'unités de poids, et en laissant tout le monde libre de faire des contrats ou des ventes dans chacune de ces espèces. Ces pièces de métal garanti seraient alors autant de marchandises jetées sur le marché et auxquelles on permettrait de prendre leurs valeurs naturelles relatives.

Tel paraît avoir été le système que voulait établir le gouvernement révolutionnaire français, par la loi avortée de thermidor an III. Des disques de dix grammes chacun devaient être frappés en or, en argent et en cuivre, puis jetés dans la circulation, sans aucun effort pour en régler le cours. Si je comprends bien sa pensée, M. Garnier a récemment mis en avant un projet assez analogue, en proposant de choisir comme unité de valeur le gramme d'or au titre de neuf dixièmes, et de frapper des pièces d'un, deux, cinq, huit ou dix grammes concurremment avec les pièces d'argent au titre normal qui déjà sont en France des multiples du gramme. Le système de monnaie internationale de M. Chevalier repose, en partie du moins, sur la même idée; car il pense que la monnaie principale devrait consister en décagrammes d'or. Mais, ainsi que M. Bagehot l'a fort bien remarqué, il n'y a aucun intérêt, en ce qui regarde la grande masse de la population, à ce que les monnaies soient dans des rapports simples avec le système des poids, car la plupart du temps on ne tient aucun compte du poids d'une monnaie. On veut seulement savoir combien il faut de pièces de cuivre pour égaler une pièce d'argent, et combien de pièces d'argent pour une pièce d'or. Si cependant nous appliquons rigoureusement et complétement le système de M. Chevalier, si nous faisons de toutes les pièces des multiples du gramme, nous obligeons tout le monde à se livrer sans cesse à des opérations arithmétiques fort compliquées. Personne ne pourrait faire le change avec exactitude sans calculer combien de pièces de dix grammes en argent sont nécessaires, au prix courant de l'argent, pour faire l'équivalent d'une pièce d'or de dix grammes. Ces calculs indispensables occasionnent une perte de temps et des peines inutiles, et l'on procurera ainsi un profit assuré aux personnes habiles et sans scrupules, aux dépens des pauvres et des ignorants.

Ces objections si naturelles ont fait que jamais, à ce que je crois, aucun gouvernement n'a mis en pratique un système monétaire tel que celui qui vient d'être décrit. Cependant des systèmes d'une nature analogue se sont produits dans bien des pays, par suite du mélange de monnaies appartenant à des états différents. Il y a beaucoup de peuples à demi-civilisés qui n'ont pas de monnaie nationale; ils emploient les monnaies que le commerce fait tomber entre leurs mains. Sur la côte ouest de l'Afrique le dollar espagnol est la monnaie la plus usuelle; mais les pièces danoises, françaises ou hollandaises ont cours en même temps. Dans plusieurs des états de l'Amérique du sud, la monnaie est dans un état de confusion complète, et consiste en un assemblage d'aigles américains, de doublons d'or, de dollars d'argent, de souverains anglais, de piastres, etc., quelquefois mélés à différentes monnaies des états de l'Amérique du sud qui ont subi diverses altérations. Même dans des possessions anglaises nous trouvons le même état de choses. Dans les îles anglaises des Indes occidentales, les dollars américains, mexicains, espagnols et autres, circulent concurremment avec la monnaie anglaise; mais il faut ajouter que la plupart du temps le dollar espagnol est regardé comme l'unité de valeur, et sert à évaluer les autres monnaies.

En Orient on rencontre le même mélange d'espèces. A Singapour la roupie indienne se mêle aux dollars espagnols et mexicains. La Perse a en propre une monnaie fort imparfaite et dont le poids est si peu fixe qu'on ne peut l'employer qu'en la pesant; mais les pièces d'or russes, turques et autrichiennes y circulent; on se contente de les compter. Quelques-unes des nations les plus avancées ont toléré ou même encouragé la circulation de différentes monnaies étrangères. En Allemagne, on avait l'habitude de recevoir les pièces d'or anglaises et françaises à un taux généralement reconnu. La circulation des monnaies d'or anglaises, françaises, espagnoles, mexicaines et autres dans les États-Unis fut légalisée par une loi du 28 juin 1834, révoquée elle-même par une autre loi du 21 février 1857, qui permet cependant de recevoir, dans les administrations de l'état, certaines monnaies étrangères.

En Angleterre, on a joui, pendant de longues générations, d'une monnaie très-pure, de sorte qu'on n'y connaît pas les inconvénients résultant d'un mélange confus de pièces de valeurs différentes. Mais au commencement du siècle les dollars espagnols circulèrent quelque temps en Angleterre.

Jadis le mélange des monnaies était beaucoup plus fréquent qu'à présent. En tout pays, des monnaies étrangères se glissaient dans la circulation. On ne saurait ouvrir un ancien livre de commerce sans trouver de longues tables des monnaies que les marchands s'attendaient à rencontrer, et le métier de changeur était aussi lucratif que commun.

Le système de monnaie comptée ne peut être appliqué, on le comprendra sans peine, que lorsque la netteté et l'intégrité de l'empreinte montrent que les pièces ont leur poids normal, et les font accepter pour leur valeur nominale. Le dollar d'argent, pièce volumineuse, est relativement peu sujet au frai, de sorte que le public apprend à recevoir des dollars de différentes espèces à certains taux bien établis. Aussi, dans la pratique, le dollar a-t-il été plusieurs siècles la monnaie internationale des régions tropicales. Mais aussitôt que les pièces présentent des marques d'usure ou d'altération, elles doivent circuler au poids, et nous revenons à un système plus primitif.

M. Feer-Herzog a décrit, sous le nom de système à *étalons parallèles*, celui dans lequel un État émet des monnaies d'un ou de deux métaux, ou davantage, et permet alors qu'on les fasse circuler en les comptant, avec des taux relatifs variables suivant les valeurs des métaux sur le marché. Il cite, comme exemples récents, la rixdaler d'argent, employée comme monnaie en Suède à l'intérieur, en concurrence avec le ducat d'or, qui sert de monnaie internationale. Le gouvernement de l'Inde a aussi essayé à plusieurs reprises d'introduire un étalon parallèle d'or à côté de la monnaie d'argent qui a seule cours actuellement dans ce pays. Les mohurs d'or ont eu longtemps une circulation plus ou moins étendue dans les Indes, et l'on pense qu'à présent ils entrent environ pour un dixième dans la masse totale des espèces. Ils ont exactement le même poids et le même titre que la roupie d'argent, et sont évalués d'ordinaire de 15 roupies à 15 ½. Cependant, ce que M. Feer-Herzog appelle le système des étalons parallèles devra sans doute coïncider, suivant les circonstances, soit avec celui que j'ai décrit sous le nom de monnaie comptée à circulation libre ou avec le système de monnaie à cours forcé, compliqué d'une monnaie commerciale additionnelle de valeur variable. La monnaie indienne doit certainement être considérée comme rentrant dans ce dernier système. Il ne peut y avoir en fait deux étalons parallèles employés en même temps; quoiqu'il ne soit pas rare de voir un État frapper des espèces de deux métaux différents, et permettre à ses sujets de payer à leur gré avec l'un ou avec l'autre, cependant l'un des deux est généralement reconnu comme étalon, c'est-à-dire comme valeur régulatrice.

SYSTÈME A COURS FORCÉ UNIQUE.

Le système de circulation adopté par ceux qui les premiers frappèrent de la monnaie fut celui d'un cours légal, ou cours forcé unique. Des pièces d'un seul métal, ou même une seule série de pièces de poids uniforme, parurent d'abord suffisantes. Le fer en petites barres était la seule monnaie légale à Lacédémone, et peut-être dans quelques autres États anciens. L'as fut certainement, pendant longtemps, la seule monnaie légale chez les Romains. En Chine, la seule mesure de valeur, la seule monnaie à cours forcé consiste aujourd'hui encore en *cash* ou *sapèques* de cuivre, enfilées en paquets qui en comptent chacun mille. En Angleterre, l'argent fut le seul métal frappé depuis le temps d'Egbert jusqu'à celui d'Edouard III, si l'on excepte — encore le fait n'est pas sûr — quelques petites pièces d'or très-rares. L'argent formait la seule monnaie légale, la seule mesure de valeur, et l'on n'émettait guère d'autres pièces que des pence. En Russie et en Suède, pendant une partie du dernier siècle, le cuivre formait la seule monnaie à cours forcé.

Une monnaie métallique unique a les avantages de la simplicité et de la certitude. Chacun sait exactement ce qu'il doit payer ou recevoir, et quand les pièces sont de mêmes dimensions, ou que les pièces différentes sont peu nombreuses, comme les anciennes pièces anglaises, personne ne risque de subir des pertes par suite d'erreurs de calcul. Mais il y a cet inconvénient évident : suivant que le métal choisi aura peu ou beaucoup de valeur, les grandes ou les petites transactions seront incommodes à effectuer. Pour payer quelques centaines de livres en monnaie suédoise de cuivre, ou en chapelets de *cash* chinois, on aurait besoin d'une charrette, et quant au *cash* il est presque impossible de le compter. D'un autre côté une monnaie d'argent ne comporte pas de pièces assez menues pour les petites transactions.

On a peine à comprendre comment se faisait le commerce au détail, quand le penny d'argent pesait 22 grains ⅓, et que les métaux précieux étaient beaucoup plus cher qu'à présent. Sans doute le penny se divisait en half pence et en farthings (c'est-à-dire *four things*, quarts); mais, dans les achats, le farthing lui-même devait être équivalent à notre pièce de trois ou de quatre pence. La masse de la circulation paraît avoir consisté en pence d'argent.

En conséquence nous voyons que, si le gouvernement émet seulement des monnaies d'un seul métal, le public introduira et fera circuler pour sa commodité, des pièces d'autres métaux. A l'époque anglo-saxonne, on faisait usage en Angleterre de bezants qui venaient de Byzance, et les monnaies d'or de Florence, appelées pour cette raison florins, étaient fort estimées en Angleterre comme en d'autres pays d'Europe. Dans les derniers siècles mêmes, en l'absence d'une monnaie légale de cuivre, les jetons émis par des commerçants furent versés dans la circulation.

SYSTÈME A COURS FORCÉ MULTIPLE.

Du cours forcé unique sortirent naturellement les systèmes à cours forcé double et même multiple. Ainsi les Plantagenets d'Angleterre, voyant qu'ils avaient beau frapper uniquement des pièces d'argent, et que le public avait coutume d'employer l'or, commencèrent à émettre de temps en temps des pièces d'or, et fixèrent les taux auxquels elles seraient échangées contre les pièces d'argent. En l'absence d'aucune règlementation spéciale tendant à un effet contraire, c'était là constituer un système à cours forcé double. Dans la suite, quand le rapport entre la valeur des deux métaux ne coïncidait plus avec celui qui était impliqué par les poids relatifs des monnaies, il fallait fixer par une proclamation royale une nouvelle valeur de l'un des métaux relativement à l'autre. De 1257 à 1664, la circulation de l'or et de l'argent en Angleterre fut réglée ainsi, et l'on continua à n'émettre aucune monnaie de cuivre ou d'un métal inférieur quelconque. De 1664 à 1717, on ne fit à ce sujet aucune proclamation, et on laissait exprimer en shellings la valeur variable de la guinée. A une certaine époque elle s'éleva presque à 30 shellings, ce qui était dû en partie à la valeur décroissante de l'argent, mais surtout à ce que la monnaie d'argent était usée et rognée. Pendant cet intervalle le pays eut donc un étalon unique d'argent.

Dans la première partie du dernier siècle il y eut de longues discussions sur l'état fâcheux de notre monnaie d'argent, et sir Isaac Newton, directeur de la Monnaie, fut prié de faire un rapport sur les meilleures mesures à adopter. En 1717 il présenta ce rapport célèbre où il recommandait au gouvernement de fixer comme auparavant le prix de la guinée, et il proposa la valeur de 21 shellings comme la meilleure. Son avis ayant été accepté, la guinée a toujours été depuis lors évaluée à 21 shellings. Il y eut donc encore une fois en Angleterre deux monnaies légales, chacun pouvant employer l'une ou l'autre à faire ses paiements. Toutefois, dans la pratique, il est presque impossible que la valeur commerciale des métaux puisse coïncider avec le taux légal. Au taux adopté par sir Isaac Newton, l'or recevait une sur-valeur de plus de 1 1/2 pour cent; c'est dans cette limite que sa valeur monétaire dépassait sa valeur métallique. Aussi, conformément à la loi de Gresham, et aux principes que nous avons exposés au chapitre VIII, la monnaie d'argent de bon poids fut retirée ou exportée, et l'or devint dans la pratique la mesure de la valeur, et n'a pas cessé de jouer ce rôle.

Dans toutes les autres parties du monde où l'on a fait des tentatives pour combiner deux métaux comme unités parallèles de valeur, il s'est produit des résultats semblables. Dans le Massachusetts, en 1762, l'or reçut, au taux de 2 pence 1/2 par grain, le cours forcé, que l'argent possédait seul jusque-là ; mais ayant reçu ainsi une sur-valeur de 5 pour cent, il fit rapidement disparaître de la circulation la monnaie d'argent. On porta différentes lois pour remédier à ce fâcheux état de chose; mais elles n'obtinrent aucun succès tant que l'or fut maintenu à la même valeur.

Dans ce cas, comme dans beaucoup d'autres qui pourraient être cités, un gouvernement a essayé de combiner la circulation de l'or avec celle de l'argent, sans être bien au courant de tous les principes en jeu dans cette expérience. Ce ne fut guère avant la révolution française que le système du double étalon fut choisi en connaissance de cause comme la meilleure méthode. Depuis que la célèbre loi appelée « La loi du 7 germinal, an XI » eut été adoptée par le gouvernement révolutionnaire, le système s'est identifié avec les théories des économistes français. L'histoire de l'origine de cette loi était presque inconnue, lorsque M. Wolowski l'exposa dans une série d'articles remarquables publiés en 1869, par le *Journal des économistes*.

Dès 1790 Mirabeau présenta à l'assemblée nationale un mémoire célèbre sur les théories monétaires, dans lequel, au milieu d'un mélange curieux d'idées vraies et fausses, il se décida en faveur de l'argent employé comme monnaie principale, attendu la plus grande abondance de l'argent relativement à l'or. Il proposa de faire de l'argent la *monnaie constitutionnelle*, c'est-à-dire de lui donner le cours forcé, et d'employer le cuivre et l'or comme *signes additionnels* de valeur. Ces idées furent appliquées dans de certaines limites; le franc fut fixé d'abord au poids de 10 grammes d'argent, par le décret du 1er août 1793; puis il fut définitivement ramené à 5 grammes par la loi du 28 thermidor an III. Les anciennes pièces d'or de 24 et de 48 livres continuèrent à circuler, tandis que les pièces d'or de 10 grammes ordonnées par le décret, ne furent pas frappées.

En l'an IX Gaudin proposa le rapport de 15 1/2 à 1 pour fixer le poids des pièces d'or relativement aux pièces d'argent. Ainsi, comme le franc consistait en 5 grammes d'argent aux neuf dixièmes, la pièce d'or de 20 francs devait contenir 6 grammes 451 milligrammes d'or au même titre. Gaudin paraît avoir pensé que ce rapport se rapprochait assez du rapport commercial pour permettre aux pièces de circuler longtemps concurremment ; en cas de variation, il pensait que les pièces d'or pouvaient être fondues et émises de nouveau avec un poids différent. Après de longues discussions où Bérenger, Lebreton, Daru et Bosc jouèrent le rôle principal, les propositions de Gaudin furent adoptées, mais avec quelques modifications. Il semble qu'on ait jugé peu sage soit de démonétiser l'or complétement, ce qui aurait sérieusement diminué la circulation, soit de laisser dans l'incertitude la valeur des pièces d'or, ce qui aurait occasionné des disputes.

La proportion adoptée par les législateurs de la Révolution exagérait un peu la valeur de l'argent ; c'est pourquoi la monnaie française en vint à consister principalement du lourdes pièces de cinq francs ou écus. Ce fut seulement lorsque les découvertes de la Californie et de l'Australie firent de l'or la monnaie la moins chère pour effectuer les paiements, que cette monnaie d'argent si pesante commença à disparaître. L'action de ce système de double étalon sera examinée plus à fond au chapitre XII.

COURS FORCÉ COMPOSITE

Nous avons vu qu'avec une monnaie d'un seul métal il est difficile d'effectuer de grands ou de petits paiements, selon que le métal choisi a trop peu ou trop de valeur. Si deux ou plusieurs séries de pièces à valeur réelle sont frappées avec des métaux différents, et qu'on laisse varier librement les valeurs relatives de ces pièces, les calculs deviennent difficiles. Si les deux métaux reçoivent le cours forcé avec un rapport une fois déterminé, la monnaie tendra à se composer alternativement de l'un ou de l'autre métal, et les changeurs tireront profit de ces conversions successives.

Il reste encore un autre système possible, dans lequel des pièces d'un seul métal sont adoptées comme unités de valeur et comme principale monnaie légale, tandis que des espèces auxiliaires à valeur conventionnelle, frappées avec d'autres métaux, sont employées pour les petits paiements, et n'ont le cours forcé que pour de faibles sommes. La valeur de ces pièces dépend alors de celle des espèces principales contre

lesquelles elles peuvent s'échanger légalement, et l'on prend
soin de leur donner des poids tels que leur valeur métallique
soit toujours au-dessous de leur valeur légale. Il n'y a jamais
rien à gagner à fondre de telles monnaies, ou à les exporter,
et le rapport suivant lequel elles s'échangent contre les espèces principales est toujours un rapport simple fixé par la loi.

Le cours forcé composite est engendré naturellement par
le système à double étalon. Nous avons vu en effet que si,
avec ce dernier système, le taux fixé par la loi pour l'or est
trop élevé, toutes les pièces d'argent à valeur pleine seront
graduellement retirées ou exportées, de sorte qu'il ne restera
dans la circulation que des pièces d'argent légères à valeur
conventionnelle. Lord Liverpool, dans l'enquête approfondie
qu'il fit au sujet de la monnaie métallique, ayant reconnu les
avantages du cours forcé composite sur le système à double
étalon, appuya de la manière la plus catégorique l'adoption
du premier en Angleterre. On trouvera ses arguments dans
son admirable « Traité sur les monnaies du royaume sous
forme d'une lettre au roi » (Oxford, 1805), et ses recommman-
dations, mises à exécution en 1816, sont la base de notre
système monétaire actuel.

Un système composite de circulation a souvent existé sans
être formellement reconnu et sans désignation spéciale. Il
se produit toutes les fois que des espèces d'or et d'argent ont
cours à des taux fixés par la loi ou par l'usage, mais que les
pièces d'argent, soit usées, soit rognées, tombent au-dessous
du poids normal. Depuis l'année 1717, où la guinée fut fixée à
21 shellings, jusqu'à l'adoption du système actuel en 1816,
la base théorique de la circulation anglaise fut le système à
double étalon. Toutefois, dans la pratique, les pièces d'argent étaient si rares et si usées, qu'elles n'avaient guère
qu'une valeur conventionnelle. Les jetons de cuivre des
commerçants, étant toujours d'un poids léger, et s'échangeant en vertu de l'usage dans certaines proportions contre
des pièces d'argent, formaient le troisième terme de la série.
Mais lord Liverpool semble avoir le premier saisi et exposé
les principes d'après lesquels un tel système fonctionnait, et
il est indubitable que le système, tel qu'il l'exposait, est le
plus propre à fournir une monnaie commode et économique.

La plupart des grandes nations ont maintenant adopté le cours forcé composite sous une forme plus ou moins complète. La France, la Belgique, la Suisse et l'Italie conservent encore le double étalon en théorie ; mais elles ont ramené toutes leurs pièces au-dessous de cinq francs à n'être plus qu'une monnaie conventionnelle, en réduisant le titre de l'argent de 900 à 835 de fin sur 1000, soit de 7 1/4 pour cent, et en restreignant les limites dans lesquelles il a le cours forcé. La monnaie de cuivre en France avait déjà auparavant cours forcé pour les sommes au-dessus de cinq francs. Dans les Etats-Unis, quand la monnaie métallique était d'un usage général, le système du double étalon existait en théorie, mais était ramené à un système composite par l'augmentation de valeur excessive donnée à la monnaie d'or. De plus, par une loi du 21 février 1853, les plus petites pièces d'argent perdirent de leur poids et n'eurent plus le cours forcé que jusqu'à concurrence de cinq dollars. Les pièces de trois *cents* en argent, et les différentes pièces de cuivre, de bronze ou de nickel émises par les Monnaies américaines, étaient aussi des monnaies conventionnelles avec des limites différentes à leur cours forcé.

Le nouveau système monétaire allemand est parfaitement organisé comme système à cours forcé composite.

CHAPITRE X

LE SYSTÈME MONÉTAIRE ANGLAIS

Je vais maintenant décrire d'une façon plus détaillée le système de circulation métallique qui existe en Angleterre depuis plus d'un demi-siècle, et qui paraît être le meilleur de tous relativement aux principes d'après lesquels trois métaux différents se combinent en un cours forcé composite. Les règlements légaux en vertu desquels la monnaie anglaise est émise et circule, peuvent être exposés avec facilité et avec certitude, grâce à l'Acte du Parlement (33 Victoria, ch. 10) que M. Lowe fit passer pour simplifier et confirmer la législation à ce sujet.

ESPÈCES ANGLAISES EN OR.

Le *souverain* anglais est la principale monnaie à cours forcé, et l'unité de valeur. Il consiste, d'après la définition légale, en 123 grains 27447 (7 gram. 98805) d'or au titre anglais, composé de onze parties d'or fin, et d'une partie d'alliage, principalement de cuivre. Le souverain doit donc en théorie, contenir 113 grains 00160, ou 7 grammes 32238 d'or pur. Mais comme il est évidemment impossible de faire des monnaies d'un poids quelconque absolument exact, ou de leur conserver ce poids quand elles sont dans la circulation, le poids fixé est seulement le poids normal dont les monnayeurs doivent se rapprocher autant que possible, soit dans chaque pièce isolément, soit dans l'ensemble.

Du poids du souverain nous déduisons le prix de l'or à la Monnaie. Si, en effet, nous divisons le nombre de grains du souverain par le nombre de grains que contient l'once, c'est-à-dire par 480, nous saurons exactement combien de souverains et de portions de souverain la Monnaie doit rendre pour chaque once d'or qui lui est livrée. Nous trouvons que le nombre est de 3,89375, ce qui équivaut à 3 livres 17 shellings 10 pence 1/2. Cela revient exactement à dire, dans l'ancien langage monétaire, que vingt livres pesant d'or doivent donner par le monnayage 934 souverains et un demi-souverain. J'ai entendu parler de personnes qui trouvaient mauvais que le gouvernement fixât le prix auquel l'or devait être acheté et vendu par la Monnaie, et qui convenaient pourtant que le souverain devait avoir un poids fixe. Cependant le prix fixe peut se convertir en un poids fixe et *vice versâ*. L'un est une conséquence de l'autre.

Dans la pratique le poids d'une pièce de monnaie est toujours une affaire de limites, et il faut fixer des limites pour le poids qu'elle doit avoir lors de l'émission comme pour celui qu'elle doit conserver pour rester légalement dans la circulation. Dans le langage technique on appelle *tolérance* (en anglais *remedy*, et dans le vieux français *remède*) la latitude accordée au directeur de la Monnaie pour l'imperfection de la main-d'œuvre, et la loi fixe cette tolérance à deux dixièmes de grain (0,01296 grammes). Ainsi la Monnaie ne peut pas légalement émettre un souverain pesant moins de 123 grains 074, ou plus de 123 grains 474. D'un autre côté, comme la pureté de l'or ne peut jamais être amenée avec une précision absolue au titre de onze douzièmes, c'est-à-dire 916,66 sur 1000, on accorde à cet égard une tolérance de 2 sur 1000. On dit que nos ateliers anglais réussissent fort bien à s'enfermer dans ces limites de poids et de titre.

Tout souverain émis par la Monnaie conformément à ces règles, et portant l'empreinte autorisée par la Reine, est une monnaie légale, et doit être acceptée par un créancier en paiement d'une dette montant à cette somme, pourvu qu'il ne soit pas descendu, par l'usure ou des moyens frauduleux,

au-dessous du poids de 122 grains 50 (7 grammes 93787). Si
une personne reçoit un souverain qui soit au-dessous de ce
minimum de poids courant, elle est supposée par la loi devoir découvrir ce défaut, et elle est tenue de couper ou dé-
figurer la pièce, et de la rendre à celui de qui elle la tient,
ce dernier devant supporter la perte. S'il est prouvé que la
pièce ainsi défigurée n'était pas au-dessous de la limite, alors
celui qui l'avait défigurée est obligé de la reprendre et de
supporter la perte occasionnée par sa méprise. Tout juge de
paix peut trancher d'une manière sommaire les conflits qui
naissent au sujet des souverains trop légers.

La seule autre pièce d'or réellement émise en Angleterre
est le demi-souverain, dont le poids normal et la tolérance
sont exactement la moitié de ceux du souverain ; la tolérance pour le titre est la même que celle du souverain, et
le minimum de poids pour la circulation est de 61 grains
1250 (3 grammes 96083). L'Acte du Parlement autorise
aussi l'émission de pièces d'or de deux et de cinq livres,
pour lesquelles les poids, et les tolérances relativement au
poids, sont des multiples correspondants de ceux du souverain. Des pièces de la valeur de deux et de cinq guinées ont
été frappées par la plupart des monarques anglais depuis
Charles II jusqu'à Georges III. Des modèles de pièces de
deux et de cinq livres ont été préparés sous la reine Victoria;
mais ces pièces n'ont pas été frappées, et pour des raisons
qui seront établies au chapitre XIII (p. 131), il n'est pas à
désirer qu'elles le soient.

ESPÈCES ANGLAISES EN ARGENT

Les autres subdivisions de la livre sterling sont représentées par des pièces d'argent et de bronze à valeur conventionnelle, dont le poids est tel qu'il n'y a pas à craindre de
voir leur valeur métallique dépasser la valeur métallique
des pièces d'or dont elles sont les équivalents légaux. Avant
1816 la livre pesant d'argent au titre légal, contenant 925
parties d'argent fin et 75 d'alliage sur 1.000, fournissait 62
shellings dont chacun devait contenir 92 grains 90 de métal au titre. D'après ces règlements, la valeur de l'or était 15

fois 21 centièmes celle de l'argent. Cependant, comme l'argent peut quelquefois avoir plus de valeur relativement à l'or, Lord Liverpool recommanda très-sagement, dans sa lettre au roi, de réduire le poids du shelling. Par l'Acte 56 George III, ch. 68, il fut décidé que la livre pesant d'argent fournirait 66 shellings, ce qui faisait une réduction de poids d'environ 6 pour cent. Le nouvel *Acte de Monnayage* maintient les principales dispositions de celui de 1816, de sorte que le shelling anglais contient maintenant en argent au titre 87 grains 27272 (5 grammes 65518); et les poids de toutes les autres pièces d'argent sont des multiples ou des sous-multiples exacts de celui du shelling. La tolérance de poids pour le shelling est un peu plus du tiers d'un grain, et elle est dans une proportion simple pour les autres pièces. La tolérance pour le titre est dans tous les cas de quatre millièmes. Les différentes pièces autorisées sont au nombre de neuf, savoir : la couronne, la demi-couronne, le florin, le shelling, le six pence, le groat ou pièce de quatre pence, les pièces de trois et de deux pence, enfin le penny. Toutes ces pièces, sauf la couronne, sont frappées en plus ou moins grandes quantités; mais le penny, et les pièces de deux et de trois pence, ne sont frappés qu'en très-faible quantité , comme monnaies du Jeudi-Saint, et après avoir été chaque année distribués par la Reine à titre d'aumônes, ils semblent être retirés de la circulation soit pour être fondus, soit pour figurer dans les cabinets des numismates.

Toutes ces pièces ont cours légal, sans qu'on tienne compte de leur poids, tant qu'elles n'ont pas été démonétisées par une proclamation, ou qu'elles ne sont pas usées et effacées au point qu'on n'en puisse plus reconnaître l'empreinte. La monnaie actuelle en circulation a perdu par le frottement une partie considérable de son poids primitif qui va souvent jusqu'au quart et au tiers. D'autre part la baisse de la valeur de l'argent relativement à celle de l'or diminue la valeur métallique des pièces, de sorte que personne n'est tenté de les exporter à l'étranger ou de les fondre pour les vendre comme métal, avec une perte de 10 à 30 pour cent sur leur valeur nominale.

Il y aurait un grand inconvénient à ce que chacun fût

obligé de recevoir en paiement pour des sommes illimitées
ces monnaies à valeur conventionnelle. Les commerçants
pourraient souvent avoir entre les mains la valeur de plusieurs milliers de livres, sans pouvoir les réaliser autrement
qu'en les remettant peu à peu en circulation. C'est pourquoi
les Actes de 1816 et de 1870 décidèrent que la monnaie d'argent n'aurait jamais cours forcé dans aucun paiement que
jusqu'à concurrence de 40 shellings. Cette limite fut sans
doute choisie parce qu'en 1816 la pièce de deux livres était
regardée comme la plus grosse pièce en circulation ou qui
eût des chances d'être émise.

ESPÈCES ANGLAISES EN BRONZE

Les plus faibles subdivisions de la livre sont représentées
par des pence, des demi-pence et des farthings de bronze,
dont les poids respectifs lors de l'émission doivent être de
145,833, de 87,500 et de 43 grains 750. L'alliage dont elles
sont formées contient 95 parties de son poids en cuivre, 4
parties d'étain, et 1 de zinc ; c'est exactement le même
bronze qui était employé auparavant par les ateliers monétaires français. La tolérance pour le poids est le cinquième
d'un pour cent ; et comme les pièces sont à valeur conventionnelle il n'y a pas de minimum pour le poids de circulation. Les raisons qui empêchent de leur donner cours forcé
pour des valeurs importantes étant plus fortes que lorsqu'il
s'agit de la monnaie d'argent, il a été décidé que les pièces
de bronze n'auraient cours forcé que jusqu'à concurrence
d'un shelling.

Si un penny de cuivre devait maintenant contenir une
quantité de métal équivalent en valeur à la deux-cent-qua-
rantième partie d'un souverain, il pèserait 871 grains, au
prix actuel du cuivre sur le marché (75 livres la tonne). Ainsi
le poids de la monnaie fractionnaire a été réduit environ au
sixième de ce qu'il serait si la monnaie avait toute sa valeur
métallique. D'après M. Seyd, le bronze dont les pence sont
faits vaut 10 pence la livre, de telle sorte que les valeurs
métalliques des pièces sont presque exactement égales au
quart de leurs valeurs nominales. Le monnayage du bronze

procure donc un profit considérable qui, à la fin de 1871, s'élevait environ à 270.000 livres sterling ; mais la réduction de poids est à tous égards un avantage, et elle n'est même pas portée aussi loin qu'elle pourrait l'être sans inconvénient.

INSUFFISANCE DE POIDS DE LA MONNAIE D'OR ANGLAISE

La loi monétaire anglaise admet actuellement en théorie comme nous l'avons vu (p. 89) que toute personne pèse le souverain qui lui est offert, et s'assure, avant de l'accepter, qu'il ne pèse pas moins de 122.5 grains. Autrefois, il n'était pas rare de voir des personnes portant des balances de poche pour peser les guinées, et l'on peut rencontrer parfois encore de ces balances dans les boutiques de vieilles curiosités. Mais nous savons que cet usage est entièrement abandonné, et que même les établissements qui reçoivent les plus grandes quantités de monnaies, par exemple les banques et les compagnies de chemin de fer et même les bureaux de percepteurs et les bureaux de poste, etc., ne font pas la moindre attention à la loi. La Banque d'Angleterre seule, avec ses succursales, et quelques administrations du gouvernement, pèsent la monnaie d'or en Angleterre. De là vient qu'une grande partie de notre monnaie d'or est tombée, par le frai, au-dessous du poids minimum, et toutes les personnes qui ont un peu d'expérience évitent de payer la Banque d'Angleterre en vieux souverains. Seules les personnes ignorantes ou malheureuses, ou bien de grandes banques et des compagnies, qui ne peuvent se débarrasser autrement des pièces trop légères, éprouvent des pertes. Pendant longtemps la quantité de pièces d'or trop légères retirée par la Banque n'excéda pas un demi-million par an ; dans les dernières années cette quantité a varié de 700.000 livres sterling à 950.000. La monnaie d'or frappée annuellement est en moyenne de quatre ou cinq millions sterling, et les monnaies fondues ou exportées sont pour la plupart neuves et de bon poids : il s'ensuit nécessairement que le poids de la monnaie en circulation baisse de plus en plus.

En 1869 je me suis assuré, par une enquête attentive et fort étendue, que 31 1/2 pour 100 des souverains et près de la moitié des pièces de dix shellings étaient alors au-dessous de la limite de poids. Le lecteur qui a fait attention aux remarques sur la Loi de Gresham (p. 67), verra que jamais les pièces d'or nouvelles, en quelque quantité qu'elles soient émises, ne peuvent chasser de la circulation ces vieilles pièces usées, parce que ceux qui exportent ou fondent les pièces, ou traitent les pièces comme métal brut, auront soin de n'opérer que sur les bonnes.

Cet état défectueux de la monnaie d'or anglaise produit parfois de grandes injustices. J'ai entendu parler d'une personne sans expérience qui, après avoir reçu quelques centaines de livres en or d'un commerçant en métaux de la Cité, alla droit à la Banque pour les y mettre en dépôt. On trouva que la plupart des souverains étaient trop légers, et le malheureux dépositaire dut supporter des frais énormes. Le négociant lui avait évidemment donné le reste d'une masse de monnaies dont il avait trié les plus pesantes. Dans un cas encore plus fâcheux, qu'on m'a rapporté récemment, un particulier présenta au bureau de Saint-Martin-le-Grand un mandat sur la poste, et porta les souverains reçus au bureau du timbre, à Somerset-House, où les pièces furent pesées et où l'on en trouva quelques-unes qui n'avaient pas le poids. Ici un homme avait été fraudé, pour ainsi dire, entre deux bureaux du gouvernement.

Nous devons reconnaître que le gouvernement fit, en juillet 1870, un léger effort pour amener le retrait des pièces d'or trop légères, en s'engageant à les reprendre, par l'intermédiaire de la Banque d'Angleterre, au taux normal de 3 livres 17 shellings 9 pence par once pesant, tandis que la Banque avait payé seulement jusque là 3 livres 17 shellings 6 1/2 pence, parce que les anciens souverains étaient, pour la finesse, un peu au-dessous du titre. Sans doute cette mesure amena une certaine augmentation dans la quantité des pièces retirées; mais la perte qui résulte de la diminution du poids retombe encore sur le public, et, tant qu'il en sera ainsi, le retrait des pièces d'or trop légères sera insuffisant pour maintenir cette monnaie au poids légal.

RETRAIT DES MONNAIES D'OR TROP LÉGÈRES

Il faudra bientôt prendre des mesures pour remédier à cette diminution croissante du poids des pièces d'or anglaises. Le retrait peut s'effectuer de plusieurs manières. D'abord la Reine pourrait lancer une proclamation par laquelle elle révoquerait et interdirait la circulation de toutes les pièces d'or remontant à plus de vingt ou vingt-cinq ans, attendu que ce sont surtout les anciennes pièces dont le poids est insuffisant. Une autre méthode consisterait à obliger tous les employés des finances, directeurs des bureaux de poste et autres, sous le contrôle du gouvernement, à peser tous les souverains qui leur seraient présentés. S'il le fallait même, les banquiers du royaume pourraient être obligés à peser les pièces. Mais il est évident que de telles mesures seraient fort incommodes et causeraient des embarras sérieux. Le fonctionnement de la caisse d'épargne par les bureaux de poste serait compromis si tout dépositaire d'une livre devait perdre 2 pour 100 à cause de la légèreté de la monnaie. Une vive émotion et de grands embarras suivirent la dernière proclamation de juin 1842, qui retirait les monnaies d'or trop légères. Faire subir au dernier possesseur d'une pièce toute la perte qui résulte d'une circulation de trente ou de quarante ans, est une mesure qui conduit, dans bien des cas, à des injustices criantes. La loi actuelle tend à faire peser la perte sur les pauvres, qui d'ordinaire n'ont à payer qu'un ou deux souverains à la fois, tandis que les gens riches, en ayant beaucoup, peuvent éviter de payer avec des pièces légères dans les bureaux où l'or est pesé.

Je crois que le seul remède efficace est pour le gouvernement de supporter la perte occasionnée par l'usure de l'or, comme il le fait déjà pour la monnaie d'argent. La banque d'Angleterre serait autorisée à recevoir tous les souverains *qui ne présenteraient aucune marque de dommage intentionnel ou d'altération frauduleuse;* elle les recevrait avec leur valeur nominale, pour le compte de la Monnaie qui frapperait de nouveau, aux frais du public, les pièces trop légères. Personne alors n'aurait plus de raisons pour ne pas porter à la Banque les pièces légères; la circulation serait bientôt débarrassée de ces pièces, et serait maintenue désormais strictement au poids normal; il n'y aurait pour les particuliers aucun dérangement, aucune perte de temps, considération qu'il ne faut pas perdre de vue; et enfin le dernier possesseur d'un souverain trop léger ne serait pas, comme à présent, victime d'une injustice.

On combat d'ordinaire les propositions de ce genre en disant qu'une telle méthode encouragerait les pratiques criminelles de ceux qui font ressuer les monnaies ou qui en diminuent le poids d'une autre manière. Je répondrai que c'est, au contraire, l'état de choses actuel qui favorise le plus ces pratiques coupables, parce qu'il habitue parfaitement le public à manier de vieilles monnaies usées. Personne aujourd'hui, dans les petites transactions de chaque jour, ne refuse jamais une pièce d'or, de sorte que celui qui veut les faire ressuer trouve toutes les facilités désirables. J'ai vu des souverains auxquels il manquait de quatre à cinq grains, c'est-à-dire une valeur de 8 à 10 pence, et qui n'en circulaient pas moins. Si, avec un meilleur système, la monnaie d'or était entièrement composée de pièces neuves et de bon poids, portant des empreintes nettes, fraîches et irréprochables, l'attention serait aussitôt attirée par toute pièce qui paraîtrait tant soit peu usée ou maltraitée. De plus, comme la monnaie passerait constamment par les balances automatiques de la Banque d'Angleterre, sans avoir été triée au préalable par les marchands de métal, les pièces altérées, s'il en existait, seraient bientôt découvertes. Avec le système actuel, au contraire, les autorités de la Banque n'ont aucune occasion de faire subir aux monnaies un examen complet. C'est donc l'état actuel des choses qui donne le plus de facilités pour altérer la monnaie, quoiqu'il n'y ait pas de preuves pour établir que ces pratiques frauduleuses sont exercées dans des proportions appréciables. Avec le nouveau système proposé, de telles pratiques deviendraient presque impossibles.

FABRICATION DE LA MONNAIE D'OR

D'après la loi monétaire anglaise, tout particulier a le droit de porter de l'or à la Monnaie et de le faire monnayer gra-

tuitement, toutes les dépenses étant à la charge de l'État. Le
métal rendu sous forme de monnaie aura une valeur exactement égale à celle d'un poids égal de métal non monnayé;
de sorte qu'en somme les espèces seront simplement du
métal garanti, et pourront se convertir de nouveau en lingots sans perte. Quoique cette théorie soit simple et juste à
quelques égards, elle ne reçoit pas, dans la pratique, une
application parfaite. La Monnaie ne s'engage jamais à délivrer immédiatement des espèces en échange de l'or qu'on lui
envoie, de sorte que, pour le temps nécessaire au monnayage,
temps d'une durée incertaine, il y a une perte d'intérêt. Si,
au lieu d'envoyer l'or directement à la Monnaie, on prend,
ainsi que c'est l'usage, le parti de l'envoyer à la Banque
d'Angleterre, on reçoit, conformément au *Bank Charter Act*
de 1844, 3 livres 17 shellings 9 pence seulement par once,
au lieu des 3 livres 17 shellings 10 1/2 pence que donne la
Monnaie. De plus, ainsi que l'a montré M. E. Seyd, la manière dont la Banque opérait sur les métaux occasionnait
toute une série de petites dépenses pour le pesage, la fonte,
l'essayage, etc., qui montaient en somme, y compris cette
perte principale d'un penny et demi, à 0,2828 pour 100 de la
valeur totale de l'or. Depuis lors la Banque a introduit quelques petites améliorations dans sa manière de conduire les
opérations; mais on peut encore estimer que la conversion
de l'or brut en souverains coûte environ 0,25 pour 100.

Quoique toute personne ait le droit, d'après l'Acte de monnayage, de porter de l'or à la Monnaie et de le faire frapper
sans frais, dans l'ordre de priorité de dépôt, sans aucune
préférence, personne n'use jamais de ce privilége, si ce
n'est la Banque d'Angleterre. Lors d'une enquête sur le Bank
Charter Act en 1857, M. Twells, qui avait envoyé une fois
10 000 livres à la Monnaie, fut surpris de voir que sa maison
de Spooner et Cⁱᵉ était mentionnée dans un rapport parlementaire comme le seul établissement particulier qui eût
jamais fait pareille chose. Les directeurs de la Banque d'Angleterre ont naturellement acquis le monopole des transactions avec la Monnaie, parce qu'ils sont obligés de conserver
un approvisionnement considérable d'espèces et de lingots
pour faire face aux nombreuses demandes qui leur sont

adressées par une foule de personnes au nombre desquelles se trouvent, on peut le dire, tous les banquiers du Royaume Uni. Ils peuvent convertir une partie de leurs lingots en espèces, sans aucune dépense et sans perte d'intérêt, toutes les fois qu'ils voient diminuer leur réserve monnayée. Ils tâtent en quelque sorte, le pouls monétaire de la nation, et ils ont à leur disposition tous les moyens de garder, d'essayer, ou de peser exactement le métal. Les personnes même qui ont besoin de conserver des quantités d'or considérables emploient souvent la Banque pour le peser, l'empaqueter et le garder, et la Banque est toujours disposée à leur rendre ces services moyennant des droits fixes qui sont peu élevés. Il est donc très-naturel et avantageux que la Banque soit considérée comme un agent de la Monnaie. Quoique la Banque tire de ses services un certain profit, à peine peut-on dire que ce soit aux dépens du public; ce bénéfice vient plutôt de l'économie avec laquelle tout le travail est effectué. Ce ne serait pas à coup sûr un perfectionnement pour le système monétaire d'un pays, si toute personne qui possède quelques onces d'or courait les porter à la Monnaie, mettait au compte de l'État les frais de fonte et d'essayage de ces lingots insignifiants, et compliquait ainsi les comptes et les transactions de la Monnaie.

FABRICATION DE LA MONNAIE D'ARGENT

Des craintes absurdes se sont produites en Angleterre au sujet de la rareté des monnaies d'argent; d'autre part, on a supposé que les particuliers avaient le droit de faire frapper de cette monnaie; c'est pourquoi il sera bon d'expliquer avec exactitude comment la fabrication de la monnaie d'argent est réglementée par la loi et s'effectue dans la pratique. Il n'y a aucune loi qui donne à un particulier, à une compagnie, à un établissement quelconque le droit de porter de l'argent à la monnaie et de demander des espèces en échange. Ainsi il appartient au Trésor et à la Monnaie d'émettre autant de monnaie d'argent de toute nature que les besoins du service public leur paraissent en demander. Ces dispositions de la loi sont parfaitement justes : en effet,

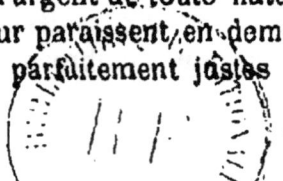

comme les pièces d'argent ont une valeur conventionnelle, on ne peut s'en défaire en les fondant ou en les exportant avec leur valeur nominale. Si les particuliers avaient le droit de faire fabriquer autant de monnaie d'argent qu'il leur plairait, on pourrait, dans les années où le commerce est plus actif, jeter dans la circulation une quantité surabondante de pièces, qui, dans une année moins active, resteraient entre les mains du public.

Dans la pratique la Monnaie est guidée, pour la production des espèces en argent, par la Banque d'Angleterre, non que cette Banque tienne de la loi des pouvoirs, des privilèges ou des devoirs spéciaux en pareille matière, mais parce que, étant la banque des banques et la banque des administrations publiques, elle peut juger mieux que toute autre des quantités de monnaie qu'il est nécessaire de produire. Non-seulement tous les banquiers de Londres tirent des monnaies d'argent de la Banque d'Angleterre quand ils en ont besoin, mais tous les autres banquiers du royaume font directement ou indirectement la même chose. On reconnaît qu'un comté n'a pas assez de monnaies d'argent lorsque le stock des banquiers de ce comté diminue. Ils complètent leur stock, soit en s'adressant à la succursale de la Banque d'Angleterre la plus rapprochée d'eux, soit par l'intermédiaire de leurs agents de Londres, qui s'adressent encore à la Banque d'Angleterre. Ailleurs, ou à d'autres époques, les banquiers tendent à accumuler un excédant de monnaie d'argent. Quelques banques, dans une grande ville, peuvent avoir des comptes avec un grand nombre de détaillants, de bouchers, de brasseurs, de marchands de bestiaux, de commerçants divers qui déposent chez elles une grande quantité de monnaies d'argent. D'autres banques peuvent avoir à répondre aux demandes que leur font des manufacturiers pour payer les salaires, et elles peuvent se trouver à court de monnaies d'argent. C'est donc l'habitude, chez les banquiers d'une même localité, de se soutenir mutuellement en s'achetant ou en se vendant les uns aux autres, suivant les circonstances, un excédant de monnaie. Mais, quand on ne parvient pas à se débarrasser par ce moyen d'un semblable excédant, on peut le retourner à la Banque d'Angleterre ou à une de ses succursales. Cette banque, il est vrai, n'est tenue en aucune façon de fournir ou de recevoir de fortes sommes en argent ; elle fait donc payer d'ordinaire la faible redevance de cinq shellings par cent livres comme dédommagement de ses peines et de ses risques. Moyennant cette redevance la Banque se charge de transporter l'argent par chemin de fer ; elle examine les pièces pour découvrir les contrefaçons et retirer celles qui sont usées ; elle envoie ces dernières à la Monnaie pour les faire frapper de nouveau, et joue en général le rôle d'agent de la Monnaie.

Puisque l'administration de la Banque préside ainsi à la sortie et à la rentrée des monnaies d'argent, et que toutes les affaires de ce genre lui passent par les mains, il est clair qu'elle est parfaitement en état de juger quand il faut faire une nouvelle émission. Avant que la réserve descende trop bas, avis est donné à la Monnaie, et des fonds ordinairement fournis au directeur pour acheter l'argent nécessaire au monnayage. Avec ce système, il est presque impossible que les espèces manquent sans que la Monnaie en soit prévenue. Si, il y a deux ou trois ans, la production ne put répondre à une demande imprévue, c'est que le gouvernement n'avait pas pourvu la Monnaie de l'outillage nécessaire pour satisfaire aux besoins croissants du pays. En résumé le système actuel semble presque aussi parfait qu'on peut le désirer, pourvu que la Monnaie soit reconstruite, réorganisée et mise en état de répondre à toutes les demandes que pourront occasionner les fluctuations du commerce.

L'HOTEL ROYAL DE LA MONNAIE D'ANGLETERRE

Pendant que nous parlons du système monétaire anglais, nous ne pouvons nous empêcher d'exprimer le désir que la Chambre des communes et le gouvernement entreprennent sans retard une réorganisation complète de l'hôtel de la Monnaie. Ses ateliers, tels qu'ils existent actuellement, faisaient honneur à la génération qui les éleva ; mais il n'est pas besoin de dire que dans les cinquante ou soixante dernières années nous avons fait des progrès immenses et dans la fabrication des machines et dans nos idées sur l'organisation et l'économie des usines. Que penserions-nous d'une Compagnie pour la filature du coton, qui se proposerait d'employer les machines et l'outillage ancien d'Arkwright, et des moteurs fabriqués dans les ateliers de Soho par Boulton et Watt? Cependant la nation reçoit encore ses monnaies de balanciers qui furent construits réellement par Boulton et Watt, bien que des presses beaucoup plus commodes aient été inventées depuis lors et appliquées dans les ateliers monétaires de l'étranger et des colonies.

Les ateliers actuels sont tout à fait insuffisants pour répondre aux demandes possibles de l'industrie et la richesse croissantes du Royaume-Uni, pour ne pas parler de l'empire anglais tout entier. Il y a quelques années il était impossible de fournir la monnaie d'argent aussi promptement que l'exigeait le commerce quand il était un peu actif; et pendant qu'on travaille à frapper en plus grande quantité des monnaies d'un seul métal, il n'y a aucun moyen de suffire à la demande pour les monnaies d'un autre genre. Quant aux pièces de bronze, on est réduit d'ordinaire à les demander aux presses de Birmingham, et des flans de bronze sont quelquefois achetés aux maisons de la même ville. On a même demandé à Birmingham quelques flans d'argent. Les ateliers de la Monnaie d'Angleterre doivent représenter dignement l'industrie et la richesse de la nation anglaise, et l'on ne doit pas souffrir que de mesquines considérations retardent une réforme si nécessaire.

Une reconstruction complète des ateliers de la Monnaie peut seule répondre aux exigences de la situation. Si ce vœu est réalisé, il y aura de grands avantages et une grande économie à quitter l'emplacement considérable de Tower-Hill, dont les terrains ont tant de valeur, pour ériger une Monnaie complétement nouvelle dans une situation plus accessible. Les opinions de M. E. Seyd sur ce sujet méritent une sérieuse attention.

CHAPITRE XI

LA MONNAIE DIVISIONNAIRE

Il est une question monétaire qu'on ne peut guère se vanter d'avoir, jusqu'à présent, résolu d'une manière satisfaisante ; c'est celle du choix des meilleurs matériaux possibles pour frapper les pièces de faible valeur, appelées en anglais *pence*, en français *monnaie d'appoint*. Les monnaies divisionnaires doivent être égales en valeur au dixième environ des monnaies d'argent, pièce pour pièce ; mais malheureusement il n'y a aucun métal propre à cet usage dont la valeur soit actuellement le dixième de celle de l'argent. Du temps des Romains l'or était à peu près dix fois aussi précieux que l'argent, et l'argent dix fois aussi précieux que le cuivre, de sorte qu'il n'y aurait eu aucune difficulté à combiner avec ces métaux un système monétaire parfaitement décimal.

Pour jeter la lumière sur ce sujet, j'ai dressé la table suivante, où l'on trouvera les poids des principaux métaux du commerce dont la valeur est actuellement égale. Dans une table de ce genre les nombres sont évidemment sujets à de perpétuelles fluctuations, en raison des changements dans le prix des métaux sur le marché. D'un autre côté, il est difficile, dans certains cas, d'obtenir des indications exactes, et le prix dépend souvent du travail particulier qu'on a fait subir au métal. L'or et l'argent sont pris au titre légal, et l'or est pris comme unité de poids.

POIDS SOUS LESQUELS LES PRINCIPAUX MÉTAUX PRÉSENTENT
UNE VALEUR ÉGALE

Or	1	Etain	942
Platine	3 1/2	Cuivre	1608
Aluminium	7	Plomb	6360
Argent	16	Fer en barres	15900
Nickel	71	Fer en lingots	50880

Il est bon de remarquer que si nous rangeons ainsi ce qu'on peut appeler les *équivalents commerciaux* des métaux, ils forment une série qui se rapproche, très-grossièrement il est vrai, d'une série géométrique dont la raison commune est 3. L'argent cependant fait exception. Il y a aussi un terme qui manque entre le nickel et l'étain, et comme l'étain n'est pas propre au monnayage, il y a un grand intervalle entre le nickel et le cuivre, et un plus grand encore entre l'argent et le cuivre. A présent l'argent est, presque exactement, cent fois aussi précieux que le cuivre ; par conséquent la valeur métallique de la monnaie de cuivre ne devra être qu'une fraction de sa valeur nominale, ou autrement cette monnaie sera très-pesante et volumineuse. Lorsque de nouvelles pièces de cuivre sortirent en 1797 de la Monnaie anglaise, sous Boulton et Watt, les pièces avaient presque leur valeur réelle, c'est-à-dire environ une once par penny. Il y avait à cela un double inconvénient. Seize pence pesaient une livre, et sur ce pied-là, nous porterions aujourd'hui dans nos poches un poids trois fois aussi considérable qu'avec notre monnaie actuelle. De plus, le prix du cuivre s'étant élevé, les pence de Boulton eurent plus de valeur comme métal que comme monnaies, et furent employés aux usages du métal malgré leur belle exécution.

La première mesure à prendre, et la plus simple, était de réduire le poids du penny et d'en faire une monnaie à valeur conventionnelle, un jeton. Les anciens pence de Victoria ne pesaient déjà plus que 290 grains chacun, au lieu de 433, ce qui était une réduction d'un tiers environ sur les monnaies de Boulton et de Watt. Le penny de bronze a été réduit davantage encore et doit maintenant peser 145 grains et huit dixièmes.

Deux inconvénients peuvent résulter d'une réduction trop grande et trop rapide dans le poids des monnaies jetons. On risque de voir la population repousser les pièces nouvelles comme étant d'une légèreté frauduleuse. C'est ce qui arriva lorsqu'en France, en 1794, le gouvernement révolutionnaire frappa de nouvelles pièces en cuivre de cinq et de dix centimes, au taux d'un gramme par centime, ce qui était la moitié du taux précédent. Le gouvernement fut obligé de retirer la monnaie légère et d'en émettre de nouvelle avec l'ancien poids. Ce fut seulement du temps de Napoléon III que l'on put remettre en circulation des monnaies d'un gramme par centime. Il faut donc habituer le public à recevoir des jetons très-légers, et la réduction doit s'opérer très-graduellement.

En second lieu, si le métal est facile à frapper ou à travailler, comme le cuivre, s'il ne prend pas une très-bonne empreinte, s'il y a pour le bénéfice une marge considérable, la tentation peut devenir forte pour les faux-monnayeurs. Je ne sache pas que cela soit jamais arrivé pour la monnaie de cuivre anglaise ; mais on a fréquemment fabriqué en grande quantité des sous contrefaits, au faubourg Saint-Antoine, à Paris, presque sous les yeux du gouvernement.

Enfin le cuivre pur donne des monnaies médiocres, d'une dureté insuffisante, et qui sont bientôt défigurées ; il a une odeur désagréable qu'il communique aux doigts ; et quand il est exposé à l'air humide il se couvre de vert-de-gris, qui est en même temps sale et vénéneux. Je vais considérer les différents moyens par lesquels on a essayé de substituer aux pièces de cuivre une monnaie plus commode.

MONNAIE DE BILLON

Les pennys et les pièces de deux pence, si on les faisait maintenant en argent au titre, comme les pièces du Jeudi Saint, seraient trop petites et trop légères pour être commodes, et pèseraient, l'une 7 grains 1/4, l'autre 14 1/2. La pièce même de trois pence, maintenant si commune en Angleterre, et qui pèse 21 grains 8, est d'une petitesse incommode. Pendant très-longtemps on n'a pas frappé en Angleterre de monnaie d'argent dont le titre fût inférieur à l'ancien titre légal de 925 sur 1000. Dans plusieurs pays du continent la petite monnaie a souvent été faite d'un alliage très-bas d'argent et de cuivre, appelé *billon*. Des monnaies de ce genre, qui ne contenaient qu'une partie d'argent sur cinq d'alliage, avaient autrefois cours en France ; mais depuis longtemps elles ont été retirées.

En Norvége la petite monnaie se compose actuellement en partie de pièces d'un demi-skilling et d'un skilling en cuivre, le skilling équivalant à peu près au demi-penny anglais ; mais elle consiste surtout en pièces de deux, de trois, de quatre skillings, faites d'un billon contenant, suivant une analyse qu'on m'a faite au laboratoire chimique d'Owens College, une partie d'argent sur trois de cuivre. Ces pièces de billon ont des dimensions très-commodes, et, comme elles sont pour la plupart nouvellement frappées, elles sont propres et nettes. On frappe encore du billon en Autriche.

C'est dans les états formant aujourd'hui l'empire d'Allemagne que l'usage du billon a reçu le plus d'extension, particulièrement en pièces de trois, de quatre et de six kreutzers ; on retire actuellement la monnaie que les Allemands appellent *scheidemünze*. Elle est composée d'argent allié avec trois et quatre fois son poids de cuivre, ou même davantage. Avant de faire passer sous le balancier cet argent de bas aloi, on a l'habitude de dissoudre le cuivre à la surface des rondelles de métal, de manière à y laisser une couche blanche d'argent pur. Cette opération, qui s'appelle la *mise en couleur*, donne aux pièces neuves un bel aspect brillant, et permet de les mettre facilement en circulation. Mais au bout de peu de temps la couche d'argent est usée et les pièces présentent un aspect misérable. La monnaie de billon semble aussi jouir d'un pouvoir extraordinaire pour accumuler à sa surface une couche de malpropreté du caractère le plus désagréable, avec laquelle sont bien familiarisés tous ceux qui ont naguère voyagé en Allemagne. En outre elle offre de grandes facilités à la contrefaçon, et il y a plusieurs raisons sérieuses de n'en pas recommander l'adoption.

MONNAIE COMPOSITE

On dit que saint Louis, le grand roi de France, se trouvant fort dépourvu de petite monnaie pour payer ses soldats, imagina de faire tailler de petits bouts de fil d'argent, du poids de neuf et de dix-huit grains, et de les faire attacher sur des morceaux de cuir estampé. L'argent donnait la valeur à ces monnaies, le cuir servait à les manier, et à empêcher que le petit bout de métal ne se perdît. A des époques plus récentes, des pièces composites, dont le centre était formé d'argent avec un anneau de cuivre, ont été exécutées sur des principes semblables. Un modèle de penny de ce genre est d'un aspect agréable et de dimensions commodes, mais paraît soulever plusieurs objections. Les frais de monnayage seraient considérables ; il serait difficile d'exécuter les pièces avec assez de perfection pour que la pièce centrale ne se détachât jamais; le contact de métaux différents produirait une action électro-chimique, et le cuivre serait corrodé ; enfin il serait difficile de distinguer les pièces fausses d'argent introduites par le faussaire. Des pièces composites d'un genre analogue furent frappées en France sous Napoléon Ier, vers 1810, mais n'eurent jamais cours. Des pennys formés d'un centre de cuivre avec un rebord de laiton ont été employés en Angleterre, et des pence, des demi-penny ou des farthings d'étain, avec un bouton de cuivre inséré au centre, furent longtemps en usage, et se trouvent en abondance dans les cabinets des numismates.

MONNAIE DE BRONZE

On savait, même dans les âges préhistoriques, qu'une faible quantité d'étain communiquait de la dureté au cuivre, et les nations anciennes étaient familiarisées avec l'emploi du bronze ainsi obtenu. En France le gouvernement de la révolution fondit les cloches des églises, après les avoir saisies, et les *sous de cloche*, ainsi qu'on les appelait, faits avec ce métal, étaient supérieurs aux pièces de cuivre pur. Cependant, et le fait est assez curieux, aucun gouvernement moderne n'avait pensé à employer, pour la petite monnaie, un bronze bien choisi, lorsque le gouvernement du dernier empereur des Français entreprit en 1852 la refonte des sous anciens. Cette opération eut un grand succès.

Entre les années 1853 et 1867, on frappa une quantité de sous d'une valeur nominale de cinquante millions de francs environ, consistant en huit cents millions de pièces, et pesant onze millions de kilogrammes ; plus tard on y ajouta une émission d'environ deux cents millions de pièces. Le succès de l'expérience ne laissa presque rien à désirer. Les pièces de cinq et de dix centimes qui circulent maintenant en France sont des modèles de bon monnayage, avec une empreinte peu saillante, mais nette et distincte. Elles furent acceptées sans difficulté par le public, quoique leur poids fût celui des sous qui avaient été repoussés lors de la révolution, c'est-à-dire un gramme par centime : enfin elles résistent bien au frai.

Le bronze employé consiste en 95 parties de cuivre, quatre d'étain, et une de zinc. Il est beaucoup plus dur que le cuivre, et cependant il reçoit très-bien l'empreinte du coin, et la conserve longtemps. Il ne peut être frappé qu'à l'aide d'un balancier assez puissant, ce qui rend la contre-façon presque impossible. A peine se corrode-t-il par l'exposition à l'air ou à l'humidité ; il acquiert seulement une patine naturelle, formée par une couche mince d'oxyde de cuivre, qui fait ressortir les parties usées du dessin et augmente la beauté de la pièce.

Depuis lors, des monnaies de bronze ont été frappées par les gouvernements d'Angleterre, des Etats-Unis, d'Italie et de Suède, et il paraît probable qu'elles remplaceront partout les monnaies de cuivre. Le gouvernement allemand commence maintenant à employer le bronze pour les pièces d'un pfennig.

MONNAIE DE BRONZE ANGLAISE

Les vieilles monnaies de cuivre du Royaume-Uni ont été remplacées, depuis une quinzaine d'années, par une série beaucoup plus commode et plus élégante de pence, de demi-

pence et de farthings, composées exactement du même
bronze que les centimes français. Les pièces anglaises, quoiqu'elles soient loin d'être aussi bien exécutées que les françaises, sont propres, et semblent devoir bien résister au
frai. La seule objection sérieuse qu'elles puissent soulever,
c'est que leur poids et leurs dimensions sont encore trop
considérables, bien qu'inférieurs à ceux des anciennes pièces
de cuivre. Comme ces dernières sont maintenant toutes retirées, et que, parmi les nouvelles, il ne peut pas encore y
en avoir beaucoup de perdues ou de détruites, nous savons
fort exactement quelle est aujourd'hui la valeur totale de la
monnaie divisionnaire anglaise. Voici les quantités émises
de 1861 à 1873 :

	Poids en tonnes	Nombre de pièces	Valeur nominale en livres sterling
Pennies.	1,585	170,419,000	710,082
Demi-pennies . .	918	164.505,000	342,719
Farthings	149	53,594.000	55.826
	2,652	388,518,000	1,108,627

En y joignant une faible quantité de pièces émises avant
1861, la valeur totale de la monnaie de bronze en circulation à la fin de 1873, était de 1,143,633 livres sterling. Il est à
remarquer que la quantité de petite monnaie employée en
Angleterre est bien moindre qu'en France, où il circule environ un milliard de pièces, surtout de dix et de cinq centimes.
Ainsi, tandis que les Anglais, les Ecossais et les Irlandais semblent avoir assez de 8 pence 1/2 par tête, les Français emploient en moyenne 1 franc 60 centimes, les Belges 2 francs
26 centimes, et les Italiens 3 francs 10 centimes.

POIDS DE LA MONNAIE

Il est curieux que les poids des divers genres de monnaie
varient en raison inverse de leur valeur nominale : ainsi, en
admettant que le numéraire en papier du Royaume-Uni
monte à 40 millions sterling, l'or à 100 millions, en chiffres
ronds, l'argent à 15 millions, et le bronze à la valeur que

nous avons indiquée, je trouve que voici les poids approxi-
matifs :

Numéraire en papier	18 tonnes
Or	788 —
Argent	1,670 —
Bronze	2,652 —
	5,124 tonnes

Il est impossible de montrer par une raison satisfaisante
que la partie de la monnaie qui a le moins de valeur doit dépasser d'une façon si marquée le poids des autres. Il résulte
de là que les pence tendent à s'accumuler dans les mains
des détaillants, et particulièrement des cabaretiers , des
propriétaires d'omnibus et des éditeurs de journaux. A une
certaine époque les brasseurs de Londres avaient entre les
mains une telle quantité de pièces de bronze leur venant
de leur débit, que la Monnaie trouvait quelquefois son
avantage à les leur acheter, au lieu d'en frapper de nouvelles. Dans les grandes villes on a pris des arrangements pour
se défaire avec le moins d'embarras et de perte possible des
monnaies de bronze qui s'accumulaient ; cette monnaie se
transporte chaque semaine dans les usines et les manufac-
tures, où elle est employée à payer les salaires. Les banquiers
refusent de recevoir la monnaie de bronze dès qu'elle dépasse la somme d'un shelling, pour laquelle elle a cours
forcé, et l'on voit bien des personnes qui n'aiment pas recevoir en bronze plus de 2 ou 3 pence.

Il y aurait intérêt à chercher si cette tendance de la monnaie divisionnaire à la stagnation ne trouverait pas son remède
dans son remplacement par une monnaie beaucoup plus légère et plus élégante composée soit de nickel, soit de quelque alliage qu'il faudrait inventer. En France, on a reconnu
que la monnaie de bronze circule beaucoup plus facilement
que les anciens sous de cuivre et de métal de cloche, qui
tendaient à s'accumuler dans certaines localités. Les pence
de bronze anglais sont meilleurs que les anciens pence de
cuivre ; mais il ne s'ensuit pas que nous soyons près de la perfection. Des pièces moitié moins pesantes que les pièces actuelles seraient beaucoup plus commodes.

NICKEL, MANGANÈSE, ALUMINIUM, ET AUTRES MÉTAUX OU ALLIAGES

Nous avons déjà parlé de l'emploi du nickel pour la fabrication de la petite monnaie (pag. 41); si les conditions de l'offre et de la demande de ce métal étaient moins variables, peut-être n'aurions-nous pas besoin d'en chercher un meilleur. L'alliage de nickel et de cuivre ordinairement employé est dur et difficile à frapper; mais il prend une belle empreinte qui probablement résistera longtemps au frai. Il est donc vraisemblable que la monnaie de nickel ne sera pas contrefaite, et sa couleur particulière difficile à décrire la distingue facilement de la monnaie d'or et d'argent. Cependant les progrès de la métallurgie nous ont fait connaître plusieurs métaux et beaucoup d'alliages nouveaux. Il est fort probable qu'on trouvera dans la suite quelque matière nouvelle pour la monnaie divisionnaire. Le docteur Percy, songeant au prix croissant du nickel, émet l'idée que le manganèse pourrait lui être substitué ; car il donne des alliages d'un caractère similaire, et peut être obtenu en quantités plus considérables.

Le docteur Clemens Winkler recommande fortement l'aluminium comme très-propre à la fabrication de la monnaie. Des pièces d'essai marquées « ⅛ de réal 1872, » ont été frappées, et l'on en peut voir une au Musée monétaire, à la Monnaie de Paris. Ce métal a une couleur caractéristique d'un blanc bleuâtre; mais son grand avantage est sa faible densité. La pièce d'essai en question, dont un exemplaire m'a été fourni par M. Roberts, le chimiste de la Monnaie de Londres, a deux centimètres de diamètre, c'est-à-dire un peu plus que la pièce de six pence; elle est beaucoup plus épaisse, et ne pèse pourtant qu'un gramme. Si nos pence et nos demi-pence étaient aussi légers et aussi commodes que cette monnaie, nous en pourrions porter une grande quantité dans la poche sans être incommodés. La principale difficulté qui s'oppose à l'adoption de ce nouveau métal tient à l'incertitude du prix auquel il peut être obtenu. On ne sait pas non plus combien de temps il durerait. Mais quand même on trouverait que l'aluminium pur ne convient pas au monnayage, on pourrait lui substituer quelques-uns de ses remarquables alliages. M. Graham, dernier directeur de la Monnaie, avait une série de pièces d'essai, d'un à dix *cents*, frappées avec ce qu'on appelle le bronze d'aluminium

Je ne crains pas de dire qu'une des meilleures substances possibles pour la petite monnaie serait l'acier, pourvu qu'on pût le préserver de la rouille. Des monnaies d'acier seraient difficiles à frapper, mais une fois frappées on pourrait les tremper de manière à les rendre presque indestructibles. Le peu de prix de cette matière permettait de les produire en grandes quantités à peu de frais, tandis que les faux-monnayeurs ne trouveraient aucun profit à les imiter. On pourrait donc n'attacher aucune importance à la valeur métallique des pièces, auxquelles on donnerait les dimensions les plus commodes, c'est-à-dire à peu près celles du six pence et du shelling Sir John Herschel a émis l'idée, — dans sa « Géographie Physique, p. 289 », — que l'acier paraît être préservé de la rouille quand il est allié à une petite quantité de nickel; tel est du moins le cas pour le fer des aérolithes. Il est fort à souhaiter qu'un alliage de ce genre soit soumis à des expériences sérieuses. M. Roberts m'apprend que l'argent peut aussi s'allier avec le fer ou l'acier, et que l'on a proposé pour le monnayage des composés de cette nature. Un alliage d'argent, de cuivre, et de zinc a même été soumis à une expérience complète en Suisse, où il est employé pour des pièces de vingt, de dix et de cinq centimes. Ces monnaies sont de dimensions commodes; mais leur couleur est un blanc jaunâtre d'un assez pauvre effet. Aucune autre contrée, que je sache, ne les a adoptées, et il semble qu'il soit tout-à-fait inutile d'y introduire de l'argent; car il serait probablement facile de produire, sans recourir à ce métal, un alliage de même couleur.

Il est malheureux pour ce qu'on pourrait appeler la technologie monétaire, que l'étude de cette science soit presque nécessairement réservée au petit nombre de personnes auxquelles les gouvernements confient l'administration de leurs Monnaies. Nous ne pouvons donc nous attendre à ce que la production de la monnaie fasse les mêmes progrès

que les autres industries, que stimule énergiquement la liberté de la concurrence. De plus, on trouve rarement l'occasion de mettre à une épreuve suffisante une monnaie nouvelle quelconque ; dans une circulation aussi active et aussi
étendue que celle du Royaume-Uni il est impossible d'exécuter des expériences. Mais on peut émettre l'idée que la
Monnaie d'Angleterre, dans les monnaies qu'elle fournit
à quelques-unes de nos petites colonies ou de nos posessions,
trouve des occasions admirables d'expérimenter de nouveaux projets. Cette expérience ne coûterait rien aux colonies; car le gouvernement anglais, en frappant pour elles
quelques centaines de livres de petite monnaie, pourrait
aisément s'engager à les retirer à ses frais si, au bout de
quelques années, on les trouvait d'un usage incommode.

CHAPITRE XII

Depuis que les grandes découvertes d'or en Californie et
en Australie ont commencé à changer la valeur de ce métal
relativement à l'argent et aux autres marchandises, on n'a
jamais cessé de discuter sur l'unité de valeur ou étalon qui
devrait être adopté définitivement. On a vu des partisans de
l'étalon d'argent, maintenant suranné, du double étalon, et
de l'étalon d'or. Comme nous possédons depuis longtemps
en Angleterre un étalon d'or, ces discussions n'ont pou
nous qu'un intérêt secondaire, bien qu'on pût composer
toute une bibliothèque des livres qui ont été écrits à ce
sujet par des économistes distingués de France, de Belgique,
d'Allemagne, de Suisse, d'Italie et de Hollande. Les changements opérés dans les monnaies d'Europe depuis 1849 sont
considérables. Quelques nations ont plus d'une fois changé
toute l'économie de leur système. La Hollande, prévoyant
une grande baisse dans la valeur de l'or, adopta l'argent
comme étalon unique en 1850. Ce changement ne put s'effectuer qu'avec une perte pécuniaire considérable, et la Hollande, on le comprend sans peine, est encore exposée à de
nouveaux embarras et à des dépenses nouvelles, soit qu'elle
adopte, comme l'Allemagne, un étalon d'or unique, soit
qu'elle admette en même temps une monnaie d'argent à
cours restreint, comme la Belgique et les autres alliés monétaires de la France.

Depuis le temps de Locke jusqu'à celui de lord Liverpool,
les avantages comparatifs de l'or et de l'argent, comme principale mesure de valeur, ont servi de matière à de fréquentes discussions entre les écrivains politiques anglais.
Locke et la plupart de nos anciens économistes anglais
soutenaient l'argent. Lord Liverpool fit adopter définitivement l'or, et l'opinion actuelle se prononce énergiquement
dans le même sens. Plusieurs pays ont changé récemment
l'étalon d'argent pour l'étalon d'or, et, depuis l'exemple isolé
donné par la Hollande, aucune nation n'a passé de l'or à
l'argent. L'Autriche même, qui paraît encore rester fidèle à
l'étalon d'argent, a fait un pas vers le changement en frappant des pièces d'or de dix et de vingt francs. En effet on lit
ces mots « 10 francs » et « 20 francs, » aussi bien que ceux
de « 4 gulden » et de « 8 gulden, » sur les nouvelles monnaies d'or de l'empire austro-hongrois.

LE DOUBLE ÉTALON

L'étalon unique d'argent ayant été abandonné dans la pratique pour les monnaies européennes, la lutte s'est engagée
plus récemment entre les partisans du double étalon, représenté par la circulation de la France et par la convention
monétaire de l'Europe occidentale, et ceux qui soutiennent
un étalon d'or combiné avec des monnaies auxiliaires d'argent et de métaux inférieurs, c'est-à-dire un système analogue au système anglais. Les avantages du double étalon ont
été développés et défendus avec talent par MM. Wolowski,
Courcelle-Seneuil, Seyd, Léon, Prince Smith et d'autres,
tandis que MM. Chevalier, de Parieu, Hendriks, Frère Orban,
Levasseur, Feer-Herzog et Juglar, comptaient parmi les
principaux partisans de l'étalon d'or. Les ouvrages qu'on a
écrits à ce sujet sont nombreux, et rebuteraient la plupart
des lecteurs; mais j'essaierai d'exposer avec brièveté les
principaux arguments.

Tout d'abord, je donne pleinement mon assentiment, en
théorie, à ce que dit M. Wolowski de l'action compensatrice
du système à double étalon. Les écrivains anglais me semblent tomber à cet égard dans une erreur complète, quand
ils avancent que ce système nous expose aux fluctuations les

plus fortes dans la valeur des deux métaux. Assurément, si
l'or ou l'argent ont tous deux cours forcé d'une manière illimitée, il y aura tendance à effectuer les paiements avec
celui des deux métaux qui reçoit une valeur exagérée dans
le rapport légal de 15 1/2 à 1. C'est seulement quand l'argent au titre vaut exactement 5 shellings et 13/16 de penny
par once qu'il est indifférent en France de payer en or ou
en argent; or c'est bien rarement que ce prix exact a été
coté sur le marché de Londres dans les trente dernières
années. On a donc affirmé que le double étalon n'est pas
réellement double, mais que c'est un *étalon alternativement
d'or et d'argent*. Quand l'argent vaut moins de 5 shellings
et 13/16 de penny l'once, il devient l'étalon; quand il s'élève
au-dessus de ce prix, c'est l'or qui prend sa valeur comme
mesure réelle de valeur.

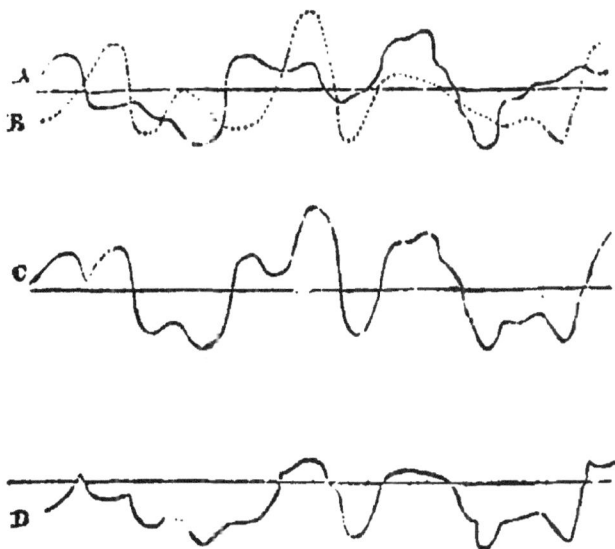

Jusque là les économistes anglais ont raison; mais d'abord
il n'en résulte pas que les prix des marchandises suivent,
ainsi que plusieurs écrivains l'ont déclaré sans réfléchir assez, les écarts les plus considérables dans la valeur relative
des deux métaux. Les prix dépendent seulement du cours
du métal dont la valeur vient à tomber au-dessous du rapport légal de 15 1/2 à 1. Maintenant si, dans la figure ci-
dessus, nous représentons par la ligne A la variation dans

valeur de l'or relativement à celle d'une troisième marchandise, telle que le cuivre, et par la ligne B les variations correspondantes dans la valeur de l'argent, alors, en superposant et combinant ces deux courbes, la ligne C serait la courbe qui exprimerait les fluctuations *extrêmes* des deux métaux. Or l'étalon ou mesure de valeur est toujours le métal dont la valeur est en baisse; donc c'est la courbe D qui montre en réalité les variations de l'étalon. Cette ligne subit sans doute des ondulations plus fréquentes que celles de la courbe de l'or ou de la courbe de l'argent ; mais les fluctuations ont une amplitude moins considérable, et c'est de beaucoup le point le plus important.

ACTION COMPENSATRICE DU DOUBLE ÉTALON

Ce n'est pas la seule erreur des écrivains anglais. En réfléchissant un peu nous devons reconnaître que MM Wolowski et Courcelle-Seneuil sont tout-à-fait dans le vrai quand ils avancent qu'une action *compensatrice* est produite par la loi française sur les monnaies, et que cette action tend à donner à la valeur de l'or comme à celle de l'argent plus de stabilité qu'elles n'en auraient autrement. Si l'argent dépasse, relativement à l'or, la valeur qui lui est assignée par le rapport de 1 à 15 1/2, il en résulte une tendance à importer de l'or dans le pays qui possède le double étalon, de sorte qu'il peut y être monnayé, s'échanger contre un poids de monnaie d'argent d'une valeur légale équivalente, et s'exporter de nouveau. Et ce n'est pas la théorie seulement qui nous l'indique ; les choses se sont passées ainsi en France jusqu'au moment où la masse principale de la monnaie, qui était surtout composée d'argent en 1849, fut en 1860, composée presque uniquement d'or. La France absorbait en quantités considérables le métal qui était en baisse, et elle émettait le métal en hausse ; ce qui avait nécessairement pour effet de maintenir la baisse de l'or et la valeur de l'argent entre des limites qui sans cela auraient été dépassées. Il est clair que, si la valeur de l'or augmentait relativement à l'argent, l'action contraire se produirait : l'or serait absorbé et l'argent mis en liberté. Sans doute, à un moment donné

quelconque, l'étalon de valeur est l'un ou l'autre métal, et
non tous les deux à la fois ; mais le fait même de cette alter-
nance tend à diminuer beaucoup les variations de l'un et de
l'autre. Il ne peut empêcher les deux métaux d'augmenter
ou de diminuer de valeur relativement aux autres marchandises ; mais il peut affaiblir l'amplitude des variations en les
étendant sur une surface plus considérable, au lieu de laisser
chaque métal livré à des accidents purement locaux.

Imaginez deux réservoirs d'eau dont chacun, indépendamment de l'autre, reçoit et distribue le liquide en quantités variables. Si aucune communication n'existe entre eux,
le niveau de l'eau dans chacun des réservoirs ne sera sujet
qu'à ses propres fluctuations. Mais si nous établissons une
communication, l'eau dans les deux réservoirs tendra à prendre un certain niveau moyen, et si l'eau est, d'un côté ou de
l'autre, reçue ou dépensée en quantité excessive, l'effet se
répartira sur l'aire totale des deux réservoirs. La masse des
métaux qui circulaient dans l'Europe occidentale pendant
ces dernières années, est exactement représentée par l'eau
de ces réservoirs, et le tuyau de communication est la loi
du 7 germinal an XI, qui permet à chaque métal de prendre
la place de l'autre comme monnaie à cours forcé illimité.

DÉMONÉTISATION DE L'ARGENT

M. Wolowski s'est efforcé de mettre l'Europe en garde
contre le danger qu'il y aurait à abroger la loi du double
étalon et à démonétiser l'argent. L'Allemagne, en adoptant
un étalon d'or, occasionne pour l'or une demande considérable, et en même temps jette sur le marché les pièces
d'argent par millions. L'Autriche, le Danemarck, la Suède et
la Norwége vont probablement suivre son exemple. Si d'autres pays cherchaient à se pourvoir en même temps d'une
monnaie d'or, il est évident que la valeur de l'or tendrait à
s'élever relativement à celle de l'argent, qui subirait une dépréciation considérable. Si la France, l'Italie, la Belgique,
et d'autres états qui maintenant possèdent, en théorie du
moins, le double étalon, laissaient pleine liberté à l'action de
leurs lois monétaires, l'argent déprécié affluerait chez eux

pour remplacer l'or en hausse, et le changement dans les valeurs des deux métaux serait ainsi modéré. M. Wolowski assure que si cette action compensatrice est suspendue, et si la démonétisation de l'argent se poursuit, il en résultera nécessairement une hausse désastreuse dans la valeur de l'or devenu ainsi la seule mesure légale de valeur. Toutes les dettes privées et publiques devront, d'après la loi, être payées en or, et toutes les charges s'accroîtront considérablement.

Depuis un ou deux ans déjà les prédictions de M. Wolowski paraissent se vérifier jusqu'à un certain point. Le prix de l'argent au titre, qui était auparavant de 62 pence 1/2 l'once, est déjà tombé à 57 pence 3/4, quoique la démonétisation de l'argent en Allemagne ne soit effectuée qu'en partie. Tout l'effet des grandes découvertes d'or avait été d'élever le prix de l'argent de 59 pence 3/4 à 62 1/2, pendant que le système du double étalon fonctionnait ; mais depuis que l'on en a suspendu l'action, ainsi que nous le verrons, les opérations de monnayage d'un seul gouvernement peuvent exercer sur le prix du métal une influence plus marquée.

Tout en reconnaissant que les idées de M. Wolowski sont tout-à-fait irréfutables au point de vue théorique, et qu'elles sont justifiées jusqu'à un certain point par le cours des événements, je ne puis faire autrement que de m'en tenir à l'opinion que j'ai, en 1868, exprimée sur sa demande, et qui a été publiée dans son volume « l'Or et l'Argent » (p. 62).

La question paraît être tout-à-fait une question de mesure, et faute d'informations précises elle est tout-à-fait indéterminée. Si toutes les nations du globe voulaient tout-à-coup et simultanément démonétiser l'argent, pour le remplacer par la monnaie d'or, une révolution dans la valeur de l'or serait inévitable. Mais M. Wolowski paraît oublier que les nations européennes ne composent qu'une faible partie de la population du globe. Les centaines de millions d'hommes qui habitent l'Inde et la Chine, et d'autres parties des régions orientales et tropicales, emploient des monnaies d'argent, et il n'est nullement à craindre qu'elles opèrent dans leurs habitudes un changement soudain. Le gouvernement anglais a essayé à plusieurs reprises d'introduire une circulation d'or dans ses possessions indiennes, mais il a toujours

échoué, et le numéraire en or qui circule actuellement dans
ces pays, ne dépasse pas, à ce qu'on suppose, la dixième
partie de la circulation métallique. Quoique l'Allemagne, en
versant sur le marché quarante ou cinquante millions sterling d'argent, puisse abaisser pour quelques années le prix
de ce métal, celui-ci pourra être absorbé graduellement et
sans difficulté par les nations orientales, chez lesquelles,
depuis deux ou trois mille ans, se dirige un courant inces-
sant de métaux précieux partant de l'Europe. Quand même
d'autres nations démonétiseraient l'argent l'une après l'autre,
l'Orient serait encore capable d'absorber tout ce qu'on lui
enverrait, pourvu que l'opération ne fût pas effectuée avec
trop de rapidité.

Quant à la nécessité de remplacer l'argent par l'or, il n'est
pas évident qu'elle doive amener une disette de ce dernier
métal. L'adoption de l'étalon d'or n'implique pas nécessairement le monnayage d'une grande quantité d'or ; car certains
pays, comme la Norwége, l'Italie ou l'Écosse, peuvent avoir
recours au papier pour former presque en entier la masse
principale de leur circulation. Dans d'autres pays, comme
la France et l'Allemagne, le système des chèques et des
virements, que nous examinerons plus loin, peut être graduellement introduit et réduire dans une proportion très-
notable l'usage de la monnaie métallique. La production de
l'or dans les mines est encore très-considérable, et rien ne
nous dit qu'elle ne sera pas accrue par de nouvelles découvertes dans la Nouvelle-Guinée, l'Afrique du Sud, l'Amérique
du Sud et celle du Nord, et ailleurs encore.

En somme donc, le montant de la production et de la demande pour les deux métaux précieux dépend d'une foule
d'accidents, de changements, de décisions législatives qu'il
est impossible de prévoir avec certitude. Le prix de l'argent
a baissé par suite de la réforme de la monnaie allemande;
mais il n'est nullement certain qu'il baissera davantage.
Qu'une grande hausse se produise dans le prix d'achat de
l'or, c'est là une pure hypothèse. Nous ne pouvons que hasarder quelques conjectures à ce sujet, et si j'en voulais hasarder une, je dirais que ce prix ne s'élèvera probablement
point. Depuis 1851 l'or n'a pas cessé de baisser, et sans doute

des demandes d'or plus considérables ne feraient pas autre chose que ralentir ou tout au plus arrêter le progrès de la dépréciation.

DÉSAVANTAGES DU DOUBLE ÉTALON

Tandis que les arguments invoqués pour maintenir le système du double étalon ne reposent que sur des hypothèses, les inconvénients de ce système n'ont rien de douteux. Sans doute tant qu'il n'a eu d'autre résultat que de substituer de belles monnaies d'or, napoléons, demi-napoléons et pièces de cinq francs, aux anciens écus d'argent, qui étaient si lourds, il n'y avait pas lieu de se plaindre, et les Français admiraient l'action de leur système compensateur. Mais lorsque, il y a un ou deux ans, il devint évident que la grosse monnaie d'argent revenait, tandis que les monnaies d'or allaient probablement former la monnaie métallique des autres nations, la question prit un autre aspect. En résumé les Français se sont habitués à l'emploi de l'or, et il n'est pas probable qu'ils veuillent revenir à une monnaie quinze fois aussi lourde et encombrante. En outre, le changement occasionne une perte générale à la communauté, que l'on paie avec un métal dont la valeur est amoindrie; et une partie du bénéfice est recueillie par les commerçants en métaux, les changeurs, les banquiers, pour qui la loi du 7 germinal an XI crée un commerce factice de monnaies d'or et d'argent. Les hommes d'État des pays qui conservent encore le double étalon doivent avoir reconnu que les autres nations ne montraient aucune tendance à adopter le même système. Si donc la France continuait à agir comme un grand pendule compensateur pour la monnaie, toute la perte et les embarras seraient pour elle, tandis que d'autres nations partageraient avec elle l'avantage qui résulte d'une stabilité plus grande dans la valeur des métaux précieux. Les fondateurs de la Convention Monétaire et les avocats de la Monnaie Internationale n'ont jamais eu l'intention de se sacrifier si complétement pour le bien du monde. Aussi ont-ils en réalité abandonné le double étalon.

Lorsqu'on reconnut qu'il se produisait une tendance nouvelle à frapper en grandes quantités des pièces de cinq francs

en argent, le gouvernement français en arrêta aussitôt
la fabrication Depuis lors un arrangement a été conclu
d'année en année entre la France, la Suisse, la Belgique et
l'Italie, afin que chaque pays ne frappât qu'une quantité
d'écus en argent proportionnelle à sa population. Une convention tendant au même but avait eu lieu auparavant pour
la monnaie d'argent à valeur conventionnelle, c'est-à-dire
pour les pièces de deux francs et au-dessous; mais la fabrication des écus, qui en théorie étaient frappés à valeur
pleine et avaient cours forcé pour des sommes illimitées,
n'était sujet à aucune restriction. Le résultat de la limitation
actuellement imposée au monnayage est de détruire l'action
du système à double étalon. L'argent, frappé seulement en
quantités limitées, ne peut remplacer ou chasser l'or, et les
pièces de cinq francs, bien qu'elles aient plus de valeur que
cinq pièces d'un franc, valent moins que le quart de la pièce
de vingt francs en or. Quoiqu'elles conservent encore cours
forcé jusqu'à une valeur illimitée, on ne peut sans doute
se les procurer en quantités illimitées, et par conséquent
elles sont réduites, dans la pratique, au rôle de monnaies
à valeur conventionnelle. En changeant aussi peu que
possible leurs dispositions législatives, la France et les
autres gouvernements appartenant à la Convention Monétaire ont ainsi abandonné le double étalon dans la pratique,
et en ont adopté un qui ne se distingue guère du cours forcé
composite de l'Angleterre et de l'Allemagne. Depuis 1810 la
monnaie de cuivre ou de bronze n'a jamais eu cours légal
que jusqu'à concurrence de 4 francs 99 centimes, et depuis
que le titre de la petite monnaie d'argent a été abaissé, le
cours forcé de cette monnaie même a été limité à 50 francs
pour les paiements entre particuliers, et à 100 francs pour
les paiements aux caisses publiques. L'écu d'argent est le
seul lien par lequel la France reste attachée au double étalon, et ce lien est à demi rompu.

Il est à remarquer que les changements ainsi opérés dans
la circulation de l'Europe occidentale sont presque identiques à ceux par lesquels les États-Unis avaient auparavant
abandonné le double étalon. Jusqu'en 1853, le dollar d'argent
des États-Unis était une pièce de métal au titre qui

avait un cours forcé illimité, en même temps que la monnaie d'or, c'est-à-dire les aigles et les fractions d'aigle. Le rapport légal de l'argent à l'or était, pour le poids, de 16 à 1, au lieu de 15 ½ à 1, comme en France. Il fallait ainsi plus d'argent en Amérique qu'ailleurs pour effectuer un paiement légal : on préférait donc naturellement payer en or, et l'argent était exporté. Pour remédier à cet état de choses, le gouvernement de Washington, en 1853, fit du demi-dollar et des petites pièces d'argent des monnaies à valeur conventionnelle. Quoique les pièces d'un dollar conservassent le titre et le poids légal, elles furent frappées en si petite quantité que cela équivalait à une véritable suppression. La prédominance d'un numéraire en papier ne pouvant se convertir en espèces suspendit quelque temps la question de la monnaie métallique. L'acte du monnayage du congrès des États-Unis fut mis à exécution le 1ᵉʳ avril 1873, et fit de la pièce d'un dollar en or la seule unité de valeur, tandis que pour le nouveau dollar d'argent, le demi-dollar et ses subdivisions, il limitait le cours forcé à des sommes qui ne devaient jamais dépasser cinq dollars dans aucun paiement. Ainsi le double étalon, qui auparavant existait en théorie, était définitivement aboli, et les États-Unis s'ajoutaient à la liste des nations adoptant l'étalon d'or.

LES DIFFÉRENTS SYSTÈMES MONÉTAIRES DU GLOBE

En passant en revue les changements qui se sont récemment produits dans les monnaies des principales nations, nous constatons une tendance incontestable à faire de l'or la mesure de la valeur et le seul moyen principal d'échange. Ce système est adopté maintenant par la Grande-Bretagne et l'Irlande, les colonies australiennes et la Nouvelle-Zélande, les colonies africaines et plusieurs des petites possessions de l'empire anglais. Il a existé quelque temps au Portugal, en Turquie, en Egypte et dans plusieurs des États de l'Amérique du Sud, tels que le Chili et le Brésil. Des lois récentes viennent de l'établir dans l'empire d'Allemagne et dans les royaumes scandinaves de Danemark, de Norwége et de Suède, où l'on émet actuellement une monnaie d'or, et où la principale monnaie légale est la pièce de vingt kroner. Le Japon même a imité les nations Européennes et adopté une monnaie d'or composée de pièces de vingt, de dix, de cinq, de deux et de un *yen*; le *yen* n'étant que de trois millièmes inférieur en valeur au dollar d'or américain. La nouvelle monnaie divisionnaire du Japon consistera en pièces d'argent de cinquante, de vingt, de dix et de cinq *sen*. Le *sen* correspond au *cent* américain; c'est une monnaie à valeur conventionnelle au titre de 8 dixièmes de métal fin.

Le double étalon se maintient encore théoriquement en France, en Italie, en Belgique et en Suisse. L'Espagne, la Grèce et la Roumanie ont aussi réformé récemment leur monnaie à l'imitation du système français, et doivent être considérées, si je ne me trompe, comme ayant un double étalon. Dans le Nouveau-Monde, le Pérou, l'Équateur et la Nouvelle-Grenade comptent parmi les partisans du même système.

Il y a quelques années on pouvait dire qu'une très-grande partie de l'Europe conservait l'ancien système d'un étalon d'argent unique, avec quelques monnaies d'or qui circulaient, à des taux variés comme monnaies commerciales. Le Sud et le Nord de l'Allemagne, l'Autriche, les royaumes Scandinaves et la Russie appartenaient à ce groupe. Après les changements que nous venons de mentionner l'Autriche seule et la Russie représentent maintenant l'étalon d'argent en Europe, et même l'Autriche a commencé, depuis 1870, à frapper des pièces d'or de huit et de quatre florins dont le poids et le titre sont les mêmes que ceux des pièces françaises de vingt et de dix francs. Par un décret impérial daté de Vienne, 12 juillet 1873, les pièces françaises, belges, italiennes et suisses de vingt, de dix et de cinq francs devront être reçues dans l'empire austro-hongrois, à charge de réciprocité, à raison de huit florins en or pour vingt francs en monnaie d'or des autres nations. Mais, malgré tout, l'étalon d'argent domine encore dans une grande partie du globe. Les populations innombrables de l'Inde, de la Chine et de la Cochinchine, les îles des Indes orientales, plusieurs contrées de l'Afrique et les Indes occidentales, l'Amérique centrale et le Mexique ont une circulation alimentée principalement par des monnaies d'argent, que ce soient des roupies comme dans l'Indoustan, de petites barres comme en Chine, ou des dollars d'argent comme dans une foule d'autres pays.

L'étalon d'or a donc fait de grands progrès, et il est probable qu'il ne s'arrêtera pas là. Quand les États-Unis reviendront aux paiements en espèces, ils adopteront certainement l'or, et le Canada, dont on aurait peine à présent à classer la monnaie, en fera autant. Les nations Latines, qui ont renoncé au double étalon dans la pratique, n'y reviendront sans doute pas, et l'Autriche sera obligée de suivre le mouvement. On ne peut guère attendre de la Russie un changement monétaire bien sérieux, et cependant (chose digne de remarque), dans une partie de l'empire qui se distingue particulièrement par l'intelligence et l'instruction, je veux dire dans la province de Finlande, la Russie a positivement admis le franc et ses subdivisions décimales : en effet, le marc finlandais ou quart de rouble contient précisément le même poids d'argent et possède la même valeur que le franc, la lira et la peseta. On a donc fait un grand pas vers une monnaie internationale à venir. De semblables changements sont impossibles parmi les nations pauvres, ignorantes et stationnaires de l'Inde, de la Chine, et en général des tropiques. Nous arrivons donc, à ce qu'il me semble, à une démarcation simple et profonde. Les nations vraiment civilisées et progressives de l'Europe occidentale et de l'Amérique du Nord, y compris aussi les états naissants de l'Océanie, avec quelques-unes des premiers états du second rang, tels que l'Égypte, le Brésil et le Japon, auront tous l'étalon d'or. D'un autre côté, l'étalon d'argent se maintiendra, longtemps sans doute, dans l'empire russe et dans la plus grande partie du vaste continent de l'Asie, de même que dans quelques régions de l'Afrique, et peut-être au Mexique. Si cependant nous négligeons ces cas douteux et moins importants, l'Asie et la Russie soutiendront probablement l'argent contre le reste du globe qui adoptera l'or. Il semble qu'il n'y ait rien à regretter dans un semblable résultat.

CHAPITRE XIII

QUESTIONS TECHNIQUES RELATIVES AU MONNAYAGE

Dans ce chapitre je me propose d'étudier plusieurs points secondaires relatifs à l'organisation et à la réglementation métallique. Quoique les premiers principes de la monnaie soient simples, on est surpris de voir combien il faut considérer de petits détails avant de pouvoir atteindre le maximum de commodité. Nous avons déjà discuté le choix des métaux à employer, les diverses manières dont ils peuvent se combiner pour faire un système, les règlements à adopter pour l'émission, etc. Dans ce chapitre et dans les suivants nous devons en outre considérer le caractère de l'alliage le mieux approprié au monnayage, les dimensions les plus commodes pour les monnaies, les moyens qu'on emploie pour en compter des quantités considérables, la dépense qu'exige l'entretien de la monnaie, les avantages et les désavantages d'une circulation internationale, la difficulté de choisir un étalon unique, la série la meilleure de multiples et de sous-multiples de l'unité. Mais tout ce que je puis faire dans cet ouvrage, c'est de tenter une étude rapide des questions de détail fort compliquées qu'il est nécessaire d'approfondir avant d'opérer aucun changement dans la monnaie.

L'ALLIAGE DES MONNAIES

Quoique nous parlions ordinairement de la monnaie *comme* si elle était composée d'or et d'argent, les pièces réellement employées contiennent des alliages soit d'argent et de cuivre, soit d'or et de cuivre.

Cependant on a frappé, dans les temps anciens et dans les temps modernes, des monnaies faites d'or presque pur, parmi lesquelles on peut citer l'ancien besant, le ducat d'Autriche, beaucoup plus récent et qui contenait 986 parties d'or sur 1000, la pièce de six ducats de Naples, qui en contenait 996, ou le sequin Toscan, qui est, dit-on, d'or presque pur, c'est-à-dire à 999 millièmes. Mais l'or et l'argent sont des métaux mous; et ainsi, même si on les trouvait naturellement à l'état de pureté, il serait avantageux d'y ajouter du cuivre, qui leur communique de la dureté et diminue beaucoup le frai des pièces.

On a souvent discuté sur la quantité de cuivre qu'il fallait ajouter, et la proportion en est déterminée par des raisons moitié historiques, moitié scientifiques.

La nature de l'alliage employé en Angleterre semble avoir été déterminée par le système de poids employé. L'argent se pesait à la livre *troy* de 12 onces, sur lesquelles 11 onces 2 diots devaient être d'argent pur et 18 diots de cuivre. Cette proportion qui, dès 1357, s'appelait déjà *le bon et ancien titre d'Angleterre*, s'est soutenue, malgré des altérations temporaires, jusqu'à nos jours, et correspond à la proportion actuelle de 925 parties sur 1000. Comme l'or se pesait autrefois à l'aide de l'ancien et curieux système de pesage au *carat*, qui venait, dit-on, des graines d'une plante abyssinienne, l'unité de poids de l'or était de 24 carats, dont 22 devaient être d'or pur et 2 d'alliage. Cette proportion, qui s'est conservée pendant plusieurs siècles, s'exprime en décimales par 916,66 sur 1000.

Les titres différents employés à diverses époques dans des pays divers sont infiniment variés. On a frappé l'argent au titre de 200 parties seulement ou même de 150 sur 1000, et l'or à 750 ou 700 parties; et il existe des monnaies qui présentent presque tous les titres, en partant de ces limites jusqu'à un métal d'une pureté presque absolue. Les seules proportions qu'il soit utile de discuter à présent sont celles de 900 et de 835 sur 1000 qu'on propose d'adopter dans la monnaie internationale. Le gouvernement de Berlin songeait, il y a quelques années, à adopter comme monnaie typique une couronne composée de dix grammes d'or pur et d'un gramme d'alliage, ce qui donnerait un titre de 10/11 ou 909, 09 sur 1000. Ce projet ne paraît présenter aucun avantage, et on y a renoncé heureusement dans la monnaie allemande actuelle qui, soit pour l'argent soit pour l'or, est au titre de 900 sur 1000. Cette proportion décimale simple fut adoptée par les Français à l'époque de la Révolution; elle s'est étendue aux pays qui appartiennent à la Convention Monétaire de 1865, ainsi qu'à l'Espagne, à la Grèce, et à d'autres pays qui ont plus ou moins imité le système français. Elle a été depuis longtemps consacrée par les Etats-Unis, et récemment on l'a introduite dans la monnaie d'or des états scandinaves. Le gouvernement allemand ayant maintenant décidé de l'adopter, le titre décimal simple est établi dans tous les pays les plus civilisés, si nous exceptons l'Angleterre et quelques-unes de ses colonies, ainsi qu'un petit nombre de nations comme la Russie, le Portugal et la Turquie qui ont imité la monnaie anglaise et frappé de l'or à 916,66 millièmes de fin.

Au point de vue chimique et mécanique l'exactitude dans le titre de l'alliage n'a pas grande importance. La différence entre 11/12 et 9/10 n'est que de 1/60, et quoique les expériences souvent citées de Hatchett aient montré, dit-on, que le titre anglais avait quelques légers avantages sur le titre français, la différence est si petite et si contestable qu'elle ne fournit pas un motif bien sérieux de préférence. Le dernier directeur de la Monnaie anglaise, M. Th. Graham, était tout disposé à accepter le titre de 900/1000, pour l'or comme pour l'argent, et il n'y a réellement aucune raison, si ce n'est le préjugé et l'usage traditionnel, qui puisse empêcher l'Angleterre de l'adopter à son premier changement monétaire. L'uniformité dans la pratique des nations est avantageuse, sur ce point comme sur beaucoup d'autres, et les économisles français attachent une grande importance à cette question du titre. Cependant il me semble que le degré exact dans la pureté du métal est d'une importance tout à fait secondaire. Si nous voulions maintenant donner à nos souverains le titre de neuf dixièmes, nous devrions en élever le poids de 123,274 grains à 125,557, et le mélange des anciennes pièces et des nouvelles rendrait absolument impraticable la méthode adoptée par toutes nos banques pour compter la monnaie d'or en la pesant. Il est donc certain que nous devons différer ce changement dans le titre de nos pièces d'or jusqu'à ce que nous fassions une réforme monétaire plus considérable. D'un autre côté je ne vois aucune raison pour que la Monnaie ne soit pas autorisée à frapper des pièces d'argent au titre de neuf dixièmes. Une telle mesure n'amènerait qu'une augmentation imperceptible dans l'épaisseur des pièces, et pour les menues monnaies, cette modification serait avantageuse.

Le titre de 835 millièmes a été adopté par la France, ainsi que nous l'avons déjà fait remarquer (p. 86), afin de réduire les pièces de deux francs et au-dessous à l'état de monnaies à valeur conventionnelle, sans en changer en rien le poids et l'apparence. Il n'y a aucune objection contre cet alliage, qui est parfaitement propre au monnayage et d'une bonne couleur; mais il n'est pas probable qu'il soit adopté par le gouvernement anglais pour remplacer le titre actuel de notre monnaie d'argent, qui est de 925 millièmes; c'est un point qui n'a guère besoin d'être discuté. On peut ajouter qu'il y a quelques années l'alliage contenu dans les monnaies d'or se composait en partie d'argent, métal qui se trouve toujours associé en plus ou moins grande quantité à l'or natif partout où celui-ci se rencontre. L'apparence jaunâtre des guinées, comme de beaucoup de souverains, était due à cet alliage d'argent; mais toutes ces pièces d'or mêlé d'argent sont actuellement retirées avec une grande rapidité par les raffineurs d'or qui trouvent du profit à en séparer l'argent. L'invention très-remarquable de M. F. B. Miller, de la nouvelle Monnaie de Melbourne, permet d'effectuer cette séparation avec beaucoup de facilité et une très-faible dépense, presque sur les terrains aurifères. Il suffit de fondre l'or

argenté et d'y faire passer un courant de chlore, pour obtenir l'argent à l'état de chlorure ; cette dernière substance est
facilement séparée de l'or et ramenée à l'état métallique. Un
autre avantage de ce procédé si simple, c'est que, du même
coup, l'or ainsi traité est débarrassé des impuretés accidentelles, et devient parfaitement malléable et propre au monnayage. Une des grandes difficultés que rencontrent les
monnayeurs, la tendance de l'or à se rompre, est ainsi
entièrement surmontée. Si l'on désire une description complète du procédé, tel qu'il est employé dans les ateliers
monétaires anglais, australiens, américains, norvégiens et
autres, on la trouvera dans le premier rapport annuel du
directeur délégué de la Monnaie d'Angleterre (p. 93), et dans
le second rapport (p. 33), ou dans le brevet même tel qu'il a
été imprimé par le Bureau des brevets.

DIMENSIONS DES MONNAIES

Les dimensions que nous devons donner aux pièces de
monnaie semblent être comprises entre des limites assez bien
déterminées. Les monnaies doivent être assez grandes pour
qu'on ne les perde pas facilement et pour qu'on puisse les
saisir sans difficultés. On peut, il me semble, établir comme
règle que la monnaie doit couvrir la surface de contact entre
les extrémités du pouce et de l'index ; et quoique cette surface
puisse varier, bien entendu, chez les hommes, les femmes
et les enfants, il vaut mieux se tromper en trop qu'en moins.
C'est pourquoi je condamnerais la pièce anglaise d'argent de
trois pence comme trop petite. Pour la même raison la pièce
suédoise de dix *ore*, la pièce d'or américaine d'un dollar,
l'ancienne pièce papale d'un scudo, sont d'une exiguïté
vraiment incommode. La pièce d'or française de cinq francs
du type le plus récent, la pièce anglaise de quatre pence, la
pièce canadienne de cinq *cents*, et la nouvelle pièce d'argent
de vingt pfennings, que l'on introduit à présent dans l'empire d'Allemagne, doivent être considérées comme les plus
petites pièces admissibles. Cependant il faut tenir compte de
l'épaisseur des pièces aussi bien que de leur diamètre. Les
monnaies émises par les États-Unis dépassent l'épaisseur

ordinaire; quoique cela leur donne une apparence un peu massive, il me semble qu'elles n'en sont que plus commodes.

Les Français ont donné dans l'autre extrême ; leur pièce d'or de cinq francs est très-mince, et d'un diamètre de 17 millimètres environ, tandis que le dollar américain, qui a plus de valeur, n'a guère que treize millimètres de diamètre.

La dimension maximum des monnaies a sans doute été déterminée surtout par les difficultés pratiques du monnayage. La plus grande pièce qui ait eu une circulation très-étendue, est peut-être le dollar de Marie-Thérèse, dont le diamètre est de 41 millimètres. Les autres espèces de dollars les plus communes sont un peu plus petites ; ainsi le dollar espagnol de 1858 mesure 37 millimètres ; le dollar américain de 1846, l'espagnol de 1870, le mexicain de 1872 mesurent de 37 à 38 millimètres. Le diamètre moyen des dollars que j'ai examinés est de 38 1/2 millimètres. Dans leurs plus fortes pièces d'or les Américains conservent une épaisseur peu ordinaire. Ainsi le double aigle, quoiqu'il vaille plus de quatre livres sterling, n'a que 34 millimètres de diamètre. Le diamètre de la belle pièce autrichienne de quatre ducats dépasse celui du double aigle, bien que la pièce contienne moitié moins d'or fin.

LE FRAI OU L'USURE DES MONNAIES

Il faut tenir compte des détériorations que les pièces subissent par le frai et le frottement. Pour les pièces d'or, la perte de métal due à cette cause est importante, et amène, ainsi que nous l'avons vu (p. 61 et 92), une dépréciation graduelle de la monnaie. Comme les pièces passent fréquemment de main en main, la quantité de métal ainsi enlevée sera presque la même pour chaque pièce du même type, et chaque année de circulation. La perte sera proportionnelle à la durée de l'usage. Actuellement la loi anglaise reconnaît qu'un souverain a cours forcé, tant qu'il pèse 122 grains 5 ou davantage, et la différence de 0 grain 774, qui existe entre ce poids et le poids normal, représente la tolérance accordée pour le frai. Or, d'après des expériences décrites dans un travail lu à la Société de statistique de Londres en novembre 1868 (*Journal of the Statistical Society*, déc. 1868, vol. XXXI,

p. 426), j'ai estimé la perte de poids moyenne et annuelle d'un souverain par le frai à 0 grain 043 (en grammes, 0,00276). Il en résulterait qu'en général un souverain ne peut circuler plus de dix-huit ans sans tomber au-dessous du poids accordé par la loi. Cet espace de temps constitue-rait donc ce qu'on peut appeler la *vie légale* d'un souverain. Le docteur Farr a montré depuis que certaines considéra-tions, dont je n'avais pas tenu compte dans mon calcul, réduiraient à quinze ans la durée de cette vie légale. D'un autre côté M. Seyd pense que vingt ans peuvent être adoptés comme âge légal du souverain.

Quand nous comparons ensemble les monnaies de diffé-rents pays, il devient évident pour nous que la quantité du frai dépend en partie de l'activité de la circulation, en partie de la dimension et de la nature des monnaies. Sui-vant les recherches de M. Feer-Herzog en Suisse, la perte moyenne de la pièce de vingt francs s'élève chaque année à 200 millionièmes de son poids total, tandis que dans les pièces d'or de dix et de cinq francs, les pertes correspon-dantes sont de 430 et de 620 millionièmes. Pour l'or anglais, les pesées que j'ai faites moi-même montrent que le souve-rain perd environ, pour chaque année d'usage, 350 millio-nièmes de son poids, tandis que le demi-souverain ne perd pas moins de 1,120 millionièmes, c'est-à-dire plus d'un dixième pour cent. Comme les pièces anglaises sont plus lourdes que le napoléon et le demi-napoléon, elles de-vraient souffrir proportionnellement moins de perte. M. Feer-Herzog attribue ces pertes excessives de la monnaie anglaise au métal plus mou que produit l'alliage à onze douzièmes. Cette cause peut contribuer à produire l'effet observé ; mais il est probable que la rapidité plus grande avec laquelle l'or circule en Angleterre, est la principale raison d'une diffé-rence si considérable.

La quantité du frai dépend beaucoup, ainsi qu'on le verra, des dimensions de la monnaie. Une grosse pièce, — la cou-ronne anglaise, l'écu d'argent français, le double aigle amé-ricain, — subit comparativement une perte faible, parce que sa surface s'accroît dans une proportion beaucoup moins rapide que son volume. Le peu de frai des différents dollars d'argent est peut-être une des causes de leur popularité en Orient. Les petites pièces d'argent perdent relativement beaucoup plus. Ainsi, d'après des expériences faites à la Monnaie en 1833, la perte annuelle sur les demi-couronnes, est d'environ 2 shellings 6 pence pour 100 shellings ; la perte sur les shellings est de 4 sh., et sur les 6 pence de 7 sh., 6 pence : c'est-à-dire, en décimales, que la perte est respectivement de 0,125, de 0,200, et de 0,375 pour cent. Cette perte, avec le temps, devient considérable, comme on le voit facilement pour les six pence usés. La perte de poids moyenne des vieilles monnaies d'argent qu'on soumet à la refonte semble être d'environ 16 1/2 pour cent; mais cette perte est plus que couverte par le profit que donne la fabrication des pièces nouvelles. En 1798 on fit des expériences à la Monnaie sur le poids des pièces anglaises alors en circulation. On trouva que la perte de poids s'élevait. dans les couronnes, à 3,31 pour cent; dans les demi-couronnes, les shellings et les six pence respectivement, à 9,90, à 24,60 et à 38,28 pour cent. Dernièrement, lorsqu'on retira la vieille monnaie d'argent de l'Allemagne du sud, on trouva qu'elle avait perdu en moyenne un cinquième de son poids.

Pour diminuer la perte qui résulte du frai des monnaies d'or, il peut sembler avantageux d'émettre des pièces de grande dimension. Les Américains avaient d'ordinaire une quantité considérable d'aigles et de doubles-aigles; ces dernières pièces étaient particulièrement fort belles et ressemblaient à des médailles. Autrefois il y avait dans la circulation beaucoup de grosses pièces d'or, comme le *carlino*, le dobraon, le doublon, la quadruple et le double ryder. Il y a cependant une objection sérieuse à adresser à des pièces comme le double-aigle, la pièce de cent francs ou celle de cinq livres : c'est qu'il est aisé de les altérer. On peut percer dans leur épaisseur de petits trous qui sont ensuite dissimulés à l'aide du marteau. L'emploi de la lime, des procédés par lesquels on fait ressuer le métal, des agents chimiques, serait probablement plus sûr, avec les grandes pièces qu'avec les petites. On a quelquefois scié complétement un double-aigle en deux disques plats qui ont été en-

suite ressoudés habilement l'un à l'autre avec une plaque de
platine entre les deux pour leur donner le poids voulu. Il
semble que le travail et l'habileté nécessaires pour exécuter
une falsification de ce genre auraient été mieux rémunérés
si on leur avait donné quelque emploi plus honorable; mais,
d'après les rapports du directeur de la Monnaie des États-
Unis, il y a des raisons de croire que l'opération est profitable. On a proposé de prévenir cette falsification en dimi-
nuant l'épaisseur du double-aigle, et en lui donnant une
forme un peu concave; mais il serait préférable de renoncer
à ces grosses monnaies d'or, ainsi qu'on l'a fait depuis longtemps en Angleterre et en France. L'expérience nous montre
que les souverains, les napoléons, les demi-aigles, et les
pièces d'or de la même dimension ne sont pas exposés à ce
genre de fraude, et que les pièces d'argent ne sont jamais fal-
sifiées par le procédé que nous venons de décrire.

Afin de diminuer autant que possible le frai des pièces
par le frottement, le dessin et la légende doivent être exécutés avec aussi peu de relief que possible tout en conservant à l'empreinte sa netteté : la tête du monarque ou de
la figure, quelle qu'elle soit, ne doit pas être saillante. A ce
point de vue, comme à beaucoup d'autres, le dessin plat, et
cependant d'un contour fort net, que porte le florin anglais,
est de beaucoup supérieur aux ornements trop saillants de
l'ancienne couronne, de la demi-couronne et du shelling.
Les ateliers de la Monnaie française semblent être très-heu-
reux dans l'exécution des coins ; car toutes les monnaies
d'or, d'argent et de bronze qui en sortent ont des empreintes
d'une exécution admirable, quoique fort plates. La plus belle
pièce moderne que j'aie vue est peut-être la nouvelle pièce
de vingt francs en or frappée en 1874 pour la Hongrie; la
gravure du coin est excellente. Les nouvelles pièces d'or
de cinq dollars, ou de vingt couronnes, des pays scandinaves, sont aussi d'une bonne exécution.

MANIÈRE DE COMPTER LES MONNAIES

Quand on a de grandes quantités de monnaies à compter,
si on les comptait pièce par pièce l'opération ne serait pas
seulement fastidieuse; mais on ne serait guère sûr de l'exac-

titude du résultat. On a imaginé plusieurs méthodes pour faciliter cette opération. Dans les Monnaies, à la Banque d'Angleterre, et dans d'autres établissements où l'on manie des quantités considérables de monnaie, on emploie des plateaux compteurs (counting boards). Des appareils de ce genre sont employés de temps immémorial dans quelques parties de l'Inde par les changeurs et les commerçants. Ceux de Londres consistent simplement en plateaux présentant plusieurs centaines de dépressions disposées régulièrement, et de telle dimension qu'une pièce remplit exactement chaque cavité. On jette par poignées sur le plateau des pièces d'ailleurs uniformes, et on les y secoue jusqu'à ce que la plupart des trous soient remplis. Ceux qui restent vides se remplissent alors l'un après l'autre à la main. On connaît alors avec une exactitude infaillible le nombre des pièces contenues par le plateau ; et en même temps il est très-facile d'examiner les pièces et de découvrir celles qui sont contrefaites, défectueuses ou étrangères. Avec ces appareils, on remplit avec promptitude et sans erreur des sacs contenant des nombres égaux de monnaies quelconques.

Dans les banques anglaises il est nécessaire de compter avec rapidité des sommes considérables en monnaie d'or pour payer des chèques à caisse ouverte, ou pour vérifier le nombre de souverains qu'on reçoit en dépôt. Dans ce cas on emploie des balances avec des poids équivalant à 5, 10, 20, 30, 50, 100, 200, 300 souverains. Toute somme qui est un multiple de cinq souverains peut ainsi être pesée, d'une manière infaillible, en quelques secondes, pourvu que les pièces ne soient pas trop vieilles et usées. Dans une grosse somme une erreur d'un souverain est quelquefois possible à cause du défaut de poids de quelques pièces. Pour les demi-souverains on ne peut guère compter sur ce procédé, à cause de la légèreté excessive des pièces. Cette incertitude dans les pesées est un des inconvénients graves qui résultent de l'état défectueux de nos monnaies.

Cependant les demi-souverains, comme toutes les pièce qui, en moyenne, sont approximativement égales l'une à l'autre, peuvent se compter rapidement avec la balance, grâce à l'ingénieuse *méthode de duplication*. Un nombre con-

venable, — de cinquante pièces par exemple, — étant compté
dans un des plateaux, on peut lui faire équilibre dans l'autre
plateau, à l'aide d'un nombre égal, qu'on n'a pas besoin de
compter. Les deux lots égaux sont alors réunis, et on leur
fait équilibre à l'aide d'une autre centaine ; ces deux sommes
se réunissent encore pour faire deux cents pièces. Nous pouvons répéter cette duplication, si la balance suffit à porter
ce poids ; puis ensuite, employant un lot de monnaies en
guise de poids fixe, nous pouvons compter successivement
plusieurs lots égaux à celui-là en poids comme en nombre.

Quand on ne peut se servir ni de la balance ni du plateau
compteur, on peut compter les pièces par petites piles de
dix, de quinze ou de vingt. Si l'on met ces piles les unes à
côté des autres sur une surface unie, il est facile de découvrir toute inégalité de hauteur, soit simplement à l'œil, soit
en posant une règle droite sur le sommet des piles. S'il y a
eu une erreur dans le compte, ce moyen la fait ordinairement reconnaître.

CE QUE COÛTE LA MONNAIE MÉTALLIQUE

On peut faire des calculs assez intéressants sur les dépenses que l'usage d'une monnaie métallique occasionne
d'une manière ou de l'autre au public. Pour parler d'abord
des monnaies auxiliaires d'argent et de bronze, le gouvernement tire profit de leur fabrication, en raison du poids
réduit auquel elles sont émises comme monnaies à valeur
conventionnelle. D'ordinaire la Monnaie peut acheter l'argent au titre légal à 5 shellings l'once. Il est versé dans la
circulation avec la valeur de 5 sh. 6 pence l'once, de sorte
que le gouvernement touche un droit de neuf pour cent au
moins sur la valeur nominale des pièces émises. Dans les dix
dernières années la Monnaie anglaise a frappé annuellement
en moyenne 546.580 livres, sur lesquelles le bénéfice serait
d'environ 49,200 livres par an. D'un autre côté la Monnaie
doit racheter les vieilles pièces d'argent à leur valeur nominale ; et en refondant cette monnaie elle subit une perte qui
dans ces mêmes dix années (1864-1873), a été en moyenne
de 16,700 livres : il restait donc en somme chaque année un

bénéfice net de 32,500 liv., si l'on ne tient aucun compte des frais courants de l'établissement. Actuellement le prix de l'argent ne dépasse pas 4 sh. 10 pence l'once, de sorte que le droit de monnayage est environ de 12 pour cent; et le bénéfice obtenu dans la fabrication des monnaies d'argent augmente proportionnellement.

Nous pouvons considérer la question d'un autre point de vue, et regarder ce droit de monnayage comme une somme placée à intérêt, pour faire face aux dépenses qu'exige le retrait des monnaies quand elles sont hors d'usage, disons trente ans après l'émission. Or, si une livre rapporte 3 1/4 pour cent, avec l'intérêt composé elle nous donnera en 30 ans 2 livres 61, de sorte que le 9 pour cent de profit sur le monnayage sera ainsi transformée en 23,5 pour cent. Mais le défaut de poids réel de la monnaie d'argent retirée est, en moyenne, de 16 1/2 pour cent seulement ; par conséquent, sans tenir compte du nombre considérable de pièces qui doivent être nécessairement perdues, emportées, fondues, qui restent dans les mains des thésauriseurs ou au fond de la mer, ou qui sont définitivement retirées de la circulation de quelque autre manière, la fabrication de la monnaie d'argent donne un bénéfice avec les règlements actuels.

Dans l'émission de la monnaie de bronze il y a eu, ainsi que nous l'avons établi plus haut, un bénéfice de 270,000 livres dont il faut déduire la dépense possible, mais incertaine, qu'occasionnera quelque jour à l'avenir la refonte de ce genre de monnaie.

Le coût de la monnaie se compose de quatre articles principaux : la perte d'intérêt sur le capital placé dans le numéraire, la perte occasionnée par le frai des pièces d'or, les dépenses du monnayage, et enfin les pertes accidentelles de monnaies. Le montant de ce dernier article est complétement inconnu ; les autres peuvent être fixés comme il suit. Nous pouvons dire, en gros, que les espèces en or du Royaume Uni consistent en 84,000,000 de souverains et en 32,000,000 de demi-souverains, dont la valeur totale monte à 100,000,000 sterling. Les souverains perdent chacun par an en moyenne 0,043 millièmes de grain, ce qui fait une perte

totale de 30,000 livres par an. Les demi-souverains perdent
0 grain 069, ce qui fait une perte de 18,000 livres. Toutefois la perte d'intérêt est bien plus sérieuse.

Voici quelle est, en gros, la valeur totale des métaux employés pour la monnaie.

Monnaie d'or en circulation.	100 millions sterling
Métal en lingots à la Banque d'Angleterre.	15 —
Monnaies d'argent.	15 —
Monnaies de bronze.	1 1/8 —
Total.	131 1/3 mill. sterl.

L'intérêt de cette somme, à 3 1/4 pour cent, n'est pas
moindre de 4,262,000 livres sterling.

L'établissement de la Monnaie coûte environ 42,000 livres
par an. Le relevé suivant comprend donc les frais totaux de
la circulation métallique autant que le calcul peut les atteindre.

Perte d'intérêt.	4,262,000 liv. sterling
Usure des monnaies	48,000 —
Fabrication de la monnaie	42,000 —
	4,352.000 liv. sterling

De cette somme il faut déduire le bénéfice que fait la
Monnaie sur la fabrication des pièces d'or et d'argent;
mais nous pouvons considérer ce profit comme contre-
balancé par la dépense complétement inconnue qu'occasionnent à la communauté les pertes accidentelles de monnaies.

CHAPITRE XIV

LA MONNAIE INTERNATIONALE

On ne peut aujourd'hui écrire un livre sur la monnaie sans parler d'un projet qui a été mis en avant, et qui même a reçu un commencement d'exécution, pour l'adoption d'un système universel de Monnaie Internationale. Sans doute il ne s'écoulera pas de longues années avant qu'un tel projet soit réalisé, quoique la mesure rétrograde récemment adoptée par le gouvernement allemand tende à retarder ce pas immense vers le progrès et la véritable civilisation. Nous devons donc, dans toutes les modifications que nous apportons à nos monnaies, comme dans toutes nos discussions sur ce sujet, avoir présente à l'esprit l'introduction éventuelle d'un système monétaire uniforme. Quoique les guerres ne puissent être encore évitées, nous pouvons compter avec certitude sur une amélioration graduelle dans les relations des peuples entre eux. Nous avons des lois internationales sur la propriété littéraire et sur l'extradition des criminels; nous avons des codes de signaux maritimes, des conventions postales, des traités pour adoucir les horreurs de la guerre. Il y a longtemps que les nations ont cessé d'être des corps isolés dont chacun souhaitait le malheur de ses voisins; et comme la liberté du commerce commence à triompher partout, comme les communications par les chemins de fer, les bateaux à vapeur, la poste et les journaux augmentent continuellement, nous pouvons considérer d'avance l'époque où tout le monde cherchera à briser autant que possible les barrières qui séparent l'une de l'autre les diverses familles de la race humaine.

J'établirai d'abord les avantages qu'on peut attendre de l'établissement d'un système international de monnaie métallique; puis j'exposerai successivement les inconvénients qu'il peut présenter d'un autre côté, les progrès qu'on a déjà faits vers la simplification des systèmes monétaires, les principaux projets qui ont été mis en avant avec leurs mérites et leurs défauts comparatifs.

AVANTAGES D'UNE MONNAIE INTERNATIONALE

Des personnes à courte vue répondent, chaque fois qu'on leur parle d'un projet de monnaie internationale, que si jamais on atteignait le but qu'on se propose, l'effet obtenu serait uniquement d'éviter quelques embarras aux personnes relativement peu nombreuses qui voyagent d'un pays à l'autre. Mais c'est là le moindre des profits qu'on pourrait tirer de l'uniformité des monnaies. Je suis porté à placer au premier rang et à considérer comme un avantage immense la facilité avec laquelle on comprendrait tous les comptes, les prix, les exposés statistiques, dès qu'ils seraient exprimés à l'aide des mêmes unités de valeur. Il est presque insupportable pour le statisticien de rencontrer dans ses recherches des tableaux où il trouve confondus ensemble francs, livres sterling, dollars, thalers, mètres, yards, aunes, tonneaux, kilogrammes. Le travail des recherches statistiques est bien assez pénible déjà, sans y ajouter le travail préliminaire qu'exige la réduction de mesures si variées à une unité commune. Pour le commerçant ou l'homme d'affaires la diversité des monnaies et des mesures n'est pas moins embarrassante. Dans beaucoup de pays on ne connaît pas avec certitude la valeur des espèces, et les personnes qui se trouvent posséder une connaissance spéciale d'une localité et de la monnaie ou des mesures qui y sont employées, peuvent seules s'aventurer à y faire du commerce. En outre, la différence des systèmes monétaires complique singulièrement les calculs dans les échanges avec l'étranger, de sorte que tout le profit est pour ceux qui se sont rendus habiles dans des calculs de ce genre.

En second lieu le règlement des affaires avec l'étranger deviendrait plus prompt et plus parfait si la monnaie d'un pays pouvait passer directement dans la circulation d'un autre. Un des résultats produits par la monnaie internationale serait de faire conserver une plus grande quantité de métaux précieux sous forme d'espèces monnayées. Aujourd'hui, ce qui a été frappé par une nation doit souvent être fondu et monnayé de nouveau par une autre, quoique les espèces principales de monnaies, par exemple les souverains anglais, les aigles américains, les napoléons français, les dollars mexicains, soient conservées par les banques et vendues et achetées par elles. Avec un système unique de monnaies, le stock de l'or et de l'argent serait, en règle générale, conservé sous forme d'espèces prêtes à entrer à tout moment dans la circulation. Quelques petites économies résulteraient aussi de la diminution dans les dépenses du monnayage; mais ce ne serait là qu'un avantage très-secondaire. Ce qui serait plus important, c'est qu'il y aurait moins d'occasions de profit pour les marchands de métaux et les autres commerçants qui spéculent sur les difficultés que présente le commerce du métal dans l'état actuel des choses. L'économie d'embarras, de peines et d'argent que feraient les voyageurs n'est pas non plus sans importance. En même temps que les communications internationales, le nombre des voyageurs augmentera, et nous devons supprimer, autant que possible, toutes les difficultés qui ne sont pas inévitables.

Un avantage de la monnaie internationale sur lequel on n'a pas assez insisté, est l'amélioration que son adoption produira sans doute dans les monnaies des états secondaires et à demi-civilisés. Dans beaucoup de contrées, il y a encore un mélange de pièces dont les valeurs sont différentes et mal déterminées; or, tant que les nations principales frapperont des monnaies de systèmes complétement différents, leurs monnaies, en circulant dans d'autres pays, y produiront de la confusion. Depuis longtemps déjà la circulation internationale du dollar mexicain présente de grands avantages ; dans les pays où cette pièce est l'unité de valeur, les commerçants savent sur quelle base appuyer leurs transactions. Or si toutes les nations principales s'entendaient pour émettre des monnaies de poids et de dimensions uniformes, ces monnaies composeraient bientôt la circulation des états où l'on n'en frappe pas, et une réforme heureuse s'opèrerait ainsi dans les parties du monde les plus éloignées.

DÉSAVANTAGES D'UNE MONNAIE INTERNATIONALE

Une monnaie commune, qui circule librement d'une nation à l'autre, peut certainement présenter quelques inconvénients. Un gouvernement, par exemple, peut frapper des pièces légèrement inférieures au titre fixé ; or cette monnaie, une fois émise, serait, en vertu de la loi de Graham, difficile à déloger. La fabrication de la monnaie en France n'est pas irréprochable sous ce rapport. Si l'on essaye avec soin la monnaie d'or française, on trouve qu'elle est au titre de 898 ou 899 millièmes, au lieu de compter 900 parties d'or pur. Il y a bien, sans doute, une tolérance de deux millièmes pour le monnayage ; de sorte que ces pièces sont légalement bonnes ; mais l'administration de la Monnaie a profité de cette tolérance d'une manière blâmable. Les pièces émises par une Monnaie quelconque doivent en moyenne avoir le titre légal avec une exactitude presque absolue, et la divergence autorisée sous le nom de tolérance ne doit servir qu'à couvrir les fautes accidentelles de main-d'œuvre qui se rencontrent dans quelques pièces ; on ne doit pas rester constamment et avec intention au-dessous du titre fixé.

On ne doit pas supposer qu'un État qui émet de la monnaie en vertu d'obligations internationales, soit disposé à faire de cette manière un bénéfice d'un ou deux sur mille. Pour assurer l'uniformité de la fabrication, les essayeurs et les employés ou administrateurs des différentes Monnaies devraient se réunir et s'entendre sur un procédé commun pour arriver au même titre, et pour obtenir des métaux uniformes. L'expérience ne montre pas qu'en matière de monnaies les nations doivent se défier les unes des autres. Nous ne regardons pas l'Espagne et le Mexique comme des modèles d'intégrité financière; cependant les Monnaies de ces pays observaient si scrupuleusement, dans l'émission des dollars d'argent, les conditions de poids et de pureté qui leur étaient imposées, que ces pièces ont été reçues sans difficulté, pendant le dernier siècle, dans la plus grande partie du monde, et qu'elles ont même, à une certaine époque, circulé en Angleterre. La possibilité d'une monnaie internationale est prouvée par le fait que, sans traités internationaux, les pièces de plusieurs nations ont cours forcé chez plusieurs autres : c'est ce qui arrive pour les souverains anglais ; non-seulement dans les colonies et possessions anglaises, mais en Portugal, en Égypte, au Brésil et sans doute ailleurs encore. Le napoléon a circulé librement dans l'Europe presque entière. Le ducat de Hollande a été aussi une pièce fort estimée; et j'ai déjà parlé fréquemment de la circulation étendue de plusieurs espèces de dollars.

CONFLIT DES SYSTÈMES MONÉTAIRES

La principale difficulté qui s'oppose à l'établissement d'une monnaie internationale vient de ce fait, qu'il y a plusieurs grandes nations, la France, l'Angleterre, l'Amérique, l'Allemagne dont chacune possède son système de monnaies particulier, auquel, pour de bonnes ou de mauvaises raisons, elle ne veut pas renoncer. Aucun de ces systèmes ne présente d'avantages extraordinaires qui le mettent évidemment au-dessus des autres. Le système français, fondé sur le franc, est un système décimal d'une perfection remarquable, et ce qui lui assure un grand prestige, c'est qu'il est reconnu comme monnaie internationale en Belgique, en Suisse et en Italie, outre qu'il circule en Autriche et que nous le retrouvons comme monnaie d'argent en Espagne, en Grèce et dans quelques états secondaires.

Les Anglais, de leur côté, peuvent dire avec raison que, si la subdivision de leur livre (pound) ne mérite pas d'être recommandée, la livre sterling est en elle-même une excellente unité de valeur. C'est la plus grande unité monétaire qui existe, et elle est d'or, de sorte qu'elle paraît mieux en harmonie que d'autres avec la richesse toujours croissante des nations. Sans doute elle n'est reconnue que dans un petit

coin de l'Europe, c'est-à-dire en Portugal, mais nous devons
nous rappeler que l'Europe cesse rapidement d'être le centre
exclusif du commerce et de la civilisation. Dans l'Australie,
la Polynésie, dans les colonies d'Afrique, des états grandis-
sent qui bientôt jetteront dans la balance un poids considérable, et ils ont adopté la livre. L'extension universelle du
commerce anglais et de la navigation anglaise ont fait connaître le souverain dans tous les ports du monde.

Toutefois les Américains à leur tour pourraient dire bien
des choses en faveur du dollar. Il est divisé suivant le système décimal, et comme nous le verrons, de la manière la
plus commode. Il correspond aux monnaies qui, depuis deux
ou trois siècles, ont eu la circulation la plus étendue, et qui
ont servi de monnaies de compte, de sorte que l'expérience
prononce en sa faveur. Mais, par-dessus tout, il est complétement adopté par une nation qui, autant que l'intelligence humaine peut lire dans l'avenir, est destinée à devenir
la plus nombreuse, la plus riche et la plus puissante du
monde. Cette nation, formée à l'origine de ce qu'il y avait
de meilleur en Angleterre, dans les veines de laquelle coule
aussi le meilleur sang des autres nations européennes, et
qui a reçu en héritage le continent le plus riche du monde,
aura inévitablement dans l'avenir une importance dont les
Américains eux-mêmes ont à peine conscience.

NÉGOCIATIONS MONÉTAIRES INTERNATIONALES

Il est tout à fait impossible, dans un ouvrage si peu étendu,
d'esquisser d'une manière satisfaisante l'histoire longue et
complexe des discussions, des réunions, des congrès, des
associations, des négociations et des conventions par lesquelles on se proposait d'établir une monnaie internationale
parmi les nations de l'Europe occidentale. Je dois renvoyer
le lecteur, qui désirerait de plus amples informations, à l'excellente brochure de M. Frederick Hendriks; c'est le premier ouvrage qui ait bien fait connaître ce sujet en Angleterre. Elle a pour titre : *Monnaie décimale; Projet pour
l'étendre immédiatement à l'Angleterre et la mettre en rapport avec la Monnaie internationale de la France et de plu-*

sieurs autres pays, et fut imprimée en 1866. On peut aussi consulter de M. Seyd, le *Traité du stock métallique et des échanges avec l'étranger*. Enfin le *Journal des Economistes* est plein de renseignements à ce sujet.

L'Association Internationale pour l'établissement d'un système décimal uniforme de mesures, de poids et de monnaies, fut fondée à Paris en 1855, et la branche anglaise poussa activement les opérations. En 1858 les Etats-Unis firent des propositions tendant à l'uniformité des monnaies. En 1860 et 1863 des congrès internationaux importants se tinrent à Londres et à Berlin, et, dans le dernier surtout, on adopta des résolutions importantes que nous aurons à examiner. Ce fut cependant la contiguïté de la Belgique, de la France, de la Suisse et de l'Italie, et ce fait qu'on ne pouvait empêcher l'or et même l'argent français de passer la frontière, qui firent avancer la question, et qui eurent pour résultat, en décembre 1865, une Convention effective pour la Monnaie Internationale.

Le rapport du congrès de 1863 sur les monnaies est un document d'une haute importance. Il montre les avantages notables d'un étalon d'or accompagné de monnaies auxiliaires d'argent et de bronze; il plaide pour le titre uniforme de neuf dixièmes dans toutes les monnaies à valeur pleine; il conseille pour les pièces des poids déterminés d'après le système métrique; enfin il propose un plan suivant lequel on pourrait établir des rapports simples entre les unités monétaires existantes.

En 1870, peu de temps avant que la guerre avec l'Allemagne fût déclarée, la France nomma une nouvelle commission impériale, présidée par le ministre du commerce et le ministre président du conseil d'Etat (M. de Parieu), pour étudier sous toutes leurs faces les diverses questions relatives à l'étalon et à ses rapports avec la monnaie internationale. On n'entendit pas moins de trente-sept témoins. Les résultats de l'enquête, imprimés par ordre du gouvernement français en 1872 et formant deux volumes énormes, montrent que la majorité des témoins et des commissaires se prononçait nettement pour un étalon unique d'or.

Grâce à une coïncidence purement accidentelle, les prin-

cipales unités monétaires se rapprochent déjà singulièrement de multiples simples du franc. La table suivante
montre les valeurs relatives actuelles de ces unités et les
multiples auxquels on propose de les conformer exactement.

	Valeur actuelle en francs	Valeur proposée en francs
Franc.	1	1
Florin autrichien d'argent.	2,47	2 1/2
Dollar américain d'or . . .	5,18	5
Livre sterling.	25,22	25

Il suffit donc d'élever le florin de 1, 21 pour cent, et d'a-
baisser le dollar et la livre sterling respectivement de 3, 5 et
de 0, 88 pour cent, pour établir entre ces monnaies des rapports très-simples. Ainsi, sans une modification bien sensible des systèmes monétaires, il serait possible de remplacer
facilement ces monnaies les unes par les autres ; de plus les
pièces elles-mêmes auraient un cours international ; la livre
sterling passerait en France comme pièce de vingt-cinq
francs, et en Amérique comme pièce de cinq dollars ; le
dollar américain circulerait comme écu en France et comme
pièce de quatre shellings en Angleterre.

Le congrès s'abstenait de recommander aucune unité
comme unité universelle, mais il proposait que toute nation
qui ne possédait pas une des quatre unités désignées, choisit
celle qui lui plairait le mieux. Si ce projet avait été accepté
par toutes les nations dans un esprit éclairé et libéral, il est
probable que dès à présent nous verrions clairement notre
route vers le choix de la meilleure unité. Malheureusement,
depuis 1865, l'empire d'Allemagne et les royaumes scandinaves ont fait des changements qui ne s'accordent pas avec
ces principes. Il s'est produit des simplifications dans la
monnaie ; mais elles tendent à former des groupes de monnaies nationales, et non internationales, quoique, comme l'a
démontré M. Hendriks dans plusieurs articles de l'*Économist*,
les pièces nouvelles aient plusieurs points nouveaux et importants de contact et d'accord avec les systèmes métrique
et décimal, de sorte qu'en réalité on a fait tout de même
quelques progrès.

MOYENS DE CONFORMER LA MONNAIE ANGLAISE AU SYSTÈME DÉCIMAL

Depuis que Lord Wrottesley, en 1824, proposa au Parlement d'adopter une division décimale de la livre sterling, on a discuté à perte de vue sur les mesures à prendre pour la réorganisation de notre monnaie. On a proposé plusieurs plans ; mais leurs avantages se balancent si bien, et la difficulté d'en exécuter un, quel qu'il soit, est si grande, que ces débats d'un demi-siècle n'ont encore amené aucun résultat pratique. Les deux projets principaux, les seuls peut-être qu'il soit utile de citer ici, sont celui du *pound and mil*, et celui du *penny and ten-franc*.

Le premier repose sur ce fait que le farthing est presque le millième de la livre. Puisque 960 farthings font une livre, il suffirait d'enlever au farthing 4 pour cent de sa valeur pour obtenir le sous-multiple décimal le plus bas, qui s'appellerait le *mil*. De là le nom de pound (livre) and mil. Le penny serait de cinq mils, comme le demi-penny ou sou français est de cinq centimes. Selon quelques-uns il faudrait introduire une nouvelle pièce, d'une valeur de 2 pennies 4, qui serait la centième partie de la livre ; mais cela n'est pas nécessaire. Le florin vaudrait cent mils, et le demi-souverain cinq cents. Le grand avantage de cette méthode, c'est qu'elle garde la livre comme unité principale, et en même temps plusieurs autres pièces usuelles en Angleterre. Ceux qui la repoussent s'appuient, 1° sur le fait supposé qu'elle exclut les plus répandues de nos pièces, c'est-à-dire le shelling et le six pence, et 2° sur ce que le mil est un sous-multiple trop faible pour servir de point de départ. Mais ces conséquences ne sont pas nécessaires. Le shelling pourrait subsister, comme pièce réelle avec le poids, le titre, la valeur qu'il possède à présent ; mais, comme monnaie de compte, il vaudrait cinquante mils au lieu de quarante-huit farthings, et le sixpence vaudrait vingt-cinq mils au lieu de vingt-quatre farthings. Cette subdivision n'est pas plus complexe que celle qui nous est si familière, et elle est parallèle à la subdivision en pièces de cinquante et de vingt *pfennige*, *centimes*, *lire*, *öre*, adoptée pour les nouvelles monnaies de l'Allemagne et de la Scandinavie, ainsi que par les alliés monétaires de la France. Quant à ceux qui reprochent au mil d'être un sous-multiple trop faible, ils semblent oublier qu'il est 2 fois 1/2 aussi grand que le sous-multiple initial du système français, et 2 fois aussi grand que celui du nouveau système allemand.

Le second projet a été proposé par feu le professeur Graham, et par M. Rivers Wilson, dans leur rapport sur les opérations de la conférence monétaire internationale de 1867. Il est fondé sur ce fait que la pièce de dix francs vaut huit shellings moins les trois quarts d'un penny, et qu'il n'y a entre elle et cent pence anglais qu'une différence de 4 pour cent. Il suffirait donc d'établir une pièce d'or de dix francs, qui servirait provisoirement de monnaie conventionnelle avec la valeur de huit shellings, pour rattacher notre système au système français. Une réduction ultérieure de 4 pour cent sur la valeur du penny, et le remplacement du shelling par une pièce d'un franc ou de dix pence, nous donnerait un système vraiment décimal. Un des grands avantages de ce projet, c'est qu'il conserve, presque sans l'altérer, une pièce aussi familière que le penny, et qu'il fait de cette pièce ce qu'elle est la plupart du temps dès à présent, c'est-à-dire la plus basse monnaie de compte. De plus il s'accorde fort bien avec le système monétaire français. La difficulté principale c'est qu'il implique l'abandon de la livre, qui contiendrait ainsi deux fois et demi la nouvelle unité ; et que, de toutes nos monnaies actuelles, le florin, le penny et le demi-penny s'y ajusteraient seuls avec facilité. Pour convertir des sommes composées de livres sterling en unités de la nouvelle monnaie, il faudrait multiplier par le nombre 2 1/2, ce que beaucoup de gens regarderaient comme un procédé très-gênant.

Quand on proposa pour la première fois de ramener la monnaie anglaise au système décimal, l'idée d'une monnaie internationale n'avait jamais été bien sérieusement examinée ; à peine même l'avait-on conçue. On a maintenant fait de tels progrès en ce sens qu'il est impossible de considérer l'une des réformes indépendamment de l'autre. La difficulté d'accomplir un changement quelconque est si

grande qu'il ne vaudrait pas la peine d'opérer un changement partiel.

LE DOLLAR AMÉRICAIN DE L'AVENIR

Le pas le plus facile et le plus important, qui puisse être
fait en ce moment vers l'adoption d'une monnaie internationale, c'est l'assimilation du dollar américain à la pièce
de cinq francs. Les circonstances sont à présent très-favo-
rables, parce que la circulation des États-Unis se compose
encore d'un numéraire en papier de valeur variable. Si l'on
considère les énormes fluctuations de valeur qui ont eu lieu
dans ces dix dernières années, on reconnaîtra que ce serait
un scrupule tout à fait exagéré que de vouloir ramener le
dollar, avec une exactitude absolue, à son ancienne valeur.
Tout changement dans la valeur du numéraire, que ce soit
une hausse ou une baisse, produit une certaine perte. Or, le
dollar américain est composé de 25 grains d'or 8, estimés
en monnaie anglaise 49 pence 316. Quand l'or est à 111 le
dollar en papier perd 10 pour cent en valeur; il vaut donc
alors 44 pence 384, tandis que le dollar français, c'est-
à-dire la pièce de cinq francs en or, pèse 24 grains 89, et
vaut 47 pence 58. Il y aurait donc un avantage évident à
donner exactement aux nouveaux dollars métalliques le
poids de la pièce française, et à commencer les paiements
en espèces quand le cours du papier sera au pair avec cette
dernière monnaie. Pour les contrats faits en papier, pour
tous les prix courants et tous les paiements, ce changement
n'impliquerait aucun manque de foi; les contrats seraient
au contraire plus fidèlement observés et exécutés que si le
numéraire en papier diminuait assez pour arriver au pair
avec l'ancien dollar.

Cette diminution dans le poids du dollar jetterait, il est
vrai, la perturbation dans tous les contrats stipulés en or, y
compris toutes les obligations des États-Unis, des compagnies de chemins de fer, et des autres compagnies, payables
en espèces, à moins qu'on ne fît une réserve pour modifier
les termes de ces contrats. Mais on pourrait surmonter
cette difficulté en stipulant que, pour chaque centaine de

dollars anciens il sera payé et reçu 103 ¼ dollars nouveaux.

Si le gouvernement américain adhérait aux propositions du Congrès de 1863, il frapperait assurément un coup décisif en faveur du système métrique de poids, de mesures et de monnaies. Une pareille décision ferait très-probablement du dollar l'unité universelle de l'avenir. Ce fait, que le dollar est déjà dans bien des parties du monde l'unité monétaire, lui donne de grands avantages. Une fois assimilé à l'écu français, l'or américain pourrait circuler en Europe, et partout où le napoléon français a passé jusqu'à présent. On trouvera peut-être qu'un Anglais ne fait pas preuve de patriotisme en plaidant pour un changement qui amènerait la défaite de la livre sterling; mais j'aime mieux voir choisir un plan d'unification quelconque que de n'en voir adopter aucun. Quels que puissent être les résultats définitifs, je désire que l'assimilation entre les systèmes français et américain s'accomplisse aussitôt que possible. Pour des raisons qu'on trouvera plus loin, je regarde le dollar comme une excellente unité; et, s'il y avait de grandes chances de le voir universellement adopté, les préjugés nationaux pourraient seuls s'y opposer. Quand même on ne l'adopterait point partout, ce serait déjà un grand pas de fait si la Grande-Bretagne, l'Amérique et la France s'entendaient pour frapper une monnaie d'or d'un poids et d'un titre identiques, qui circulerait indistinctement sous les noms de souverain, de pièce de cinq dollars et de pièce de vingt-cinq francs.

LA RÉFORME MONÉTAIRE ALLEMANDE

Le nouveau système monétaire de l'empire d'Allemagne introduit une bonne monnaie dans des pays où régnait une confusion complète. Dans quelques années les Allemands auront peine à comprendre comment ils ont si longtemps supporté un état de choses dans lequel deux et même trois ou quatre séries de monnaies sans rapport entre elles étaient mêlées sans aucune méthode. A bien des égards, le système nouveau est aussi bon qu'on pouvait le désirer. A la place de l'étalon d'argent suranné, l'or est choisi comme la mesure de la valeur, la seule monnaie principale, avec un cours

forcé illimité. L'unité de compte est le marc, qui consiste
en 6 grains 1465 d'or au titre de 9 dixièmes. Il vaut donc
environ 11 ¾ pence. La monnaie principale sera la pièce de
vingt marcs, pesant 122 grains 92. ou 7 grammes 954,954,
et contenant 7 grammes 168,459 d'or pur. Il y a aussi une
pièce de dix marcs dont le poids est exactement la moitié
du précédent.

Les pièces auxiliaires d'argent et de bronze de nickel sont
émises sur le pied du cours forcé composite, c'est-à-dire
dans le système anglais, et n'ont qu'une valeur conventionnelle. Le droit de monnayage à prélever sur les monnaies
d'argent allemandes sera de 11,111 pour cent, et dépassera
ainsi les prélèvements qui se font sur la monnaie d'argent
anglaise et française et qui montent pour la première à
9 environ, pour la seconde à 7,784 pour cent.

Pour peu qu'on soit ami du progrès, on ne saurait trop
regretter que le gouvernement allemand, en fixant le poids
du nouveau marc, ait soigneusement évité de se rapprocher
du système français. Le souverain contient 7 grammes 3224
d'or pur ; la pièce de vingt-cinq francs, quand elle sera
frappée, en contiendra 7,2581, et la pièce de vingt marcs en
contient 7,1685. La seule raison par laquelle on puisse jus-
tifier le choix de ce poids, c'est que trois marcs équivalent
approximativement à un thaler. Mais il régnait une telle diversité dans les monnaies des états allemands, que le champ
était ouvert à l'adoption d'un système quelconque. On ne
peut donc supposer que dans une réforme si importante une
différence de 1 1/4 pour cent eût été un obstacle insurmon-
table à l'adoption d'une monnaie internationale.

SYSTÈMES DE MONNAIE DIVISIONNAIRE

Une fois l'unité de valeur choisie, on se trouve, lorsqu'il
s'agit de la subdiviser, en présence de trois méthodes différentes : ce sont les méthodes *binaire*, *duodécimale* et *décimale*. Le premier système est appliqué avec une grande
perfection dans nos poids *avoirdupois*, où seize onces font
une livre ; mais il est aussi employé dans notre système monétaire, où le souverain se divise en demi-souverains, en

couronnes et demi-couronnes ; le shelling en pièces de six et de trois pence; le penny en demi-pence et en farthings. En même temps la division duodécimale est représentée dans notre monnaie par la division du shelling en douze pence, tandis que le tiers du même shelling est encore en circulation sous la forme du groat, ou pièce de quatre pence, qu'on est en train de retirer à présent.

Chaque système de subdivision a ses avantages propres, et il doit y avoir entre les systèmes divers une sorte de compétition naturelle. Ils se sont même trouvés en lutte dès les temps les plus anciens. Dans l'Italie ancienne le système duodécimal dominait au sud des Apennins, tandis que la division décimale était employée dans le Nord. En Sicile les deux méthodes se pénétraient mutuellement. La Chine a un système purement décimal dont l'origine se perd dans la nuit des temps.

En Angleterre les divisions duodécimale et binaire existent depuis une époque très-reculée. On accordera sans difficulté que le système binaire est le plus simple et le plus naturel, puisqu'il emploie le moindre facteur possible au-dessus de l'unité. Le système duodécimal a aussi des avantages marqués, parce qu'il permet la division en plusieurs parties aliquotes qui comprennent deux fois le facteur 2 et une fois le facteur qui vient immédiatement après, c'est-à-dire 3. Ainsi le shelling se divise exactement en deux *sixpences*, en trois *fourpences*, en quatre *threepences* et en six *twopences*.

Le système décimal est beaucoup moins simple, et à quelques égards moins commode. Le nombre 10 n'admet que deux facteurs supérieurs à l'unité, savoir 2 et 5, et 5 est un facteur premier plus complexe que ceux que nous trouvons dans les méthodes précédentes. Mais ce système possède l'avantage suprême de s'accorder exactement avec notre système décimal de numération et de calcul. Quoiqu'elle ne soit pas probablement la meilleure méthode qui eût pu être choisie, si le choix nous avait été laissé, la numération décimale est solidement établie dans les usages de la race humaine, comme une habitude héréditaire dérivant de la pratique primitive de compter sur les doigts. Nous ne

pouvons faire autrement que d'accepter l'inévitable, et
comme toutes nos opérations d'arithmétique s'exécutent
d'après la méthode décimale, il y a un avantage inappré-
ciable, à mesure que l'éducation et l'usage de l'écriture se
propagent, à conformer au même système tous nos poids,
nos mesures et nos monnaies.

Un système parfaitement et purement décimal n'admettrait
que les multiples et sous-multiples décimaux, savoir : —
1000 — 100 — 10 — 1 — 0,1 — 0,01 — 0,001. Mais il est si
gênant de compter dix pièces avant d'arriver à l'unité supérieure suivante, que l'on s'est toujours relâché de la rigueur
des divisions décimales. Dans le système français la moitié
et le double de chaque multiple sont représentés par des
pièces intermédiaires de manière à former la série : 1. 2. 5.
10. 20. 50. 100. 200. 500. etc. La monnaie américaine est
moins simple et symétrique, puisqu'elle admet le demi-
aigle et le quart d'aigle, le demi-dollar et le quart de dollar,
la pièce de vingt-cinq *cents* et même une pièce de trois *cents*.
J'incline à préférer la méthode française, et je croirais vo-
lontiers que la Monnaie américaine a émis trop de pièces de
diverses valeurs.

CHOIX DÉFINITIF DE L'UNITÉ DE MONNAIE INTERNATIONALE

Je terminerai ce chapitre par quelques remarques sur les
raisons qui devront nous guider dans le choix de l'unité
monétaire qui sera la base définitive d'une monnaie internationale.

J'attache peu d'importance aux arguments relatifs à la
valeur absolue des unités rivales. Comme la richesse des
nations s'accroît, a-t-on dit, en même temps que la valeur
de l'or diminue, nous avons besoin d'une unité plus considérable. Pour cette raison on recommande la livre comme
évidemment préférable au franc. Si nous comptons par
francs nos nombres seront vingt-cinq fois aussi considérables que si nous comptions par livres sterling. Mais on
paraît oublier que la même unité ne saurait convenir aux
sommes extrêmement différentes que nous avons à exprimer, de sorte que nous devrons employer des multiples ou

des sous-multiples de l'unité actuelle. De même que nous employons des pouces, des pieds, des *yards*, des *furlongs*, des milles, ou même des diamètres de l'orbite terrestre, selon les grandeurs à mesurer, de même, quand il est question de monnaie, nous changeons nos unités. Si nous discutons le salaire hebdomadaire d'un ouvrier, nous comptons en shellings; si nous parlons du traitement annuel d'un employé, nous parlons de livres; s'il s'agit de la fortune d'un négociant ou d'un banquier, nous ne tenons compte que des milliers de livres; nous occupons-nous des revenus de l'Etat ou bien de la dette nationale, nous n'accordons notre attention qu'aux millions de livres. L'unité de compte portugaise, appelée le *rei*, ne vaut que la dix-neuvième partie d'un penny anglais, et c'est à peu près la plus faible unité du monde. Dans la pratique cependant le *milreis*, ou millier de *reis*, qui vaut 53 1/3 pence, devient l'unité. De même les négociants indiens parlent de lacs et de crores de roupies. Les Français évaluent leur dette nationale en milliards de francs. Sans doute il n'est pas commode pour les Anglais de se rendre un compte exact de la signification de ce mot milliard; mais, pour ceux qui sont accoutumés à compter en francs, ce n'est pas plus difficile que de se faire une idée nette d'un million de livres. Les mêmes considérations s'appliquent exactement aux unités de poids. Ainsi, quoique les Français emploient une unité aussi petite que le gramme, c'est-à-dire 15 grains 43, cependant, suivant la grandeur des objets pesés, ils emploient des unités plus petites ou plus grandes, les centigrammes et les milligrammes d'une part, les décagrammes et les kilogrammes de l'autre. La valeur absolue de l'unité initiale me semble donc, à ce point de vue, tout à fait dénuée d'importance.

Pour ce qui regarde la subdivision de l'unité il y a des considérations plus importantes. La subdivision doit être décimale, cela va sans dire, elle doit aussi être combinée de telle sorte que le sous-multiple le plus bas corresponde à la plus petite somme dont on croie devoir tenir compte dans les transactions commerciales. Or le franc est divisé en centimes, de sorte que la valeur du centime n'égale pas le dixième d'un penny. Quoique les pièces de bronze d'un et

de deux centimes forment le vingtième de la masse totale de
la monnaie de bronze, c'est à peine si l'on en trouve dans la
circulation. Si elles étaient employées par hasard dans les
plus petits achats au détail, par exemple chez le boulanger,
elles ne figureraient pas sur les livres de comptes. Ainsi en
France un teneur de livres n'inscrit pas de sommes au-dessous de cinq centimes, la somme immédiatement supérieure
est de dix centimes, et correspond à notre penny. On introduit ainsi dans les comptes des complications inutiles. Il est
si incommode de désigner par les mots de *cinq centimes* la
plus petite monnaie généralement employée qu'on lui donne
souvent encore le nom de *sou*, quoique le système décimal
existe déjà en France depuis quatre-vingt-dix ans. Le *rei*
portugais est une si petite unité qu'elle n'est représentée
par aucune pièce réelle. Cependant, au Portugal, elle a sa
place dans les comptes de commerce et ajoute ainsi sans
nécessité un chiffre de plus à tous les nombres qui expri-
ment des sommes d'argent.

En Angleterre la plus petite monnaie qui soit réellement
employée est le farthing; mais dans les comptes on ne parle
guère de farthings ni de demi-pennies, de sorte que le penny
est la plus faible monnaie de compte. Les bureaux de poste,
dans le règlement des affaires de la caisse d'épargne, refusent de reconnaître aucune pièce au-dessous du penny.
Mais il n'y a pas de rapport commode entre le penny et la
livre, dont le centième équivaut à 2 pence 4. et le millième
à peu près à un farthing Ainsi le système décimal appliqué
à notre livre nous obligerait d'enregistrer comme notre plus
basse monnaie de compte une pièce d'une petitesse incommode, c'est-à-dire le *mil*. Sous ce rapport le projet de *pound
and mil* est supérieur au système du franc et du centime.
Ainsi la somme de 12 shellings 6 pence peut être exprimée
par 625 *mils;* mais en monnaie française, (en évaluant la
livre à vingt-cinq francs), cette somme deviendrait 15,625.
Elle se transformerait en 1,56 unités, ou 156 pennies métri-
ques, si l'on prenait la pièce de dix francs pour unité principale. Dans beaucoup de cas il faudrait moins de chiffres
pour exprimer une somme en pence que pour l'exprimer
en mils ou en centimes.

Le système américain est irréprochable à cet égard. Le dollar se divise en cent *cents*, dont chacun vaut environ un demi-penny Quoiqu'on ait frappé des *demi-cents* (half-cents), et qu'ils puissent être employés pour des achats insignifiants, on n'a jamais besoin de les inscrire dans les comptes ordinaires. Le *cent* me semble ainsi correspondre à la plus petite somme dont on ait besoin de s'occuper dans les comptes, si bien que les calculs de monnaie sont ramenés à la plus grande simplicité possible.

On pourra demander si la monnaie la plus faible qui soit réellement inscrite n'est pas la véritable unité, dont toutes les autres pièces sont des multiples. Peut-être la meilleure réponse serait-elle de dire que l'unité est indifféremment le cent, le dollar ou l'aigle. Dans la monnaie anglaise peu importe que nous considérions comme unité la livre, ou le vingtième, ou le deux cent quarantième de la livre. La valeur absolue de l'unité est, je le répète, complétement indifférente, et le seul point que nous ayons à considérer est de savoir si cette unité, ou quelqu'une de ses fractions décimales, correspond à la plus petite somme dont il soit utile de tenir compte. A cet égard le dollar est la meilleure unité existante ; mais on peut se demander si le double dollar, c'est-à-dire la pièce de dix francs en or, qui vaut huit shellings ou cent pence ne serait pas encore meilleure. Si la richesse des nations continue à croître et la valeur de l'or à baisser, le *cent* même paraîtra une monnaie trop petite pour figurer dans les comptes, et il conviendra de faire du penny l'unité la plus basse. Il me semble donc que dans le choix d'une unité définitive pour la monnaie internationale nous ne pouvons hésiter qu'entre la pièce de cinq francs et la pièce de dix francs en or. On peut ajouter en faveur de la pièce de dix francs que, de toutes les pièces d'or, elle est la plus petite qui soit d'un usage commode et qu'il convienne de frapper. Le dollar et la pièce de cinq francs en or sont trop petits, et subissent de grandes pertes par le frai.

CHAPITRE XV

LE MÉCANISME DE L'ÉCHANGE

Maintenant que nous avons suffisamment discuté la question de la monnaie métallique, nous allons considérer les moyens qui se développent d'eux-mêmes et naturellement dans une nation commerçante bien organisée, pour économiser les métaux précieux ou même éviter complétement l'usage des espèces métalliques. Dès qu'un peuple a fait une expérience complète des avantages d'un bon système de monnaies, il commence à découvrir qu'il peut se dispenser de l'employer comme moyen d'échange, et revenir à une méthode de trafic singulièrement analogue au troc. C'est par le troc que l'on commence et qu'on finit; mais la seconde forme qu'il prend est, comme nous le verrons, très-différente de la première. Les ventes et les achats continuent à s'évaluer en monnaies d'or et d'argent, mais quand on a ainsi reconnu que des marchandises sont de valeur égale, on se sert des unes pour payer les autres. Si la propriété de l'or ou de l'argent intervient quelquefois dans ces transactions, c'est sous la forme de mandats (*warrants*) ou titres représentatifs, avec lesquels on peut se procurer de l'or, si on le désire, mais dont on fait rarement usage.

Au début, nous avons trouvé que la monnaie remplissait au moins deux, et probablement quatre fonctions distinctes (chapitre III); et, quand l'industrie est encore peu développée, il est bon que la même substance métallique remplisse en même temps toutes ces fonctions. Mais il ne s'ensuit pas que dans toutes les circonstances cette accumulation de fonctions soit le meilleur arrangement possible. Nous reconnaîtrons que l'or ou l'argent continuent toujours à être le commun dénominateur de la valeur, mais que ces métaux finissent par ne plus constituer souvent le *medium* réel de l'échange, et par ne plus passer des mains de l'acheteur dans celles du vendeur. Je montrerai plus tard (chapitre XXV) que la monnaie peut, avec grand avantage, être remplacée dans sa fonction de mesure de la valeur, et cela pour de longues périodes, par un *Tableau des valeurs (Tabular Standard)*.

DÉVELOPPEMENT PROGRESSIF DES MÉTHODES D'ÉCHANGE

En partant de la méthode primitive de troc, on a fait des progrès continuels et successifs vers un système parfait et universel pour échanger les marchandises en se servant le moins possible des métaux précieux. Nous pouvons classer les moyens employés pour éviter l'usage de la monnaie métallique sous cinq titres différents, ainsi qu'il suit.

1° Remplacement de la monnaie à valeur métallique par la monnaie représentative.

2° Intervention des livres de crédit.

3° Système du chèque et de la compensation.

4° Usage des lettres de change sur l'étranger.

5° Système international de compensation.

MONNAIE REPRÉSENTATIVE

La monnaie métallique, ainsi que nous l'avons vu, facilite et accélère d'une manière prodigieuse, le jeu du mécanisme de l'échange. Mais les nations qui employaient des monnaies d'or et d'argent ont, pour la plupart, découvert avec le temps que des jetons d'une faible valeur métallique, ou même des morceaux de cuir et de papier, d'une valeur purement nominale, pouvaient passer de main en main comme signes de la possession des monnaies. Ce qui remplace ainsi la monnaie d'or, d'argent ou de bronze, a d'abord un caractère purement représentatif. Mais, quand une société

s'est complétement familiarisée avec une circulation de ce
genre, elle reconnaît souvent qu'il est possible de supprimer
le métal précieux servant de base à ce système représentatif, et de maintenir cependant en circulation, comme auparavant, ces morceaux de cuir ou de papier dépourvus de
valeur. Alors se produit le phénomène anormal connu sous
le nom de *papier-monnaie non convertible*. Toutefois une
telle circulation ne s'étend jamais au-delà des frontières de
l'État où elle est reconnue.

Les marchands qui dirigeaient de grandes transactions
internationales s'aperçurent bientôt que s'ils faisaient leur
négoce à l'aide d'espèces réelles, il en résulterait une grande
perte d'intérêts et même le risque de perdre le capital.
C'est pourquoi ils introduisirent, il y a plusieurs siècles,
les *lettres de change*, qui sont des signes ou des titres
attestant qu'une somme est due ; elles passent de main en
main à peu près comme une monnaie représentative, et
permettent souvent de liquider des échanges nombreux
avec un seul déplacement d'espèces.

SYSTÈME DU CHÈQUE ET DE LA COMPENSATION

Il y a encore un moyen plus efficace d'éviter l'usage réel
d'un médium d'échange, sans éprouver aucun des inconvénients du troc. Ceux qui faisaient entre eux un commerce
continuel, où ils étaient tantôt acheteurs, tantôt vendeurs,
finirent par trouver qu'il était absurde de payer une somme
pour ce qu'ils avaient acheté, puis de la reprendre pour ce
qu'ils avaient vendu. Il suffisait d'évaluer en monnaie les articles échangés, puis de payer la différence, s'il y en avait,
en numéraire réel. La pratique s'étant établie de déposer
chez les orfèvres ou chez les banquiers, pour la faire garder
plus sûrement, la monnaie métallique dont on n'avait pas
besoin immédiatement, on reconnut successivement qu'un
ordre de payer avec cette monnaie pouvait remplacer la
monnaie, et que, si deux personnes ont des relations d'affaires avec le même banquier, elles n'ont nullement besoin,
dans leurs transactions, de déplacer aucune somme d'argent. Un transfert inscrit dans les livres de leur banquier

commun suffira pour solder une balance de dette quelconque. Les banquiers peuvent régler de même leurs comptes mutuels, et ainsi s'est développé graduellement en Angleterre et en Amérique un vaste système, — que je propose de nommer *système du chèque et de la compensation*, — grâce auquel toutes les grandes transactions intérieures sont exécutées par un simple règlement de comptes.

Dans ce système Londres devient naturellement le centre monétaire du Royaume-Uni ; mais il y a en outre une tendance à faire de Londres la banque centrale du monde pour toutes les grandes transactions et les transactions internationales. On a reconnu qu'il est avantageux de déposer de l'argent à Londres ou d'y obtenir du crédit et d'avoir des billets qui soient payables sur cette place, plutôt qu'ailleurs. Par suite de cette concentration des opérations de banque, Londres tend à devenir le siége d'une *chambre de compensation ou de règlement de comptes* universelle. Tels sont les principaux pas qu'on a faits dans le développements du mécanisme de l'échange, et nous allons les étudier en détail.

CHAPITRE XVI

LA MONNAIE REPRÉSENTATIVE

Quoique nous ne distinguions plus à présent que la monnaie métallique et le papier-monnaie, parce que dans ces derniers temps le papier a été adopté partout comme matière de la monnaie représentative, il ne faut pas oublier cependant que différentes autres substances ont été employées pour le même usage. Nous pouvons passer en revue les pas successifs que l'on a faits, depuis les monnaies parfaitement régulières, dont la valeur métallique égale la valeur nominale, jusqu'aux feuilles de papier sans valeur qui représentant cependant des milliers ou même des millions de livres sterling.

La monnaie conventionnelle, que nous avons étudiée dans le chapitre VIII, est, jusqu'à un certain point, une monnaie représentative, puisqu'elle tire sa valeur moins du métal qu'elle contient que des pièces à valeur pleine contre lesquelles elle peut être échangée. Il n'est pas nécessaire qu'une promesse soit toujours exprimée à l'aide de l'encre et du papier : elle peut être rappelée, d'une manière plus durable encore, par une empreinte marquée sur un morceau de métal. Aussi, comme les rois d'Angleterre, jusqu'au temps d'Elisabeth, refusaient de monnayer un métal aussi peu précieux que le cuivre, sans doute dans la crainte de déprécier par là leurs monnaies, les commerçants remé-

diaient à ce manque de pièces de cuivre en émettant des
jetons. Dans les premiers siècles ces pièces étaient composées de plomb, d'une sorte de laiton, et parfois même, dit-on,
de cuir. Dans le siècle dernier, elles furent encore émises en
grandes quantités, surtout celles de cuivre, et souvent elles
portaient une inscription indiquant en termes formels qu'elles
constituaient une promesse de paiement. Ainsi une pièce d'une
belle exécution, émise à Southampton en 1791, porte cette
inscription, *Halfpenny Promissory, payable at the office of
W. Taylor, R. V. Moody and Cᵒ.* Un jeton frappé en 1813,
exprime la promesse en termes différents, comme il suit :
One Penny Token, One Pound Note for 240 *Tokens.* Ces bons
monnayés émis à différentes époques sont extrêmement
variés, et leur étude forme une branche importante de la
science numismatique, ainsi qu'on le verra dans l'ouvrage
d'Akerman, *London Tradesmen's Tokens.* Tout récemment
encore, la petite monnaie étant rare dans la Nouvelle-Galles
du Sud, quelques commerçants émirent des jetons de cuivre
ou de bronze qui circulèrent jusqu'en 1870, époque où
l'usage en fut interdit.

Les anciens connaissaient fort bien la différence entre la
monnaie à valeur normale et la monnaie de jetons. La monnaie de fer des Lacédémoniens était probablement une monnaie légale à valeur pleine, car on la représente comme très-
lourde et volumineuse, quoiqu'elle eût peu de valeur. La
monnaie de fer des Byzantins, au contraire, était une monnaie représentative composée de jetons. Dans la section suivante nous verrons que des pièces à peu près de même nature que les billets de banque furent employées aussi par
plusieurs nations dans l'antiquité.

LA MONNAIE REPRÉSENTATIVE DANS L'ANTIQUITÉ

Si les peuples anciens ne connaissaient pas l'usage du papier-monnaie, c'est simplement parce qu'ils n'avaient pas
de papier. Mais on se tromperait si l'on pensait qu'ils n'employaient pas la monnaie représentative exactement d'après
les mêmes principes qui nous font employer les billets de
banque. On connaissait depuis longtemps quelques particula-

rités relatives à ce sujet; mais un article récent de M. Bernardakis dans le *Journal des Economistes* (vol. XXXIII, p. 353-370) vient d'ajouter beaucoup à nos connaissances, et a montré que les anciens étaient, en matière de numéraire, plus avancés que nous ne l'aurions cru.

Un des moyens d'échange les plus anciens consistait, ainsi que nous l'avons vu déjà, en peaux d'animaux. Or la forme la plus ancienne de la monnaie représentative fut celle de petits morceaux de cuir portant d'ordinaire un sceau officiel. Storch, Bernardakis et quelques autres écrivains ont supposé, avec beaucoup de vraisemblance, que, lorsque les peaux et les fourrures commencèrent à paraître trop volumineuses et trop gênantes pour servir de monnaies, on en détacha de petits morceaux qui circulèrent comme gages de propriété. En s'ajustant à l'endroit où on les avait coupés, ils prouvaient le droit de propriété. Il y avait là quelque chose d'analogue à ces *tailles* ou baguettes entaillées qui servirent pendant bien des siècles à marquer les emprunts faits au Trésor d'Angleterre. L'expérience que nous avons du papier-monnaie nous apprend assez que, si ces petits gages de cuir étaient entrés tout à fait dans les habitudes d'une nation, celle-ci devait, avec le temps, en oublier le caractère représentatif, et continuer à les employer, lors même que le gouvernement ou les autres détenteurs des peaux et fourrures ne conservaient plus en réalité ce genre de propriété. Telle est sans doute l'histoire de la monnaie de cuir qui a longtemps eu cours en Russie.

Il est impossible de dire avec certitude quel était le caractère de la monnaie de cuir qui, suivant une tradition obscure, était en usage à Rome avant le temps de Numa. Il est certain que les Carthaginois avaient une monnaie de cuir représentative, car Eschine le Socratique nous dit qu'ils employaient de petits morceaux de cuir enroulés autour d'un noyau d'une substance inconnue, puis scellés. Les nations voisines refusaient de recevoir ces monnaies curieuses, d'où nous pouvons inférer avec certitude qu'elles n'avaient qu'une valeur nominale.

Cependant, c'est en Chine que l'usage d'une monnaie représentative prit de bonne heure les plus grands développements. Plus d'un siècle avant l'ère chrétienne, un empereur de la Chine, pour soutenir ses guerres, leva des fonds par une méthode indiquant que l'usage de jetons de cuir était familier à son peuple. Comme ces jetons se faisaient avec des peaux de daims blancs, il réunit dans un parc tous les daims de ce genre qu'il put trouver, et défendit à ses sujets de posséder aucun animal de cette espèce. Après s'être assuré ainsi un monopole qui rappelle celui de la Banque d'Angleterre pour le papier à filigrane, il émit des pièces de cuir blanc comme monnaies avec un taux très-élevé.

Au milieu du XIIIᵉ siècle, Marco Polo trouva en Chine un papier monnaie composé de l'écorce intérieure d'un certain arbre. On battait cette substance et l'on en faisait un papier qui se coupait en feuilles carrées signées et scellées avec de grandes formalités. Ces billets étaient de diverses valeurs et avaient cours forcé, la mort étant la pénalité infligée à ceux qui refusaient de les recevoir. Les faussaires encouraient la même pénalité. Un autre voyageur, qui visitait la Chine au XIVᵉ siècle, fait une description toute semblable du papier-monnaie qui avait cours à cette époque, et ajoute que, lorsqu'il était usé ou déchiré, on pouvait le changer sans frais contre des billets nouveaux. Il est inutile de suivre en détail cette histoire longue et obscure dans les derniers temps. On trouvera d'ailleurs une foule de renseignements à ce sujet dans l'article de M. Bernardakis, et celui de M. Courcelle-Seneuil sur le papier-monnaie, travail qui a paru dans le *Dictionnaire de l'économie politique*. Il suffit de dire que cette histoire ressemble à celle de la plupart des numéraires non convertibles. La quantité de papier en circulation augmenta sous la dynastie Mongole, au point de causer de grands malheurs, et la dynastie des Ming, continuant à en émettre, alla jusqu'à prohiber l'usage de la monnaie d'or ou d'argent. La valeur du papier tomba si bas, dit-on, qu'un seul sapèque de métal en valait mille en papier, ce qui représente l'état actuel de la circulation du papier à Saint-Domingue. Le résultat fut une banqueroute et une réaction dans le XVᵉ siècle.

Parmi les autres nations asiatiques, les Tartares et les Persans comprirent aussi l'utilité du papier-monnaie, et sir John

Maundeville, qui parcourut la Tartarie au XIVᵉ siècle, nous
expose ainsi les avantages que le grand Khan en retirait.
« Cet empereur peut dépenser autant qu'il veut, sans compter. Car il ne dépense ni ne fabrique aucune monnaie de
métal ; mais il se sert seulement de cuir et de papier qui
portent des empreintes. Parmi ces papiers les uns sont d'une
grande valeur, les autres d'une valeur moindre, selon des
règlements différents. Quand cette monnaie a couru si longtemps qu'elle commence à s'user, alors on la porte au Trésor de l'Empereur ; et l'on en reçoit de la neuve à la place de
la vieille. Cette monnaie circule dans toute la contrée et dans
toutes les provinces. Nulle part, en effet, il ne se fabrique
de monnaie d'or ni d'argent. Le grand Khan peut donc dépenser « abondamment et à outrance. » Beaucoup de grands
souverains, d'empereurs et de rois, parfois même des Républiques, ont imité le grand Khan, et dépensé leur papier-
monnaie « abondamment et à outrance ».

POURQUOI EMPLOIE-T-ON UNE MONNAIE REPRÉSENTATIVE ?

Il est bon d'analyser et d'exposer avec exactitude les raisons qui peuvent être données pour expliquer l'emploi de
monnaies représentatives. On peut lui assigner certains motifs qui, dans différents cas, ont pesé différemment. L'origine
du système européen des billets de banque doit être cherchée
dans les banques de dépôt qui s'établirent en Italie il y a sept
siècles. Alors la monnaie métallique consistait en un mélange de pièces de toute sorte, diversement rognées ou dépréciées. En recevant de l'argent, le marchand devait peser chaque pièce, en estimer le titre ; d'où résultait un grand embarras, une grande perte de temps, sans compter les risques que
l'on courait encore d'être trompé. La coutume s'établit donc,
dans les Républiques commerçantes de l'Italie, de déposer
la monnaie de cette nature dans des Banques où les sommes
étaient soigneusement estimées une fois pour toutes, et ins-
crites au crédit du dépositaire.

Les Banques d'Amsterdam et de Hambourg s'établirent
plus tard d'après un système analogue, et l'on en trouvera
une description complète dans les *Causes de la Richesse*

des nations, d'Adam Smith (livre IV, chapitre III), et dans le « *Treatise upon money* » de Hewitt (p. 121). L'argent inscrit dans ces banques au crédit des particuliers s'appelait *argent de banque*, et donnait un agio ou prime correspondant à la dépréciation moyenne des monnaies. Les marchands effectuaient leurs paiements en se réunissant à la banque à certaines heures, et en faisant opérer des transferts sur les livres de banque. La monnaie versée en paiement avait toujours ainsi sa valeur pleine, et l'on évitait l'embarras de la compter et de l'évaluer. Cependant les règlements de ces banques présentaient à beaucoup d'égards des complications dont il est difficile de comprendre le motif.

INCONVÉNIENTS DE LA MONNAIE MÉTALLIQUE.

Au motif précédent s'en rattache étroitement un autre qui n'a pas moins contribué à faire adopter l'usage d'une monnaie représentative : on voulait éviter les embarras et les risques auxquels on s'expose en maniant de grandes quantités de métaux précieux. Pour garder avec sécurité de grandes sommes de monnaie métallique, il faut avoir pour ainsi dire des places fortes pleines de gardiens. On n'a jamais fait de recherches suffisantes sur l'origine des banques en Angleterre; mais, autant que nous la connaissons, elle est due au besoin de garder l'argent avec sûreté. Tandis que des Banques de dépôt, publiques et bien organisées, existaient en Italie depuis des siècles, la seule trace d'une semblable institution en Angleterre se trouvait à la Monnaie, dans la Tour de Londres, où les marchands avaient coutume d'envoyer leurs espèces pour les mettre sous bonne garde. Malheureusement, en 1640, le roi Charles Ier s'appropria, à titre d'emprunt, 200 000 livres sterling ainsi déposées. Les marchands cessèrent de se fier au gouvernement; mais trouvant cependant qu'il était dangereux de garder de grandes sommes dans leurs maisons, pendant les années de troubles qui suivirent, ils prirent le parti de déposer leurs fonds chez des orfèvres, qui avaient probablement des gardiens et des caves appropriées à cette garde.

Comme titre attestant la possession de ces sommes, l'or-

fèvre donnait des reçus qui, dans l'origine, étaient des engagements spéciaux, comme les *dock warrants* d'aujourd'hui.
L'usage s'introduisit de transférer la propriété de l'argent
en délivrant ces reçus ou *bons d'orfèvre (goldsmith's notes)*
ainsi qu'on les appelait. Il est souvent question de ces *bons*
dans les Actes du parlement, et, jusqu'en 1746, la plupart
des banquiers de Londres continuèrent à être membres de
la compagnie des orfèvres. Il est évident, d'après la manière dont ces bons sont mentionnés dans quelques statuts,
qu'ils s'étaient transformés en engagements généraux et non
plus spéciaux, par lesquels on s'obligeait simplement à payer
sur demande une somme d'argent, sans qu'il fût question
d'une réserve de fonds entretenue à cet effet.

POIDS DE LA MONNAIE.

Le poids de la monnaie métallique serait une raison suffisante pour employer dans les grandes transactions des titres
représentatifs. Ce motif devient d'autant plus puissant que la
monnaie légale est plus volumineuse et d'un transport très-
incommode. Ainsi, au dix-huitième siècle, lorsque l'état de
Virginie employait le tabac comme moyen d'échange, le
tabac était déposé dans des magasins, et l'on faisait circuler
des reçus sur papier. On émit du papier-monnaie en Russie,
sous Catherine II, en 1768, parce que la monnaie légale de
cuivre était trop incommode. Ces *assignats* ou billets obtinrent une telle préférence qu'ils circulèrent d'abord avec une
prime de 1/4 pour cent.

Dans l'état actuel du commerce la monnaie d'or elle-même
serait beaucoup trop pesante pour constituer, pour les grands
paiements, un *médium* commode. M. Chevalier calcule qu'il
faudrait quarante hommes pour porter, en or, la valeur du
diamant appelé le Régent. Les transactions journalières effectuées dans le *Clearing-House* ou *Chambre de règlement de
comptes* des Banquiers de Londres, s'élèvent environ à un
total de vingt millions sterling. Cette somme, en monnaie
d'or, pèserait environ 157 tonnes, et, pour la transporter, il
faudrait près de quatre-vingts chevaux. En argent elle pèserait plus de 2.000 tonnes. Pour le transport et la garde de

sommes très-médiocres en espèces ou en lingots, les particuliers et même de grandes Banques ont recours à la Banque
d'Angleterre, dont les agents ont beaucoup d'expérience en
pareille matière et possèdent toutes les facilités désirables.

Un billet de la Banque d'Angleterre pèse environ 20 1/2
grains (1 gramme et 1/3), tandis qu'un seul souverain pèse
environ 123 grains; et le billet peut représenter cinq, dix,
cinquante, mille ou dix mille souverains grâce à de simples
différences dans les caractères imprimés. Si nous étions
obligés de faire circuler un médium d'échange ayant une
valeur réelle, il serait nécessaire d'employer des pierres précieuses, ou quelque métal beaucoup plus rare et plus précieux que l'or. Mais l'usage des titres représentatifs devient
aujourd'hui si général, dans les contrées les plus avancées
au point de vue commercial, que la facilité du transport des
monnaies métalliques n'est plus qu'une question d'importance secondaire. L'or ne sert déjà plus en Angleterre que
pour changer les billets, et l'on en viendra même à se demander s'il est nécessaire pour cet usage.

ÉCONOMIE D'INTÉRÊTS.

Un autre motif très-puissant pour employer des gages ou
titres représentatifs consiste dans l'économie d'intérêts et de
capital qu'on réalise en substituant à des matières coûteuses,
comme l'argent et l'or, une matière relativement dépourvue
de valeur. Chaque fois qu'une nation est gênée faute de revenus suffisants, elle est fortement tentée de considérer la monnaie métallique comme un trésor qu'elle peut emprunter
temporairement pour les besoins de l'Etat. Les anciens Grecs
le comprenaient aussi bien que les Anglais, les Italiens ou les
Américains d'aujourd'hui. C'est d'après cette idée que Denys
obligea les Syracusains à recevoir des jetons d'étain, à la
place de monnaies d'argent qui avaient quatre fois plus de
valeur métallique. Le livre sur l'*Économique*, attribué à Aristote, nous dit que Timothée l'Athénien persuada aux soldats
et aux marchands d'accepter de la monnaie de cuivre au
lieu de monnaie d'argent, en promettant de leur donner en
échange des monnaies d'argent quand la guerre serait ter-

minée. Les habitants de Clazomène émirent de même une monnaie fiduciaire, dans l'intention avouée de faire ainsi une économie d'intérêts de la monnaie réelle. Comme ils n'étaient pas en état de payer vingt talents dus à des troupes mercenaires, ils se trouvaient dans la nécessité de leur payer chaque année un intérêt de quatre talents. Ils prirent le parti de frapper des jetons de fer pour la valeur nominale de vingt talents, et obligèrent les citoyens à les recevoir au lieu de monnaie d'argent. L'argent obtenu de cette manière fut employé au paiement immédiat de la dette, et ils épargnèrent ainsi chaque année quatre talents, précédemment absorbés par le paiement des intérêts, qui les mirent, au bout de peu d'années, en état de racheter leur monnaie fiduciaire.

Un cas très-analogue s'est présenté dans la construction du marché de Guernesey, qui fut édifié sans dépense apparente. Daniel le Broc, gouverneur de l'île, résolut de faire bâtir un marché à Saint-Pierre. N'ayant pas les fonds nécessaires, il émit, avec le sceau de l'île, quatre mille billets de marché d'une livre chacun, avec lesquels il paya les ouvriers. Le marché, une fois construit, donna des revenus avec lesquels on paya les billets, et dans toute cette affaire on n'employa pas une once d'or. Il n'y a cependant rien de mystérieux dans cet avantage retiré du papier-monnaie.

Daniel le Broc, en émettant ses billets de marché, retira de la circulation une quantité d'or équivalente, et fit ainsi une sorte d'emprunt forcé à la circulation métallique de l'île, sans payer pour cet emprunt aucun intérêt. Un semblable bénéfice d'intérêt est donné par tous les papiers-monnaie, et il est proportionné à la quantité dont ces papiers dépassent l'or maintenu disponible pour les rembourser.

En Angleterre nos banques d'émission particulières et par actions bénéficient des intérêts sur une somme d'environ six millions et demi de livres sterling, les banques d'Ecosse sur deux millions trois quarts, et les banques irlandaises sur plus de six millions. L'émission du papier-monnaie profite à tout le monde, pourvu qu'elle soit conduite et réglée d'après une saine méthode; mais sur cette méthode même les opinions sont singulièrement partagées.

CHAPITRE XVII

NATURE DES DIFFÉRENTS BILLETS REPRÉSENTATIFS

Avant de nous mettre à la recherche d'une conclusion sur la meilleure manière de régler l'émission des billets représentatifs, nous devons analyser avec soin les différences qui peuvent exister entre ces billets. Une distinction, qui peut sembler au premier abord très-légère et subtile, nous conduira peut-être à des résultats importants.

Celui qui émet un titre représentatif, — c'est-à-dire, à proprement parler, une promesse par laquelle il s'engage à donner en échange du titre, quand il lui sera présenté, une certaine quantité d'une marchandise déterminée, — peut contracter l'un des trois engagements distincts qui suivent :

1° Il peut promettre de conserver en sa possession un certain objet jusqu'à ce qu'on le lui réclame, et de livrer alors cet objet même.

2° Il peut s'engager à garder en sa possession une certaine quantité de marchandise, qu'il est prêt à livrer en échange du billet, sans distinguer entre une portion ou une autre de la chose désignée.

3° L'engagement peut spécifier simplement que la marchandise en question devra être fournie quand le billet sera présenté, sans rien stipuler relativement à la quantité de cette marchandise qui devra être tenue en réserve à cet effet.

RECONNAISSANCE SPÉCIALE DE DÉPÔT.

Les engagements les plus satisfaisants sont ceux du premier genre, c'est-à-dire les connaissements, les reconnaissances de Mont-de-piété, les certificats d'entrepôt (*dock-warrants*), et en général les certificats qui établissent la possession d'un objet déterminé. Un connaissement donne, à celui qui en est détenteur légal, le droit de réclamer certaines caisses ou colis de marchandises, lesquels sont désignés par des marques, des numéros, par leurs dimensions ou autrement. Le capitaine du navire, en signant un billet de ce genre, s'engage à garder les caisses mêmes qui sont confiées à ses soins, jusqu'au moment où, son voyage achevé, il les délivrera en échange du connaissement. Les dock-warrants, ou certificats d'entrepôts, ont le même caractère : ce sont des reçus donnés pour des colis de marchandises qui ont été déposés dans les magasins des Docks de Londres ou dans d'autres. Le détenteur d'un dock-warrant a droit de réclamer, dès qu'il le présente, les tonneaux de vin, les balles de laine, les boucauts de sucre ou autres colis qui y sont spécifiés. Un transfert du warrant par endossement, ou tout autre moyen autorisé par la loi et l'usage, équivaut exactement à un transfert de la propriété des marchandises. Le point essentiel pour les billets de ce genre, c'est qu'ils ne peuvent jamais être émis — à moins de fraude, — qu'en représentation de marchandises réellement déposées. Celui qui les émet doit agir uniquement en qualité de garde-magasin; et, comme en tout temps les objets peuvent lui être réclamés, il n'a jamais le droit de laisser sortir de ses mains aucun des objets qui lui ont été confiés, jusqu'au moment où il remet ces objets en échange du titre de dépôt.

RECONNAISSANCE GÉNÉRALE DE DÉPÔT.

Passons au cas où celui qui signe la reconnaissance de dépôt s'engage à garder entre les mains des marchandises exactement égales en quantité et en qualité à celles qui sont

spécifiées dans le titre, mais sans désigner telle portion plutôt que telle autre de ces marchandises. Dans beaucoup de
cas les marchandises sont tellement homogènes qu'il semble
inutile de distinguer une portion de l'autre, ou de restituer
identiquement la portion même qui avait été déposée. Ainsi,
le gardien d'un magasin de fer en saumons, à Glasgow, reçoit
de grandes quantités de saumons de fer de marques différentes, et remet aux dépositaires des titres de dépôt qui
représentent la propriété qu'ils lui ont confiée. Cependant,
comme il n'y a aucune différence connue entre des lots divers
de fer de la même marque, c'était l'usage autrefois de ne
pas assigner à chaque titre de dépôt un lot de saumons déterminé, mais seulement de conserver un approvisionnement de chaque marque d'un poids égal au total des titres
non encore présentés. Plus récemment, on a adopté un meilleur système : chaque lot particulier de fer a été marqué et
gardé à part pour être remis en échange d'un titre particulier. La différence paraît légère ; mais en réalité elle est très-
importante ; car on en viendrait à ne plus exécuter le contrat
qu'avec négligence. Parfois il s'élève des malentendus à ce
sujet dans d'autres commerces. Par exemple, un négociant en
cotons de Liverpool contracta un emprunt, il y a quelques
années, en donnant pour garantie une certaine quantité de
coton qu'il avait en sa possession ; plus tard, un tribunal fut
appelé à décider s'il avait engagé certaines balles de coton
déterminées, et promis de les conserver jusqu'au paiement
de l'emprunt, ou s'il avait seulement pris l'engagement de
garder entre ses mains une égale quantité de coton de la
même qualité.

DIFFÉRENCE ENTRE UNE RECONNAISSANCE SPÉCIALE ET UNE RECONNAISSANCE GÉNÉRALE.

On comprendra sans peine l'importance des distinctions
établies dans la précédente section. Celui qui a pris un engagement spécial de remettre des portions déterminées de
marchandises en échange de titres particuliers et indivi-
duels, ne peut émettre aucun titre de ce genre sans avoir
entre les mains des marchandises auxquelles ce titre corres-

pond. S'il osait en émettre, il serait continuellement exposé à se voir convaincu de dol et pris en défaut par la présentation d'un titre spécial. Si, au contraire, les reconnaissances qu'il a données sont conçues en termes généraux, il peut, en échange d'un titre quelconque, délivrer un lot quelconque de marchandises égal en qualité et en quantité à celui qui est spécifié sur le titre, et, pour découvrir la faute, il faudra lui présenter en même temps la plus grande partie ou la totalité des reconnaissances. On rend ainsi possible l'émission de titres fictifs. Celui qui a reçu les dépôts, en voyant qu'il a toujours entre les mains une grande quantité des marchandises déposées, peut avoir l'idée de trafiquer de ces marchandises, en en conservant seulement la quantité nécessaire pour faire face aux demandes courantes. Tant qu'il remplit ses engagements il semble qu'il n'y ait pas grand mal ; mais l'expérience prouve qu'il y aura toujours un certain nombre de personnes qui, dans de telles circonstances, n'agiront pas avec assez de prudence pour être en état de remplir tous leurs engagements.

De plus, il devient alors possible de créer une production factice de marchandises, c'est-à-dire de faire croire à l'existence d'une quantité de marchandises qui n'existe pas en réalité. Le possesseur d'un billet ou engagement regarde ce titre comme équivalent à la marchandise qui s'y trouve spécifiée. Il suffit dès lors d'imprimer, de remplir et de signer un nombre quelconque de ces billets représentatifs, pour avoir une quantité correspondante de marchandises à vendre. Il est vrai que l'émission de ces sortes d'engagements implique qu'ils seront tenus dans un certain temps à venir; mais l'avenir est inconnu, et l'auteur de l'émission peut croire qu'avant l'époque où on lui demandera probablement de remplir son engagement, le prix de la marchandise aura baissé. Si, par exemple, des titres de dépôt de fer en barres pouvaient être émis en quantités illimitées, sans tenir compte du métal réellement déposé dans les magasins de Glasgow, une bande de spéculateurs sans scrupules pourrait réaliser des bénéfices considérables en vendant de grandes quantités de fer livrables dans l'avenir. Après avoir ainsi fait baisser très-vite le prix du fer d'une manière excessive, ils pourraient graduellement en acheter, à des prix très-bas, assez pour faire honneur à leurs engagements quand les titres leur seraient présentés. Il est certain qu'on a vu ce genre d'opérations réussir sur d'autres marchés.

Il y a dix ans environ l'habitude s'établit d'encombrer subitement le marché avec des titres de Compagnies de banques particulières par actions. Une société se formait, peut-être sans posséder aucune des actions de la Compagnie choisie; puis elle se mettait à vendre des quantités considérables de ces actions, dans l'espérance d'entamer ainsi la réputation de la Compagnie, et de faire baisser la valeur des actions assez tôt pour en racheter une quantité suffisante avant l'échéance fixée pour la livraison. Ces spéculations malsaines furent arrêtées par un Acte du Parlement (A. 30 Victoria, c. 29, 1867) qui oblige maintenant le vendeur des actions de banque à spécifier les numéros, ou les noms des propriétaires, des actions qu'il vend pour une livraison à terme.

Sans doute on peut soutenir qu'il y a pour tout le monde un droit naturel de prendre des engagements, quand on en espère quelque profit. Toute personne peut accepter un billet par lequel elle s'engage à verser une certaine somme à telle époque à venir. Il arrive tous les jours que l'on fait des transactions où l'on s'engage à livrer du blé, du coton, d'autres marchandises qui doivent arriver par mer, et cela, avant que le moment de la livraison soit arrivé. Mais nous devons nous rappeler que toutes les lois et toutes les relations sociales sont combinées de manière à assurer au plus grand nombre le plus grand bien possible. Si le droit de prendre toutes sortes d'engagements est reconnu par la loi, cela doit être parce que ce droit est avantageux pour la société, et c'est la loi qui en fait un droit en le reconnaissant. Si, au contraire, on constate par expérience que la liberté de faire et de vendre des engagements d'une certaine nature donne lieu à des spéculations non permises, ou en d'autres termes, cause à la société plus de mal que de bien, la loi doit certainement restreindre cette liberté et régler la matière à l'avantage de la communauté. Tout cela n'est, en somme, qu'une question de mesure. On s'était accoutumé à regarder comme un principe général de jurisprudence que toute cession ou transfert de marchandises non existantes est non avenu. Quoique cette règle semble être d'ordinaire mise en oubli, il est beaucoup de cas où l'on trouverait grand avantage à l'appliquer rigoureusement.

ENGAGEMENTS PÉCUNIAIRES.

Si nous faisons une application particulière de ces remarques à la monnaie, nous voyons que les engagements ou reconnaissances pécuniaires sont presque toujours d'une nature générale. Celui qui promet de payer à tel jour une certaine somme désigne bien rarement les pièces mêmes avec lesquelles cette somme sera payée. D'ailleurs la loi anglaise, en définissant le cours forcé, décide que tous souverains, shellings et pence, dûment frappés et de bon poids, acquitteront une somme correspondante désignée dans un contrat. Il est vrai que, de même que des tonneaux de vins sont entreposés dans les docks de Londres, des caisses de lingots d'or et d'argent, ou peut-être de monnaies anglaises ou étrangères, sont emmagasinées dans les caves de la Banque d'Angleterre. En réalité, l'or et l'argent importés, dans quelque port du royaume qu'ils débarquent, sont presque toujours envoyés d'abord aux bureaux de la Banque, qui agit précisément alors comme le magasin d'un dock, et qui délivre les colis sur la présentation d'un connaissement. Ces titres sont des reconnaissances spéciales, quoiqu'ils puissent, par endossement, passer d'une personne à l'autre. Toutefois ces consignations de lingots ne figurent pas dans les comptes de banque.

Un billet de la Banque d'Angleterre n'est ni plus ni moins obligatoire pour les autorités de la Banque qu'un billet de chargement; mais il ne spécifie pas le sac ou la caisse de monnaie qui sera employé pour le payer. Les autres engagements pécuniaires sont de même, presque tous, des engagements généraux. Aucun banquier ne pourrait faire de bénéfice s'il lui fallait mettre de côté les souverains déposés par un client jusqu'à ce que ce client lui présentât un chèque pour les retirer; et, d'ordinaire, il n'y a pas de motif suffisant pour désirer un engagement d'un genre si spécial.

Lorsqu'il s'agit d'affaires de commerce, cette idée ne nous entre jamais dans la tête. On a vu cependant des discussions s'élever sur ce point. Quelques personnes ont un goût tout spécial pour recueillir des pièces particulières, et une vieille dame, qui avait amassé une quantité considérable de pièces de quatre pence, mourut en les léguant à un parent. Quoiqu'il désirât les garder par respect pour la vieille dame, le parent, qui avait besoin d'argent comptant, chercha à réaliser la valeur de son legs; il crut pouvoir satisfaire ce double désir en engageant son trésor chez un prêteur sur gages. Le prêteur reçut le dépôt sans difficulté; mais, au bout de quelque temps, sans y faire attention, il se servit de ces pièces pour rendre de la monnaie. Quand la reconnaissance qu'il avait donnée lui fut présentée, il crut qu'il lui suffisait, pour remplir son engagement, de rendre en souverains et en shellings une somme légalement équivalente. Ici cependant l'engagement devait être considéré comme d'une nature spéciale.

Si les engagements pécuniaires étaient toujours d'un caractère spécial, il n'y aurait jamais aucun mal à laisser parfaitement libre l'émission des titres qui les constatent. Celui qui les émet ne ferait pas autre chose que de se constituer garde-magasin, et s'obligerait à tenir chaque lot de monnaie tout prêt pour payer chaque billet correspondant. Mais comme il n'en est pas ainsi, il y aurait beaucoup de dangers à permettre une émission exagérée de ces titres par lesquels on s'engage à payer en or sur demande. Le marché de l'or peut être encombré aussi bien que celui du fer ou que tout autre marché. Il y a cette différence, que le marché de l'or est le plus étendu de tous, de sorte qu'il faut, pour y produire un effet appréciable, qu'une grande quantité d'individus ou de compagnies, agissant chacun de son côté sous l'impulsion de l'intérêt personnel, émettent une quantité exagérée de billets. Il y a une autre différence, c'est que, l'or étant lui-même la mesure de la valeur, les hausses et les baisses qu'il subit ne peuvent se manifester que dans la hausse ou la baisse du prix d'une foule de marchandises. Nous reprendrons ce sujet dans le chapitre XXIV, page 253.

PRINCIPES DE LA CIRCULATION D'UNE MONNAIE REPRÉSENTATIVE.

Dans les deux dernières sections du chapitre VIII (p. 67 et 70) nous avons vu qu'en analysant les motifs d'après lesquels les individus reçoivent, conservent ou versent en paiement la monnaie métallique, nous pouvions arriver à certaines lois de circulation qui étaient amplement confirmées par l'expérience. Nous avons fait entendre aussi que les mêmes lois pouvaient, *mutatis mutandis*, s'étendre à la circulation mixte de la monnaie métallique et du papier-monnaie. L'habitude a presque autant de pouvoir pour maintenir l'usage d'une monnaie représentative que pour de véritables monnaies métalliques. Les personnes qui ont été habituées pendant longtemps à donner en paiement, sans subir de perte, certaines feuilles de papier, continueront à les regarder comme une monnaie satisfaisante tant que leur confiance n'aura pas été ébranlée par un choc un peu rude. Cela peut aller au point qu'un bout de papier malpropre, portant l'engagement de payer un louis, sera réellement préféré à la belle pièce d'or qu'il promet. La circulation de l'Écosse est une preuve palpable de cette assertion; et l'on en peut dire autant de la Norwége où, jusqu'en 1874, il n'y avait pas du tout d'or dans la circulation qui se composait principalement de billets d'un, de cinq et de dix dollars.

Il y a un point essentiel où la monnaie représentative diffère de la monnaie métallique : c'est que la première ne circule pas hors des limites du district ou de la contrée où elle a un cours légal et habituel. Sans doute les voyageurs emportent fréquemment à l'étranger des billets de la Banque d'Angleterre, et ces billets s'échangent presque partout sans difficulté contre la monnaie locale; mais ils ne circulent jamais et sont considérés comme des billets sur Londres qui présentent un moyen commode de remise. Ils ne payent pas une dette contractée par l'Angleterre envers un autre pays; ils la créent, puisqu'une banknote anglaise, dans les mains d'un banquier de Paris, représente une somme qu'il peut réclamer à la Banque d'Angleterre. La seule monnaie capable d'être réellement exportée pour payer une dette contractée envers des commerçants étrangers, c'est la monnaie métallique à valeur pleine. De là vient que le papier-monnaie possède exactement, pour chasser la monnaie normale, la même propriété dont jouissent les pièces trop légères ou dépréciées.

C'est ce qu'on a toujours constaté d'une manière manifeste pour les billets non convertibles. A mesure que la quantité des billets de ce genre s'accroît, ainsi qu'il arrive presque toujours, il faut exporter le numéraire métallique; autrement la quantité en circulation deviendrait excessive. Mais, quand la plus grande partie de ce numéraire a disparu, on commence à en sentir le besoin pour faire des paiements à l'étranger, et alors la valeur du papier tombe au-dessous de celle des espèces qu'il est censé représenter. Une foule de personnes se mettent à ramasser les espèces dans l'espérance d'en tirer du bénéfice, et bientôt on ne trouve plus que du papier dans la circulation. Cette propriété de chasser les espèces, dont jouit le papier, s'est manifesté bien souvent, par exemple à l'époque des assignats pendant la Révolution française, lors de la suspension des paiements en espèces à la Banque d'Angleterre entre 1797 et 1819, et dans la dernière guerre d'Amérique. Un des exemples les plus récents et les plus frappants se rencontre en Italie où de grandes quantités de belles pièces d'or et d'argent avaient été frappées en 1862 et 1865; mais elles disparurent toutes très-rapidement de la circulation dès qu'on eut proclamé le cours forcé du papier-monnaie.

CHAPITRE XVIII

DES MÉTHODES A EMPLOYER POUR RÉGLER LA CIRCULATION DU PAPIER.

Nous sommes maintenant en état d'étudier avec fruit les différentes méthodes d'après lesquelles on peut régler l'émission du papier-monnaie. Il n'y a peut-être, dans tout le domaine de l'économie politique, aucune question plus souvent agitée et qui soulève plus de débats; mais, si nous nous attachons soigneusement à l'analyse des faits, peut-être pourrons-nous nous faire une idée assez nette du sujet, et le dégager des obscurités dans lesquelles il est d'ordinaire complétement enveloppé. Les principes élémentaires de la question ne sont pas d'un caractère complexe; et si nous nous attachons fermement à ces principes, nous éviterons peut-être ce genre dangereux de vertige intellectuel dont les écrivains qui traitent du numéraire sont souvent attaqués.

L'État peut : ou bien garder entre ses mains le droit d'émettre la monnaie représentative, comme il fait pour les espèces métalliques, ou bien autoriser soit des particuliers, soit des compagnies et corporations à demi publiques, à se charger de ce travail sous un contrôle législatif plus ou moins rigoureux. Plus tard nous examinerons rapidement les avantages relatifs de ces deux genres d'émission; mais, dans l'un comme dans l'autre cas, nous devons établir la série suivante des méthodes d'après lesquelles on peut régler la quotité de l'émission et assurer l'exécution des engagements.

1° *Méthode du dépôt simple*. Celui qui émet les titres peut être obligé d'avoir constamment sous la main un stock de monnaies ou de lingots égal à la totalité des billets non détruits; et chacun de ses billets, payable immédiatement sur présentation, produira une diminution correspondante dans la réserve.

2° *Méthode du dépôt partiel*. Au lieu d'être obligé de garder la totalité des métaux précieux déposés dans ses caves, celui qui émet les billets peut être autorisé à employer une somme déterminée en fonds de l'État, ou en autres valeurs sûres et de rapport.

3° *Méthode du minimum de réserve*. Celui qui émet peut être tenu d'avoir entre les mains, en toutes circonstances, un minimum déterminé d'espèces et de lingots.

4° *Méthode de réserve proportionnelle*. On peut faire varier la réserve proportionnellement au montant des billets en circulation, la fixer, par exemple, au tiers ou au quart du total.

5° *Méthode du maximum d'émission*. L'autorisation peut être donnée d'émettre des billets dont le total ne dépassera pas une somme déterminée; et des pénalités prohibitives sanctionneront cette restriction.

6° *Méthode de limite élastique*. On peut assigner une limite au total des billets, comme dans la méthode précédente; mais les pénalités infligées à une émission excessive seront à dessein rendues si légères, que, dans certaines circonstances, l'auteur de l'émission aimera mieux ne pas la restreindre et payer l'amende.

7° *Méthode de réserve sur titres*. La propriété que l'émetteur est obligé de tenir en réserve, peut ne pas consister en pièces ou en lingots d'or ou d'argent, mais en fonds d'État, en actions, en obligations ou autres garanties de même nature.

8° *Méthode de réserve par propriétés réelles*. Au lieu d'une propriété composée de simples titres, on peut permettre que la réserve soit composée de propriétés variées, telles que terres, maisons, navires, actions de chemins de fer, etc.

9° *Méthode du change avec l'étranger*. On peut autoriser une banque importante à émettre des billets convertibles, en stipulant qu'elle n'augmentera pas le montant de ces billets en circulation tant que le change avec l'étranger sera au désavantage du pays, et rendra profitable l'exportation des espèces.

10° *Méthode de libre émission.* On peut abandonner à la libre concurrence des particuliers l'émission des billets, l'affranchir de toutes restrictions et de toutes conditions, et la soumettre uniquement aux lois qui s'appliquent à tous les contrats et engagements commerciaux.

11° *Méthode du pair de l'or.* On peut émettre du papier-monnaie ayant l'apparence des promesses de paiement, mais non convertible en espèces. L'émission en serait interdite tant que l'on constaterait que l'or fait prime, et le papier-monnaie pourrait être ainsi maintenu égal en valeur aux espèces dont il est la représentation nominale.

12° *Méthode par le paiement des impôts.* On peut émettre librement un papier-monnaie non convertible, mais essayer en même temps d'en soutenir la valeur en le recevant au lieu d'espèces pour le paiement des impôts.

13° *Méthode de convertibilité différée.* On peut émettre des billets avec promesse de les rembourser en monnaie métallique à une époque ultérieure, soit définitivement fixée, soit subordonnée à des événements à venir, politiques ou autres.

14° *Méthode du papier-monnaie.* Enfin, ceux qui émettent des billets constituant des promesses apparentes de paiement peuvent être dispensés entièrement de l'exécution de leurs promesses, de telle sorte que les billets circulent par la force de l'habitude, par l'ordre du souverain, ou par suite de l'absence de tout autre moyen d'échange.

Quoique j'aie énuméré dans cet exposé jusqu'à quatorze manières distinctes de régler l'émission du papier-monnaie, il n'est nullement certain qu'on n'ait pas employé de temps en temps d'autres méthodes. Il peut y avoir, en fait, un nombre presque illimité de marches à suivre pour assurer l'exécution des promesses ou pour en rendre l'exécution inutile. De plus, ces méthodes se combinent parfois les unes avec les autres, dans des proportions presque infiniment variées. On peut exiger, par exemple, que la réserve consiste

partie en espèces, partie en titres ou bien en propriétés
réelles. On peut autoriser un banquier à émettre des billets
pour une certaine somme sans lui faire aucune condition
relativement à une reserve, mais ne lui permettre l'émission, en dehors de ces limites, qu'avec la méthode du dépôt.

Il faudrait tout un volume, et des plus gros, pour décrire
suffisamment ces méthodes, leurs avantages ou leurs défauts
relatifs, les manières différentes dont elles ont été combinées
et appliquées en des temps et dans des lieux différents. Je
dois donc me borner, dans ce livre, à exposer brièvement
ce sujet cependant si étendu.

1º DÉPÔT SIMPLE.

Cette méthode était parfaitement représentée par les anciennes banques de dépôt qui existaient dans les Républiques
commerçantes de l'Italie, par les banques d'Amsterdam et
de Hambourg, ou par les orfèvres de Londres, tant qu'ils se
contentèrent de conserver sous bonne garde les espèces
confiées à leurs soins. Les billets émis dans ce système ont
un caractère purement représentatif, comme des certificats
d'entrepôts et des reconnaissances de prêteurs sur gages,
ainsi que je l'ai déjà expliqué tout au long.

La loi rend alors aussi assurée que possible l'exécution
des engagements. La somme totale d'une circulation de ce
genre variera exactement comme celle d'une circulation
métallique ; il n'y aura pas à craindre que le papier remplace les espèces et les fasse sortir du pays, parce que toute
banque, avant d'émettre des billets, doit nécessairement
avoir les espèces dans ses caves.

D'un autre côté les avantages de cette méthode sont relativement peu considérables, attendu que l'usage du papier
représentatif n'épargne que le frai des monnaies, ainsi que
l'embarras et le risque de les transporter et de les compter.
La communauté perd l'intérêt de toute la somme qui est
retenue comme garantie ; or c'est là, et de beaucoup, la principale dépense occasionnée par la monnaie, ainsi que nous
l'avons déjà vu. Les espèces seraient peut-être aussi plus
en sûreté dans les mains du public. Lorsqu'elles restent sans

utilité apparente, et qu'elles ne sont pas hors des atteintes
d'un pouvoir arbitraire, elles exercent souvent sur lui une
fascination irrésistible. Charles I⁺ saisit la monnaie déposée à
la Tour. Lorsque les Français envahirent la Hollande en 1795,
on reconnut qu'une grande partie des espèces que l'on croyait
déposées dans les caves de la Banque d'Amsterdam avaient
disparu, parce qu'elles avaient été prêtées secrètement à la
Compagnie Hollandaise des Indes Orientales et aux autorités
de la ville. Le gouvernement russe avait amassé avec soin,
dans la citadelle de Saint-Pétersbourg, une réserve de banque qui fut administrée par les membres du bureau de
Change, jusqu'au moment où les troubles de 1848 forcèrent
l'empereur à en prendre lui-même le contrôle. Dans une
foule de circonstances, des gouvernements, y compris le gouvernement anglais en 1797, ont fait usage des dépôts de
banque, en suspendant les paiements en espèces.

2⁰ DÉPÔT PARTIEL.

La Banque d'Angleterre, telle que l'a organisée l'Acte de
Constitution de la Banque en 1844, représente parfaitement
cette méthode. Chaque fois qu'un nouveau billet de cinq
livres sort du service de l'émission, il faut que 616 grains 37
d'or soient déposés dans les mains des directeurs de ce service. Toutefois la somme totale de l'or déposé dans les caves
est inférieure de quinze millions de livres à celle des billets
en circulation, cette différence constante étant couverte par
des garanties sur titres, et par une somme d'environ onze
millions que la Banque prête au gouvernement sans intérêt.
Grâce à cet arrangement, l'Angleterre a tous les avantages
du système à dépôt simple, tandis que la communauté bénéficie des intérêts qui se montent à 445,000 livres, sur lesquelles le gouvernement en reçoit annuellement 188,000. Le
contrat passé entre la Banque et le gouvernement est d'une
nature trop complexe pour qu'on puisse aisément l'approfondir ou même l'exposer; en somme il revient à un arrangement par lequel le gouvernement emprunte une grande
partie des quinze millions déposés, et autorise la Banque à
employer le reste pour se couvrir des dépenses qu'exigent

l'impression des billets et le service de la circulation. Je reparlerai de ce système dans le chapitre XXIV (p. 256). La méthode du dépôt partiel est le principe de la nouvelle loi sur l'émission des billets dans l'empire d'Allemagne; elle s'y combine avec la methode des limites élastiques, ce qui constitue peut-être un perfectionnement.

3° MINIMUM DE RÉSERVE.

Voici un autre moyen pour garantir le remboursement des titres, c'est d'obliger ceux qui les émettent à garder entre leurs mains une réserve en espèces qui jamais ne devra tomber au-dessous d'un montant déterminé. C'est comme si l'on recommandait à un homme de n'être jamais dépourvu d'argent, et, pour cela, de garder toujours un shelling dans sa poche. En effet, du moment que ce minimum de réserve doit rester dans les caves, on ne peut s'en servir pour répondre aux demandes quand elles se présentent. Une réserve de ce genre est sans utilité, à moins que le pouvoir législatif ou exécutif ne puissent suspendre arbitrairement les effets de la loi quand les porteurs des billets se précipitent sur les banques.

4° RÉSERVE PROPORTIONNELLE.

Celui qui s'engage par des billets à payer les sommes qui lui seront demandées, peut être obligé de conserver une réserve en espèces qui sera toujours égale au moins au quart des billets en circulation. C'est à peu près de cette façon que la circulation des billets des Banques nationales était réglée aux États-Unis dans ces derniers temps; et peut-être vaut-il mieux fixer la réserve d'une manière impérative que de s'en rapporter entièrement là-dessus à la discrétion et à la bonne foi des particuliers qui émettent les billets. Quand le banquier verra sa réserve descendre tout près de la limite légale, il sera forcé d'avoir recours à des garanties exceptionnelles, s'il ne veut pas enfreindre la loi. Mais si l'état fâcheux du commerce et du crédit fait qu'une grande partie des billets en circulation lui sont présentés, la

réserve en espèces diminuera dans une proportion plus forte
que le total des billets, puisque la quantité absolue de ceux-
ci est plus considérable. S'il y a des billets en circulation
pour 100,000 dollars, et 40,000 dollars de réserve, il est clair
que la présentation de 20,000 dollars de billets réduira les
nombres indiqués ci-dessus à 80,000 dollars en billets, contre
20,000 dollars de réserve. Or, si la loi exige que la réserve
soit toujours égale au quart des sommes dont la banque a
pris la responsabilité, il devient impossible alors de rembourser aucun billet. Ainsi, du moment que le banquier
laisse sa réserve descendre au minimum légal, il ne peut
plus se servir de sa réserve, à moins d'enfreindre la loi,
et l'on peut dire que la loi lui rend fort peu de services,
excepté quand il la viole. En réalité ce système, lorsqu'on
veut l'appliquer, revient à la méthode d'un minimum de
réserve que nous venons de décrire. C'est justement quand
le banquier a le plus grand besoin de sa réserve qu'il ne peut
y toucher, et l'arrêt forcé occasionné ainsi dans les paiements et dans les affaires eut aux États-Unis de cruelles
conséquences dans la panique de 1873.

De plus cette réglementation est peu efficace, ou même
tout à fait impuissante à lutter contre une extension exagérée de la circulation. La plus grande partie de la valeur
de tout billet additionnel maintenu dans la circulation est
une addition gratuite au capital empruntable de la banque,
et produit un intérêt tant que la circulation peut en être
maintenue.

5° MAXIMUM D'ÉMISSION.

On peut permettre à une ou à plusieurs banques d'émettre
des billets dont le total ne devra pas dépasser une certaine
somme fixée; c'est une méthode qui me paraît tout à fait en
accord avec les principes de l'économie politique. Elle
épargne les intérêts sur une certaine portion du médium
circulant, et fournit un numéraire commode et économique.
En même temps les billets émis ne peuvent chasser l'or du
pays que dans des limites déterminées. M. R. Inglis Palgrave
et d'autres ont fortement insisté sur ce que ce genre de limi-

tation est arbitraire et sur ce que le public a besoin d'un
numéraire plus abondant; mais il est toujours permis au
public d'employer, au lieu de ce numéraire, la monnaie métallique. La limitation imposée porte non pas sur la monnaie
totale, mais sur la partie représentative de cette monnaie;
et, quoique par là nous renoncions aux épargnes plus fortes
d'intérêt qui résulteraient d'une émission plus considérable,
il est un avantage qui peut compenser cette perte; c'est que
nous ne courons ainsi aucun risque de produire une abondance factice d'or. Ce système peut être facilement étudié
dans les 170 banques anglaises qui sont encore autorisées à
émettre des billets. Sir Robert Peel fit décider, dans l'Acte
de 1844, qu'elles pourraient, sans aucune condition de réserve, continuer à émettre en moyenne autant de billets
qu'elles en avaient émis dans les douze semaines qui précé-
daient un jour fixé. Si l'une de ces banques dépassait le
total ainsi déterminé, elle encourait une amende égale à la
moyenne de l'excédant émis dans le mois; de plus on exigeait de toutes les banques d'émission qu'elles fissent, sous
la foi du serment, des rapports sur l'état de leur circulation.

6° LIMITE ÉLASTIQUE.

Ce terme est le meilleur que je puisse trouver pour une
nouvelle méthode de réglementation qui vient d'être adoptée
dans la loi relative à l'organisation des banques de l'empire
d'Allemagne. En ce qui concerne l'émission des billets, l'organisation des banques en Allemagne sera au fond la même
qu'en Angleterre. La nouvelle Banque Impériale, et les autres banques d'État ou banques particulières qui se confor-
meront aux exigences de la loi, auront collectivement le
droit d'émettre des billets sans garantie en or jusqu'à concurrence de 385 millions de marcs. Elles peuvent en outre
faire une nouvelle émission correspondant à un dépôt d'or
d'une valeur égale. Jusque-là, c'est exactement la méthode
du *dépôt partiel* que nous avons déjà décrite (p. 181).
Cependant, comme on objectait que l'Acte de Constitution
des banques anglaises avait été violé en plusieurs occasions,
pour prévenir une panique, les législateurs allemands ont

permis une émission plus considérable de billets, pourvu qu'on payât sur cet excédant une taxe de 5 pour cent. On a voulu par là qu'aucune banque ne trouvât de profit à excéder les limites normales. Il nous semble que cette organisation fonctionnera d'une manière satisfaisante, et qu'elle constitue un perfectionnement sur la méthode anglaise. Sans doute le gouvernement anglais a toujours privé la Banque d'Angleterre des intérêts qu'elle percevait sur l'excédant de billets émis pendant la suspension de l'Acte de 1844. Mais la loi allemande rend élastique dans tous les cas la limite de l'émission, de manière qu'une panique n'est plus à craindre.

7° RÉSERVE SUR TITRES.

Il semble qu'il suffise, pour assurer la convertibilité des billets, que les banquiers, en les émettant, prouvent qu'ils possèdent des propriétés considérables sous forme de fonds d'État, d'obligations, de billets du trésor, de rentes, ou même de bons billets de commerçants, le tout en assez grande quantité pour établir la parfaite solvabilité de leur maison. Surtout si on laisse une marge considérable, il peut paraître impossible que les billets ne soient pas *finalement* payés. Cependant, lorsqu'on raisonne ainsi, on oublie que les billets de banque constituent des promesses de payer en or ou en espèces métalliques ayant cours forcé, et de payer sur *présentation*, ce qui n'est pas du tout la même chose que de payer *finalement*. Avec une réserve de cette nature, on ne peut effectuer de paiements considérables qu'en vendant, contre de la monnaie métallique, les bons et les obligations ; or, c'est justement lorsque l'or et l'argent sont rares que les billets sont présentés pour être remboursés. Sans doute des fonds d'État et de bons billets peuvent toujours se vendre à un certain prix, de sorte qu'une maison de banque pourvue de ce genre de réserve pourra toujours conserver sa solvabilité. Mais pour la communauté le remède pourrait être pire que le mal, et la vente forcée de la réserve pourrait causer sur le marché monétaire une perturbation plus dangereuse que la suspension du paiement des billets. Le paiement des billets sur présentation implique la possession d'une quantité parfaitement suffisante d'or et d'argent; et, s'il n'y a pas dans le pays assez de lingots et d'espèces, il n'est pas de titres ni d'engagements de payer à une échéance ultérieure qui puissent en tenir la place.

8° RÉSERVE EN PROPRIÉTÉS RÉELLES.

Beaucoup de théoriciens ont soutenu, que pour assurer le remboursement des billets nous ne devons pas nous en tenir à une seule marchandise, c'est-à-dire à l'or, mais que nous pouvons à cet effet hypothéquer la terre, les maisons et tout autre genre de propriété réelle immobilière. Le célèbre projet de J. Law était de cette nature. Dans son remarquable traité intitulé *Considérations sur la monnaie et le commerce*, et *Projet pour fournir de la monnaie à la nation*, traité publié en 1705, il parle de nommer des commissaires pour *monnayer* des billets *qui seraient reçus en paiement quand ils seraient présentés*; ce qui veut dire, je présume, qu'ils auraient le cours forcé. Il propose successivement trois manières d'émettre ces billets sur la garantie de biens-fonds : la première et la plus simple était de les prêter aux propriétaires territoriaux à l'intérêt ordinaire, dans la proportion de la moitié ou des deux tiers de la valeur de leurs biens. Il essaye de prévenir la dépréciation des billets en ayant soin que les prix soient toujours évalués en monnaie d'argent.

Les assignats du gouvernement révolutionnaire français représentaient des terres *assignées*, c'est-à-dire des domaines confisqués sur l'Église et les émigrés. Ils devaient être retirés et détruits à mesure que les terres seraient achetées par le public. Mais, comme le prix de la terre n'était pas fixé, on n'établissait aucune proportion entre la terre et le papier, et aucune quantité de terre ne pouvait empêcher les assignats de tomber, comme ils firent, jusqu'au deux-centième de leur valeur originelle. Plus tard, lorsqu'on émit des *mandats*, on essaya de fixer dans ces mandats le prix de la terre : mais cette tentative échoua encore. Les billets inconvertibles, représentant des terres hypothéquées, qui furent émis par

Frédéric-le-Grand pour remplir son trésor épuisé par les guerres, étaient d'une nature analogue ; mais ils produisaient des intérêts.

La terre est assurément une des meilleures garanties pour assurer le paiement final d'une dette, et par conséquent elle est d'un emploi très-convenable quand l'argent est prêté à longue échéance. Mais les billets représentatifs se proposent d'être équivalents à des sommes d'or payables sur demande, et rien n'est moins facile que la terre à convertir en or au besoin. A cet égard une réserve en propriétés réelles ne vaut pas une réserve en bons du Trésor ou en Consolidés.

On a généralement soutenu cette méthode de se procurer le papier-monnaie, en disant que la quantité de monnaie en circulation pourrait être par là grandement accrue, et la richesse de la nation augmentée. Il serait cependant aisé de montrer qu'une augmentation dans la quantité de monnaie en circulation doit amener une réduction dans la valeur de cette même monnaie. L'industrie étant dans un état donné, on n'a besoin que d'une certaine quantité de numéraire ; et si les billets étaient réellement convertibles en quantités déterminées de terre ou de toute autre marchandise réelle, les billets en excès finiraient toujours par être présentés en paiement. Supposer qu'on peut rendre la circulation égale, en valeur totale, à une partie considérable des terres d'un pays, c'est une absurdité évidente.

9° RÈGLEMENT FONDÉ SUR LE CHANGE AVEC L'ÉTRANGER.

Il y avait, au commencement du siècle, une théorie fort en faveur parmi les directeurs de banques : c'est qu'une circulation en papier pouvait se régler uniquement en observant le taux des changes avec l'étranger, et en restreignant l'émission quand la baisse du taux et l'exportation des espèces montraient une dépréciation du papier. C'était une des méthodes proposées en opposition au célèbre *Bullion Report*, et si l'on veut avoir une idée des discussions interminables qui eurent lieu à ce sujet, on en trouvera le résumé dans le Traité de M. Macleod sur *les Banques*, vol. II, chap. IX.

Sans doute il vaut mieux régler l'émission sur le change avec l'étranger que de ne pas la régler du tout; mais cette méthode, appliquée rigoureusement, donnerait les mêmes résultats que la méthode du dépôt, et ce n'est qu'un moyen indirect et peu sûr d'atteindre au même but.

10° SYSTÈME DE LIBRE ÉMISSION,

Une certaine école d'économistes soutient, en Angleterre comme en Amérique, qu'on devrait permettre à tous les particuliers d'émettre autant de billets remboursables sur demande qu'ils en peuvent faire accepter à d'autres personnes. Ils appellent ce système : Système de la liberté des banques. Mais cette désignation n'est pas correcte, parce qu'il n'entre pas nécessairement dans les fonctions d'un banquier d'émettre des engagements de ce genre, et il existe en Angleterre beaucoup de banques qui n'ont aucun pouvoir d'émission. Nous discuterons plus longuement cette question dans un chapitre ultérieur : j'ajouterai seulement ici que, dans le système de l'émission illimitée, un banquier est tenu par la loi de payer un billet émis par lui; mais qu'il reste entièrement libre de garder à cet effet la réserve en espèces qu'il trouve bon de conserver. Sans doute, en règle générale, les billets émis ainsi seront remboursés; mais, si nous considérons les fluctuations du commerce, qui, loin de diminuer, deviennent de plus en plus marquées, nous voyons qu'il se présentera des périodes où tout le monde voudra toucher la valeur de ces billets. L'expérience prouve surabondamment qu'un certain nombre d'individus compteront beaucoup trop sur leur bonne fortune et se trouveront incapables, quand le moment critique arrivera, de tenir les promesses auxquelles ils voulaient rester fidèles.

11° MÉTHODE DU PAIR DE L'OR.

Supposons qu'un numéraire en papier non convertible soit émis et entièrement réglé par le gouvernement; la plupart des inconvénients d'un pareil système pourront être évités si l'émission est limitée ou arrêtée dès que le prix de l'or

relativement à celui du papier s'élève au-dessus du pair.
Tant que les billets et les monnaies d'or qu'ils prétendent
représenter, circulent sur un pied d'égalité, ces billets sont
aussi bons que s'ils étaient convertibles. Depuis le commencement de la guerre entre la France et la Prusse, la Ban-
'que de France paraît avoir appliqué ce principe avec succès. Malgré les troubles politiques et financiers qui ont agité
la France, les billets non convertibles n'ont jamais subi
qu'une dépréciation de 1/2 à 1 pour cent. Mais il s'est présenté bien peu de cas où, comme dans celui-ci, une circulation en papier non convertible n'ait pas été sérieusement
dépréciée. Pendant la restriction des paiements en espèces
en Angleterre, l'or se vendait et s'achetait avec une prime
qui atteignait jusqu'à 25 pour cent ; et cependant Fox, Van-
sittart et les principaux politiques de l'époque déclaraient
qu'il était absurde de supposer une dépréciation du papier.
Les préjugés des hommes au sujet du numéraire sont tellement inexplicables qu'il est bon en pareille matière de ne
rien livrer à un pouvoir discrétionnaire.

12° CONVERTIBILITÉ PAR LE PAIEMENT DES IMPÔTS.

Souvent des gouvernements ont essayé de soutenir la valeur d'un numéraire en papier en s'engageant à le recevoir
pour le paiement des taxes, ou même en le déclarant obligatoire à cet effet. Quand le gouvernement russe émettait
des assignats, il les recevait à un taux fixe au lieu de monnaie de cuivre, et exigeait que le vingtième au moins de
tout paiement fût effectué ainsi. Les assignats français du
temps de la Révolution étaient aussi reçus dans les caisses
publiques. Ce serait là une bonne méthode d'assurer la stabilité de la valeur du papier monnaie à deux conditions : —
1° que les taxes et les droits divers fussent eux-mêmes per-
çus selon un tarif fixé ; 2° que la quantité des billets émis
restât dans des limites modérées, et que par suite toute personne qui voudrait réaliser les siens en monnaie métallique
pût en trouver une autre obligée de payer des impôts et disposée par conséquent à lui donner des espèces en échange
de billets. Mais il est très-improbable que ces conditions puis-

sent jamais être pleinement et commodément réalisées dans
la pratique.

Les greenbacks des Etats-Unis étaient reçus dans toutes
les caisses de l'État; ils devaient être acceptés aussi en paiement de toutes les taxes et de tous les droits jusqu'à concurrence de certaines sommes déterminées, excepté pour les
droits de douane; mais, quoiqu'il y ait ainsi un certain nombre de billets retirés, cela n'empêche pas la dépréciation, si
ces billets sont rejetés bientôt dans la circulation avec addition de billets nouveaux destinés à faire face aux besoins
pressants du gouvernement.

Les timbres-poste s'emploient en petites quantités comme
monnaie dans plusieurs pays. Dans les premières années de
la guerre d'Amérique on en faisait un grand usage, comme
monnaie divisionnaire. Ils constituent maintenant un moyen
de paiement reconnu en Angleterre, et la plupart des directeurs des postes les reprennent avec un escompte de 2 1/2
pour cent, pourvu qu'on en présente deux ou davantage
encore adhérents l'un à l'autre. Toutefois, indépendamment
de ce rachat, on fait une telle consommation de ces timbres
que l'excès dans la quantité n'en peut guère diminuer la valeur. Ils fournissent un moyen commode et peu dispendieux
d'envoyer de petites sommes, par exemple d'un demi-penny
à cinq shellings, et il n'y a guère d'inconvénient à ce qu'ils
soient employés à l'occasion pour rendre de la monnaie,
au lieu de pièces de bronze. Toutefois ce serait un fort mauvais numéraire s'ils circulaient en grandes quantités.

13° CONVERTIBILITÉ DIFFÉRÉE.

Une ressource souvent employée par les gouvernements
insurrectionnels ou belligérants, dépourvus de fonds, consiste à émettre des billets par lesquels ils s'engagent à payer
en espèces lorsqu'ils auront réussi à s'établir. Quand on promet aussi un intérêt proportionnel au délai, ces billets doivent être regardés plutôt comme des obligations. Tels étaient
les billets émis à New-York par Kossuth pour fournir des fonds
aux Hongrois; ils devaient être payés après l'établissement
d'un gouvernement hongrois indépendant. Le fameux Wal-

ker signa de semblables billets en qualité de président du gouvernement provisoire de la république de Nicaragua. Le meilleur exemple de ce genre de numéraire nous est certainement fourni par les billets du Trésor des Etats confédérés révoltés, billets dont les premiers émis devaient être payables six mois après la ratification d'un traité de paix avec les Etats-Unis, et les derniers deux ans après la conclusion de ce traité.

14° PAPIER-MONNAIE NON CONVERTIBLE.

Nous arrivons enfin au papier-monnaie proprement dit, émis par un gouvernement dont la volonté lui donne cours forcé. Ces billets non convertibles ont toujours été jetés dans la circulation comme convertibles ou à la place de titres convertibles, et leur valeur est toujours exprimée en unités de monnaie. Ainsi les mandats français de 100 francs portaient cette inscription équivoque « Bon pour cent francs. » Les misérables chiffons de papier qui circulent à Buenos-Ayres sont marqués ainsi « Un peso, moneda corriente, » en souvenir du temps où le peso était une belle pièce de bon poids. Lorsqu'on a reconnu que ces promesses de paiement en espèces sont illusoires, les billets circulent encore, en partie par l'effet de l'habitude, en partie parce qu'on a besoin d'un numéraire quelconque, et qu'on est dépourvu d'espèces, ou bien qu'on conserve les espèces, si l'on en possède, pour en tirer un bénéfice ou s'en servir au besoin. Beaucoup d'exemples prouvent cependant qu'un papier-monnaie non convertible, si la quantité en est soigneusement limitée, peut garder toute sa valeur. C'est ce qui arriva pour les billets de la Banque d'Angleterre pendant plusieurs années, lorsque les paiements en espèces eurent été suspendus en 1797; c'est ce qui arrive encore actuellement pour les billets de la Banque de France.

Les principales objections qu'on peut adresser à la circulation d'un papier non convertible sont au nombre de deux.

1° Les grandes tentations qu'il offre pour une émission exagérée qui serait suivie d'une dépréciation.

2° L'impossibilité d'en faire varier le montant pour le mettre en accord avec les exigences du commerce.

A peine est-il nécessaire de raconter une fois de plus la vieille histoire de l'émission exagérée de papier-monnaie qui s'est presque toujours produite chaque fois qu'on a supprimé la nécessité légale de la convertibilité. Il n'y a guère de nation civilisée, si l'on excepte quelques-unes des colonies anglaises les plus récentes, qui n'ait souffert du fléau du papier-monnaie. La Russie a eu, pendant plus de cent ans, une circulation consistant en papier-monnaie déprécié, et l'on en peut lire l'histoire dans l'ouvrage de M. Wolowski sur les finances de la Russie. A plusieurs reprises des édits impériaux imposèrent des limites à l'émission ; mais elle reprenait de plus belle à la première guerre. L'Italie, l'Autriche et les Etats-Unis, pays où l'on pourrait supposer que les gouvernements sont guidés par la science économique la plus avancée, souffrent tous les inconvénients d'un papier. Dans l'histoire des premiers temps de la Nouvelle-Angleterre et dans celle des autres États qui font maintenant partie de l'Union américaine, nous voyons sans cesse des émissions nouvelles de papier-monnaie entasser de nouvelles ruines. On trouvera des détails complets dans le livre nouveau et intéressant du professeur Sumner « History of American « Currency ». Quelques-uns des politiques les plus illustres ont signalé ces résultats, et l'on ne devrait jamais oublier l'opinion de Webster à ce sujet. Il dit du papier monnaie : « Il nous a fait plus de mal que toute autre calamité. Il nous a tué plus d'hommes, il a plus contribué à corrompre et à troubler les intérêts les plus chers de notre pays, il a occasionné plus d'injustices que les armes et les artifices de nos ennemis. »

L'émission d'un papier-monnaie non convertible a souvent été recommandée, ainsi que le fait remarquer le professeur Sumner, comme un moyen commode de faire au peuple un emprunt forcé, lorsque les finances d'un gouvernement sont dans une situation désespérée : il est fort vrai qu'on peut ainsi soustraire de l'argent au peuple, et que les dettes du gouvernement sont réellement diminuées. Mais, en même temps, tout particulier qui est débiteur est autorisé à lever une contribution forcée sur son créancier. Il faut qu'un gouvernement soit dans une situation bien désespérée, pour se hasarder à violer ainsi tous les contrats, toutes les relations sociales pour la protection desquels il avait été créé.

DÉFAUT D'ÉLASTICITÉ DU PAPIER-MONNAIE.

Une autre objection à faire au papier qui n'est pas convertible en espèces, c'est que la quantité n'en varie point en obéissant à l'action naturelle du commerce. On ne peut l'exporter ni l'importer comme la monnaie métallique. Le gouvernement seul, ou les banques autorisées par le gouvernement ont le droit de l'émettre ou de le retirer. Par conséquent, si le commerce devient plus actif, un décret du gouvernement peut seul autoriser la production d'un surcroît de numéraire ; si ce surcroît est versé dans la circulation et que le commerce se ralentisse, le numéraire devient surabondant et perd de sa valeur. Or, on ne peut se fier au service gouvernemental, même le mieux informé, pour décider avec sagesse et impartialité du moment où une plus grande quantité de monnaie est nécessaire. Le numéraire doit être fourni, comme toutes les autres marchandises, conformément à la libre action des lois de l'offre et de la demande.

Quelques personnes ont soutenu qu'il était bon d'avoir du papier-monnaie, pour former une circulation nationale incapable de s'épuiser en s'écoulant à l'extérieur et affranchie des influences perturbatrices du commerce étranger. Mais nous ne pouvons séparer le commerce intérieur du commerce étranger qu'en renonçant complétement à ce dernier. Si deux nations trafiquent ensemble, les métaux précieux formeront nécessairement le moyen international d'échange à l'aide duquel les dettes seront soldées, et l'équilibre entre les deux peuples rétabli. Par conséquent, chaque commerçant, en donnant des ordres, en livrant ou en vendant ses marchandises, doit tenir compte, non pas du prix en papier de ces marchandises, mais du prix en or ou en argent qu'il paie réellement pour les acquérir.

En résumé l'or et l'argent continuent à être la mesure réelle de la valeur, et le numéraire variable en papier n'est qu'un terme de comparaison additionnel propre à entraîner la confusion.

CHAPITRE XIX

LES TITRES DE CRÉDIT.

On a beaucoup obscurci la théorie de la monnaie en affir-
mant vaguement que le crédit peut remplacer les espèces,
et qu'il nous suffit d'imprimer un nombre suffisant de billets
et d'autres engagements de ce genre pour avoir un médium
circulant assez abondant. On a dit que le crédit multiplie
la propriété, qu'il n'est point de prodige qu'il n'accomplisse.
Cependant, lorsque nous analysons la nature du crédit,
nous voyons qu'il se borne à un simple délai de paiement. *J'obtiens du crédit*, quand j'obtiens de mon créancier
qu'il consente à ne recevoir que dans un mois ce qu'il pourrait me réclamer dès aujourd'hui ; je fais *crédit* lorsque je
permets de même à mon débiteur de différer le paiement
de sa dette. Le crédit implique donc, ainsi que Locke l'a
dit avec beaucoup d'exactitude, « l'attente d'une somme
de monnaie pendant un certain temps limité. » Les dettes
peuvent sans doute consister en une quantité déterminée
d'une marchandise quelconque, par exemple, du blé, du
fer, de l'huile de palme, du coton, ou tout autre article de
commerce ; mais, le plus souvent, les dettes sont des dettes
de monnaie légale à cours forcé.

MANIÈRE DE MESURER LE CRÉDIT.

Pour mesurer et déterminer exactement la somme du crédit accordé ou reçu, et pour estimer la valeur actuelle d'une dette, nous devons tenir compte au moins de cinq choses différentes, qui sont les suivantes :

1° La quantité de monnaie à recevoir.

2° L'intervalle de temps qui s'écoulera probablement avant le paiement.

3° Le plus ou moins de probabilité du paiement.

4° Le taux d'intérêt qui prévaudra probablement dans l'intervalle.

5° Les responsabilités légales que la dette crée ou implique.

Ceux qui ont écrit sur le numéraire se sont beaucoup trop habitués à confondre ensemble tous les genres de titres de crédit, sans tenir compte des résultats importants que peuvent produire des différences très-légères dans la loi ou dans l'usage. Sans doute, tout engagement qui promet un paiement en numéraire a une certaine valeur ; mais le degré d'utilité qu'il présente pour faciliter les échanges varie beaucoup avec les circonstances.

BILLETS DE BANQUE.

Ce que nous appelons un billet de banque est un engagement émis par un banquier, dans lequel il s'oblige à payer immédiatement au porteur, sur sa demande, la somme qui s'y trouve mentionnée. Le billet peut être cédé sans aucune formalité, de sorte que le détenteur, comme celui d'une pièce de monnaie, doit en être considéré à première vue comme le possesseur, et qu'il peut réclamer l'exécution de la promesse à tout moment, avant l'heure ordinaire de la fermeture des bureaux, et sans qu'il soit fait aucune recherche sur ses droits. Si le banquier ne paie pas le billet quand il lui est présenté, ce manque de parole ne donne aucun droit de revendication contre les personnes par les mains desquelles le billet a pu passer auparavant, de sorte qu'il est employé

continuellement, comme une monnaie métallique, à solder
des dettes et à remplir des engagements. Une remarque
importante à faire, c'est qu'un billet, étant payable à présentation, ne produit aucun intérêt et ne s'achète jamais
moyennant escompte, à moins que le paiement final n'en
soit douteux. Par conséquent, le détenteur d'un billet n'a,
comme le détenteur des monnaies ordinaires, aucun motif
de le garder, si ce n'est pour des achats à venir. Quand
un homme a plus de billets qu'il ne croit en dépenser dans
la semaine ou les deux semaines suivantes, il n'a rien de
mieux à faire que de les déposer dans une banque, où ils
seront plus en sûreté, et où, en même temps, ils produiront
intérêt. Il y a donc dans les billets une tendance naturelle à
circuler comme les espèces, et l'on est porté à n'en garder
que la plus faible quantité possible, celle qui est nécessaire
aux achats de détail.

CHÈQUES.

Un chèque, payable au porteur, est un ordre adressé à un
banquier, ordre par lequel on l'invite à payer au porteur
et sur sa demande, la somme mentionnée au chèque. Il ne
produit pas plus d'intérêt que le billet de banque et se trans-
met de main en main sans formalité, de sorte que le détenteur en est à première vue le possesseur. Quand on a une
confiance entière dans le crédit du tireur et celui de la banque
sur laquelle le chèque est tiré, on ne voit guère en quoi le
chèque peut le céder au billet de banque comme monnaie
représentative, si ce n'est parce qu'il n'est pas tiré d'ordinaire
pour une somme ronde. Dans certains pays on a employé
les chèques de cette façon, est aujourd'hui encore, à Queens-
land, en l'absence d'espèces et de billets, les colons paient
leurs ouvriers en petits chèques sur des banques, chèques
qui sont reçus dans les magasins et deviennent ainsi le médium circulant de la colonie. On trouve sans peine quelques
objections à faire à cet usage des chèques.

Il est impossible de bien connaître les formes de chèque
de toutes les banques, les signatures de ceux qui les tirent
et le crédit des tireurs. Si le public avait l'habitude de rece-

voir et de payer journellement les chèques sans s'informer bien soigneusement de leur valeur réelle, il y aurait pour la fraude des facilités immenses. Les faux seraient faciles, mais à peine nécessaires ; car il vaudrait mieux se procurer un livre de chèques, et alors remplir des chèques pour des sommes excédant les dépôts qui sont dans les mains du banquier. Quiconque accepte un chèque le reçoit ainsi avec des risques de fraude ou de banqueroute de la part du tireur. En outre, il est possible que la banque sur laquelle il est tiré fasse faillite ; car c'est un point bien établi par la loi, que, si le détenteur d'un chèque ne le présente pas « en temps raisonnable, » c'est-à-dire au plus tard dans le jour qui suit la réception du chèque, avant l'heure ordinaire de la fermeture des bureaux, il perd ses droits contre le tireur, au cas où la banque sur laquelle le chèque est tiré vient à faire faillite. Il est facile d'en voir la raison ; c'est que le tireur perd le dépôt qu'il avait laissé dans les mains du banquier pour rembourser le chèque, et qu'il ne doit pas souffrir du manque de diligence du détenteur.

Cette loi, ainsi que d'autres dispositions, produit un effet salutaire ; ainsi les chèques ne remplacent pas la monnaie dans la circulation en Angleterre. Mais, comme on les présente généralement un ou deux jours après les avoir reçus, ils servent de simples instruments pour des transferts de monnaie, et n'impliquent pas un crédit d'une longue durée. On n'a rien à gagner à conserver un chèque ordinaire, car il ne produit pas intérêt ; et quelquefois on peut y perdre. Si donc on met de côté la peine qu'exige le recouvrement, aucune raison n'empêche le détenteur de convertir une fois pour toutes son chèque en espèces ou en billets qui, sans lui rapporter plus d'intérêts, sont du moins plus sûrs. Il peut, ce qui vaut mieux encore, déposer la somme chez ses banquiers, en retirer pendant quelque temps un faible intérêt, et tirer à son tour un nouveau chèque lorsqu'il a quelque argent à payer. L'expérience montre que cette dernière façon d'agir est la plus satisfaisante ; car l'argent est d'ordinaire plus en sûreté et plus facilement disponible dans les mains d'un bon banquier que partout ailleurs ; et en général, dans cette situation, il ne cesse pas de produire des intérêts. C'est sur cette base qu'on a élevé le vaste système de paiement décrit dans le chapitre suivant, et qu'on peut appeler le *système du chèque et du clearing* (liquidation).

Il y a plusieurs variétés de chèques. Les chèques des banquiers sont ceux qu'un banquier tire sur un autre ; ils s'emploient d'ordinaire comme moyen de libération. Si les banquiers jouissent tous deux d'un crédit parfait, et si leur signature peut être vérifiée, il me semble que de pareils chèques ne le cèdent en rien aux billets de banque, comme monnaie représentative. Si deux banques parfaitement connues s'arrangeaient pour tirer des chèques l'une sur l'autre pour des sommes égales et *commodément distribuées*, et si elles les émettaient parmi leurs clients, elles échapperaient ainsi avec succès à la loi qui interdit l'émission illimitée des billets. Cependant, telle est la force de l'habitude, ou le respect de la loi, qu'on ne fait aucune tentative de ce genre, et que les chèques des banquiers sont présentés presque aussi promptement que les autres.

Les chèques certifiés ou acceptés, tels qu'on les emploie à New-York, se rapprochent encore davantage des billets de banque : car ce sont des chèques marqués, par les banquiers sur qui ils sont tirés, comme devant être payés sans difficulté à présentation. Ou bien le banquier, en acceptant l'engagement porté sur le chèque, a des fonds qui appartiennent au tireur et qu'il peut conserver pour rembourser le chèque, ou bien il engage son propre crédit en assurant que, dans tous les cas, le chèque sera payé. De pareils chèques sont réellement des engagements pris par le banquier, avec un recours possible contre le tireur ; mais ils ne circulent pas en qualité de numéraire, sans doute, à ce que je présume, parce que cette acceptation n'est valable que pour le temps raisonnablement nécessaire à la présentation. Les chèques de la Banque des Chèques, qui seront étudiés plus loin (chapitres XXII), sont équivalents à des chèques acceptés, en ce qu'ils ne peuvent être émis que contre des dépôts qui sont conservés jusqu'à ce que le chèque arrive à présentation.

Dans ces dernières années l'habitude s'est généralement répandue de faire des chèques payables à ordre et non au porteur, et de les libeller de manière à rendre nécessaire leur présentation par un banquier. Sans doute l'ordre peut être donné par un endossement à découvert, qui rend de nouveau le chèque payable au porteur ; il est encore possible de faire un faux endossement, et il s'est même élevé des difficultés périodiques à ce sujet. Un endossement général n'influe pas nécessairement d'une manière appréciable sur la circulation d'un chèque; mais quand il est libellé d'une manière spéciale, pour être présenté par l'intermédiaire d'une banque particulière, le chèque devient dans la pratique un ordre au crédit d'un individu déterminé qui a un compte ouvert dans cette banque, avec la somme mentionnée.

LETTRES DE CHANGE.

Une lettre de change est un ordre donné à une personne de payer une certaine somme au détenteur légitime du titre, à un certain jour indiqué dans la lettre. Si elle est payable à vue, elle ne diffère pas en apparence d'un chèque ou d'une traite à ordre, sauf qu'elle est généralement tirée sur des personnes qui ont moins de crédit que des banquiers bien connus. Si elle n'est pas payable à vue, le temps qui doit s'écouler entre le jour fixé pour le paiement et le jour de l'émission varie depuis un jour ou deux, et l'argent ne peut être réclamé dans l'intervalle. Aussi une lettre de change produit-elle en général un intérêt, ou plutôt on l'achète avec un escompte suffisant pour la conserver sans perte jusqu'à l'échéance. Pour évaluer les probabilités de perte, il faut estimer autant que possible le taux d'intérêt qui sera généralement admis dans l'intervalle, et la valeur de la lettre changera ainsi selon une foule de circonstances. On peut faire des lettres de change payables au porteur; mais elles sont généralement payables à une personne déterminée, et transférées par endossement à d'autres personnes déterminées. Aussi, dans une lettre de change, toutes les parties intéressées encourent une certaine responsabilité dont elles ne sont déchargées que par le paiement. A plusieurs égards, une lettre de change peut donc différer de la monnaie métallique, qui ne produit aucun intérêt, et qui nous décharge de toute responsabilité, au lieu de nous en créer une, lorsque nous la livrons en paiement d'une dette.

TITRES PRODUISANT INTÉRÊT

Il est extraordinaire que les auteurs qui ont écrit sur le numéraire aient si rarement remarqué la différence profonde séparant les titres commerciaux qui produisent intérêts de ceux qui n'en produisent pas. C'est en raison de cette différence qu'ils peuvent, ou ne peuvent pas, constituer une monnaie représentative. C'est en effet un caractère essentiel de la monnaie métallique qu'on ne gagne rien à la garder dans la poche ou en caisse. Je puis être obligé de garder de l'argent et de le tenir prêt pour payer mes dettes ; mais, pendant ce temps, je perds l'intérêt que je recevrais si j'employais la somme à acheter des titres de rentes, des actions, des obligations, ou même si je la déposais dans une banque. La monnaie peut donc être considérée comme une marchandise *dans un état constant d'offre et de demande*, suivant l'expression de Michel Chevalier. Chacun essaye toujours de s'en défaire par quelque achat utile, et la garde entre ses mains aussi peu que possible. Cela est encore plus vrai des billets de banque, des chèques, des billets à vue et de quelques autres titres qui sont aussi toujours payables à présentation, de sorte qu'on ne peut leur attribuer aucun intérêt. Si leur paiement n'était pas quelquefois incertain, et si leur possession ne pouvait susciter au détenteur quelques difficultés légales, ces titres auraient tous les caractères du numéraire en espèces, et l'on en conserverait le minimum de ce qu'exigent les besoins courants. On conserve, au contraire, en quantités aussi grandes que possible, les titres produisant intérêts, parce que plus on les garde, et plus l'intérêt augmente. La grande affaire de tout banquier est d'avoir un portefeuille plein de bons effets qui représentent en réalité le placement du capital dans l'industrie. Les rentes sur l'État, et les obligations émises par des compagnies ou des sociétés publiques, ne diffèrent des effets de commerce que parce qu'ils sont remboursables à des époques très-reculées, ou même ne sont pas remboursables du tout, et parce que l'intérêt en est payé à des époques déterminées. De telles obligations représentent des placements à fonds perdus dans des entreprises permanentes, et sont conservées, par conséquent, comme propriété par les particuliers. Elles peuvent être achetées ou vendues contre de la monnaie; mais elles ne sont pas une monnaie elles-mêmes. Elles nécessitent, plutôt qu'elles ne remplacent, l'usage de la monnaie, puisqu'on a dû faire un paiement en monnaie lors du premier placement, et que l'on continue à faire, aux époques fixées, d'autres paiements périodiques, aussi en monnaie.

On a vu parfois des faiseurs de projets émettre cette idée que nous devrions avoir, outre notre circulation ordinaire, *un numéraire produisant intérêts*. Les premiers assignats français qui furent émis, et qui représentaient une somme peu considérable, produisaient intérêt. Le gouvernement des États-Unis tenta, il y a douze ans, une expérience semblable, à laquelle il renonça bientôt. On a proposé de transformer en monnaie toute la dette anglaise, de sorte qu'au lieu de quatre milliards de numéraire, métallique ou en papier, l'Angleterre en aurait près de vingt-cinq milliards. M. E. Hill a publié un modèle de billet de banque qui donne au porteur le droit de toucher cent livres sterling (2,500 fr.) à présentation, et un intérêt de 3 1/3 pour cent jusqu'au moment où le billet est présenté; un tableau inscrit sur le billet indique le montant de l'intérêt. Mais il est évidemment impossible qu'un gouvernement émette de pareils billets. En effet, toutes les fois que le taux courant de l'intérêt s'élèverait au-dessus de 3 1/3, et que, par conséquent, la valeur du billet serait au-dessous du pair, on aurait avantage à le présenter pour en toucher le montant. Le gouvernement qui émettrait ces billets serait donc obligé, pour les acquitter, de tenir en réserve une quantité considérable d'espèces, et de payer en même temps un intérêt pour la totalité des billets. Il y aurait une perte d'intérêts sur toute la réserve en espèces.

Le gouvernement anglais a rendu la dette nationale aussi transférable que possible en autorisant, aux termes de la loi (Actes 33 et 34 de Victoria, chap. 71) l'émission de Certificats de rentes (*stock certificates*). Ces Certificats ressemblent

aux obligations des États-Unis et d'autres gouvernements.
Ils portent des coupons pour le paiement de l'intérêt, et,
quand le nom est laissé en blanc, ils se transmettent de la
main à la main, comme des billets de banque. Ils sont émis
en échange d'annuités de trois pour cent pour des sommes
rondes qui ne sont ni au-dessous de 50 ni au-dessus de
1000 livres. Si le droit à une annuité pouvait être transmis,
comme une monnaie, d'une personne à l'autre, ces certificats
permettraient de le faire. Mais on comprend bien qu'il n'a
jamais été employé de certificats de ce genre que pour un
total relativement peu élevé. Ils sont, à ce que je crois, assez
communément employés par des banquiers ou d'autres personnes, qui ont besoin de conserver, pour un temps peu
considérable, certaines sommes placées en rentes sur l'État,
et qui peuvent, par le moyen de ces certificats, épargner le
coût des transferts. En général, on préfère, dans le public, la
vieille méthode d'avoir sa rente inscrite sur les livres de la
Banque d'Angleterre.

DÉFINITION DE LA MONNAIE.

On a dépensé une somme d'esprit considérable en tentatives pour définir le terme de *monnaie*, et il s'est élevé des
discussions très-sérieuses relativement aux genres précis de
titres de crédit qui doivent être compris sous ce terme. Les
espèces métalliques à cours forcé, ayant le titre et le poids
établis par la loi, sont incontestablement de la monnaie.
Comme des billets de banques convertibles , à cours forcé,
sont exactement équivalents à la monnaie métallique contre
laquelle ils peuvent à tout moment être échangés, on a souvent pensé que ces billets pouvaient aussi être désignés par
le même nom. Mais la loi donne souvent le cours forcé à des
billets non convertibles, qui peuvent ainsi jouer le rôle de
monnaie dans le commerce intérieur. Faudra-t-il aussi leur
donner ce nom? Alors on en viendra également à se demander si les chèques ne sont pas aussi une monnaie.

Il me semble que dans tous ces essais de définition il y a
une erreur de logique; elle consiste à supposer que nous
pouvons, en fixant la signification d'un seul mot, éviter

toutes les différences et toute la complexité d'une foule de choses dont chacune exigerait une définition particulière. Les lingots, les pièces à valeur pleine, les jetons, les billets convertibles et non convertibles, à cours forcé et sans cours forcé, les diverses variétés de chèques, les billets de commerce, les bons du Trésor, les Certificats de rente, etc., sont autant de choses qui peuvent être reçues en paiement d'une dette, si le débiteur consent à les livrer et le créancier à les recevoir; mais ce sont néanmoins des choses très-différentes. En donnant aux unes et en refusant aux autres le nom de monnaie, nous n'éviterons pas la nécessité d'en étudier les nombreuses différences légales et économiques. Les lingots ne sont évidemment pas des pièces de monnaie; mais ils peuvent recevoir ce caractère à peu de frais ou sans frais, et serviront, aussi bien que les espèces métalliques, dans les paiements à l'étranger. Les monnaies à valeur conventionnelle, ou jetons, ne sont pas des espèces à valeur pleine. Les billets de la Banque d'Angleterre ne sont pas tout-à-fait des monnaies; mais ils peuvent être facilement convertis en monnaie par ceux qui habitent près de la Banque d'Angleterre, et d'autres personnes les reçoivent comme équivalant à des monnaies. Les chèques ne sont pas de la monnaie, mais des ordres grâce auxquels on peut en recevoir sur sa demande, et leur valeur est proportionnelle à la probabilité qu'on a de recevoir la somme spécifiée. Des billets acceptés constituent un engagement de livrer de la monnaie à jour fixe; et, si nous mettons de côté la possibilité d'une faillite de la part de celui qui s'est engagé à les rembourser, ces billets sont, pour ainsi dire, de la monnaie différée. Un certificat de Rentes consolidées établit le droit de celui qui le possède à une annuité, c'est-à-dire à des sommes de monnaie payées par trimestre.

Nous revenons, en résumé, à notre point de départ. La monnaie-type à valeur pleine et à cours forcé est celle en unités de laquelle toutes les transactions et toutes les pièces commerciales sont exprimées; mais, suivant des circonstances infiniment variées, la *réception* de la monnaie est plus ou moins probable, plus ou moins différée, plus ou moins sujette à des complications légales, et le montant do la mon-

naie reçue est variable aussi, suivant qu'un intérêt doit ou
ne doit pas s'ajouter à la somme primitive. Toutes les autres
propriétés commerciales, créances hypothécaires, actions et
obligations privilégiées, actions ordinaires se résolvent en
une probabilité plus ou moins grande de recevoir des espèces à une date ultérieure ; nous passons ainsi, et insensiblement, du Souverain d'or dans la poche à la chance la plus
légère de recevoir une monnaie d'or nous appartenant encore aussi peu que l'oiseau volant dans un bois.

Le mot de *cash* (comptant, espèces, encaisse) est employé d'une manière tout aussi ambiguë que celui de monnaie. Primitivement *cash* signifiait ce qui est *encaissé*. Dans
le sens rigoureux du mot il devrait signifier des espèces
réelles, et, dans quelques banques anglaises, on ne l'applique
qu'aux monnaies du royaume. Mais un examen plus attentif
me prouve que les caissiers de banques lui donnent une foule
de sens différents. Quelques-uns admettent que les billets de
la banque d'Angleterre peuvent être désignés par le nom de
cash. De bons chèques tirés sur une banque, et déposés dans
cette même banque, ont évidemment autant de valeur que
des espèces. D'autres étendent ce nom aux chèques tirés sur
des banques différentes dans la même ville, et quelquefois
même aux billets des banques provinciales. C'est évidemment
là une question de mesure, qui ne peut être résolue que lorsque les caissiers s'accorderont ensemble pour accepter la
même définition.

Dans le langage ordinaire nous employons une foule de
mots sans aucun souci d'une grande précision logique. Qui
décidera, par exemple, des objets que nous devons comprendre sous les noms de *bâtiment* et de *maison?* Que le lecteur
essaye de dire si l'on peut, et pour quelles raisons on peut
classer sous ce terme de *maison*, les objets suivants : étables,
vacheries, magasins, hangars, phares, tentes, cavansérails,
pontons, guérites, glacières, pavillons, prisons. La difficulté
est exactement la même lorsqu'il s'agit de décider ce qu'est la
monnaie et ce que nous devons ranger sous le nom de *cash*.

CHAPITRE XX

On réalise, ainsi que nous l'avons vu, une économie considérable de métaux précieux, en faisant circuler, au lieu de monnaie d'or, des morceaux de papier qui la représentent. Mais il y a une source bien plus abondante d'économies dans ce qu'on appelle le *système du chèque et du clearing*, ou *liquidation par compensation*, système dans lequel les dettes sont moins payées que mises en balance les unes avec les autres. Le type de la méthode se trouve dans la pratique ordinaire du *livre de comptes courants*. Si deux maisons ont l'une avec l'autre des transactions fréquentes, dans lesquelles elles achètent et vendent alternativement, ce serait une dépense de monnaie absurde que de régler immédiatement chaque dette contractée, lorsqu'en peu de jours il peut s'en contracter une dans la direction opposée. Par conséquent, c'est l'usage, pour les maisons qui ont des transactions réciproques, de porter sur leurs livres au débit et au crédit l'une de l'autre la dette résultant de chaque transaction, et de n'effectuer un paiement réel que lorsque la balance atteint des proportions considérables et trop incommodes. Un courtier d'assurances agit comme intermédiaire entre les propriétaires d'un navire et les membres des compagnies qui l'assurent chacune pour leur part. Il doit donc faire aux assureurs un grand nombre de petits paiements pour les primes des polices, et, à son tour, il reçoit de temps en temps des indemnités pour les navires assurés qui se perdent. L'usage s'est établi d'éviter les paiements en numéraire; le courtier porte les primes au crédit des assureurs, et les pertes à leur débit; il ne paie ou n'encaisse, pour régler la balance, que lorsqu'elle est considérable.

Afin de représenter le système très-complexe de crédit mutuel organisé par les banquiers d'un grand pays, nous devrons avoir recours à l'usage des diagrammes. Je ferai donc remarquer que le cas, ou type, le plus simple du crédit mutuel est représenté par la formule

$$P - Q$$

Chacune des lettres P et Q désigne une personne ou une maison, et la ligne indique qu'il y a des transactions entre elles. Cependant, c'est seulement dans des cas spéciaux que cette balance directe de comptes dispense de l'emploi du numéraire ou d'un système plus complexe. En général, il y a un excédant de marchandises qui se porte dans une des deux directions, de sorte que le courant de l'argent se fait dans la direction opposée. Le manufacturier vend au commerçant en gros, celui-ci au détaillant, et le détaillant au consommateur. Mais, grâce à l'intervention du banquier, les transactions d'un grand nombre de particuliers, ou même de plusieurs branches de commerce, sont concentrées dans un même centre, et une grande quantité de paiements peuvent être balancés les uns avec les autres.

SYSTÈME D'UNE SEULE BANQUE

Pour nous faire une idée claire du moyen par lequel les banques nous permettent de ne pas employer l'argent comme médium d'échange, nous devons suivre le développement du système depuis le cas le plus simple jusqu'à l'organisation complexe qui existe en Angleterre. Imaginons d'abord une ville isolée, n'ayant aucune relation appréciable avec le reste du monde, et possédant une banque unique, dans laquelle chacun des habitants a déposé ses fonds. Si une personne quelconque a veut faire un paiement à b, elle n'a pas besoin d'aller à la banque pour en retirer des espèces et les porter chez b; elle peut remettre à b un chèque qui invite le banquier à verser au besoin les espèces dans les mains de *b*. Mais si *b*, de son côté, opère ses paiements de la même manière, il n'aura pas besoin de retirer ces espèces. Ce serait une pure formalité pour *b*, de recevoir les espèces qui lui sont dues par *a*, et de les rendre immédiatement au même banquier pour les faire porter à son crédit. Il suffit, pour opérer le paiement, d'inscrire la somme sur le compte d'*a* à son *débit*, et sur le compte de *b* à son crédit. Si *b* veut faire un autre paiement à *c*, il suffira d'enregistrer la chose de la même façon sur le grand livre du banquier. Et quel que puisse être le nombre des autres commerçants, *d*, *e*, etc., leurs transactions réciproques peuvent être réglées de la même façon, sans qu'ils voient une seule pièce de monnaie. Nous pouvons représenter cette organisation élémentaire des banques par la figure suivante,

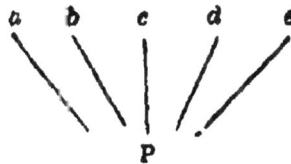

dans laquelle on voit au premier coup d'œil que P représente l'unique banquier, tandis qu'*a*, *b*, *c*, *d*, *e*, représentent ses clients Les anciennes banques d'Amsterdam et de Hambourg donnent d'excellents exemples de cette combinaison.

Ainsi une certaine quantité d'espèces, qui demeure immobile à la banque, et à laquelle personne ne touche, peut suffire à toutes les transactions intérieures d'une ville. Si les commerçants ne sont jamais obligés de faire des paiements à distance, on pourra se passer complétement de monnaie métallique. Mais, comme quelques-uns des clients, *a*, *b*, *c*, etc., peuvent avoir besoin d'argent, le banquier en doit garder au moins autant qu'il en faut pour faire face aux demandes possibles.

SYSTÈME A DEUX BANQUES

Supposons, en second lieu, une ville capable d'entretenir deux banques. Parmi ses habitants, les uns ont leurs fonds déposés dans une de ces banques, les autres dans l'autre, et tous ceux qu'il est utile de considérer ici ont un compte courant dans l'une ou dans l'autre. Dans le diagramme suivant, admettons que P et Q soient les deux ban-

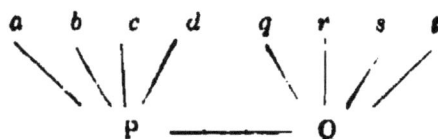

quiers ; *a*, *b*, *c*, *d*, seront des clients de P, et *q*, *r*, *s*, *t*, des clients de Q. Maintenant, les transactions mutuelles de *a*, *b*, *c*, *d*, se balanceront, comme auparavant, dans les livres de P, et il en sera de même d'un autre côté pour les clients de Q. Mais si *a* doit faire un paiement à *q*, l'opération devient un peu plus compliquée. Il tire un chèque sur P et le remet à *q*, qui peut par conséquent demander de l'argent à P. S'il n'a pas besoin d'argent, il porte le chèque à son propre banquier Q, et le fait inscrire à son compte comme si c'était de l'argent. C'est le banquier Q qui devra maintenant présenter le chèque à P, et il semble d'abord qu'il faudra bien finir par faire usage de numéraire.

Cependant, il y aura d'autres personnes qui feront dans la même ville des paiements de la même manière ; et il est fort probable que quelques-unes de ces opérations aboutiront à mettre dans les mains de P des chèques sur Q, et quelques autres des chèques sur P dans les mains de Q. Les deux banquiers seront alors dans la situation des deux négociants mentionnés plus haut (p. 207), qui ont un compte courant l'un chez l'autre. Au pis-aller, le paiement à faire en espèces se réduira à la balance de ce qui est dû, en sens opposés. Mais comme cette balance penchera probablement aujourd'hui dans un sens et demain dans un autre, elle n'a besoin d'être soldée que lorsqu'elle prend des proportions incommodes.

SYSTÈME DE BANQUES MULTIPLES.

Une grande ville de commerce possède ordinairement plusieurs banques dont chacune a son groupe distinct de clients. Les transactions mutuelles qui s'opèrent dans chaque groupe se balanceront, comme auparavant, sur les livres de la banque commune. Mais la plupart des transactions se croiseront, et aboutiront à une dette contractée par un banquier à l'égard de l'autre. Sans doute, il est fort probable que chaque banquier aura chaque jour des sommes à recevoir et des sommes à payer; mais il ne s'ensuit pas qu'il doive les payer à ceux qui sont eux-mêmes ses débiteurs. La complication des relations devient extrême; ainsi quatorze banquiers peuvent former $\dfrac{14 \times 13}{2}$ ou 91 couples différents dans chacun desquels il peut y avoir des dettes réciproques, et cinquante banques ne feraient pas moins de 1225 couples. Il en résulte que P peut se trouver débiteur de Q pour une balance considérable, tandis qu'il a, à peu de chose près, la même somme à recevoir de R ou de S. Un transport réel de monnaies dans de telles circonstances serait absurde; il est évident qu'en étendant plus loin le système des comptes courants, on peut résoudre définitivement la difficulté. Il suffit que les différentes banques s'entendent pour désigner en quelque sorte une *banque des banquiers* qui conservera une partie des fonds de chaque banque; les dettes mutuelles des banquiers seront alors balancées exactement comme si cette banque opérait pour des particuliers. Dans la figure suivante nous voyons quatre banques, P, Q, R, S, dont chacune a ses clients particuliers, mais qui sont mises en relation les unes avec les autres par la banque des banquiers, X.

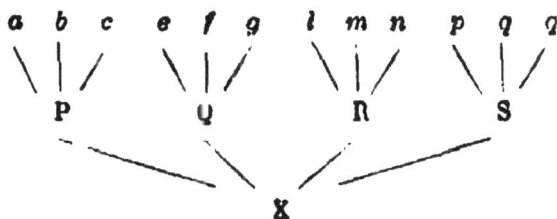

P n'a pas besoin maintenant d'envoyer un commis pour présenter des liasses de chèques sur Q, R et S; il peut les faire payer à la banque centrale, X, où ils seront portés au crédit de P; puis réunis encore à de semblables liasses de

chèques reçus de Q, R, S, ils seront finalement présentés
aux banques sur lesquelles ils sont tirés. Tous les paiements faits ainsi par chèques seront effectués sans l'emploi d'aucune monnaie, comme s'il n'y avait qu'une seule
banque dans la ville. D'ordinaire, les sommes que chaque
banque doit payer chaque jour se balancent assez exactement avec celles qu'elle doit recevoir. La balance qui reste
sera soldée par un transfert inscrit sur les livres de X, la
banque des banquiers.

Il n'est pas tout-à-fait vrai de dire qu'il y ait, dans aucune ville d'Angleterre, une banque de banquiers réglant
ainsi les paiements d'une banque à l'autre. Le rôle d'agent
comptable est rempli dans ces opérations par une institution
appelée *Clearing-House* (chambre de liquidation), que dirige
un comité de banquiers; c'est la Banque d'Angleterre qui
conserve les dépôts des banquiers et qui opère les transferts
par lesquels se terminent les transactions de chaque jour.
Nous décrirons, dans le chapitre suivant, l'organisation du
Clearing-House.

SYSTÈME DES BANQUES SUCCURSALES.

On est forcé de reconnaître que l'organisation du système
des banques anglaises subit actuellement une transforma-
tion complète, et se rapproche de celui qui existe en Ecosse
depuis un siècle et davantage. Au lieu d'un grand nombre
de petites banques, faibles et sans liens entre elles, nous
voyons s'élever, par la fusion et l'extinction des plus
petites, un nombre moindre de banques importantes dont
chacune possède de nombreuses succursales (ou branches).
Les banques d'Ecosse ont depuis longtemps des succursales
nombreuses, et chacune des onze grandes banques actuellement existantes en compte en moyenne 78, le minimum étant
de 19, et le maximum de 125. Quelques-unes des banques
anglaises ont déjà des ramifications aussi étendues. Ainsi la
Banque de Londres et du Comté (*London and County Bank*)
et la Banque Nationale des Provinces (*National provincial
Bank*), qui ont développé d'une manière particulière le système des succursales, en ont, la première 148, et la seconde

137 ; la Banque du District de Manchester et de Liverpool a 50 succursales et sous-succursales. Les banques irlandaises adoptent aussi le même système, et la Banque Nationale d'Irlande compte environ 114 succursales et sous-succursales. C'est un fait intéressant qu'en Australie aussi le système des banques ait pris une forme semblable, et qu'un nombre relativement faible de banques importantes, comme celle de la Nouvelle-Galles du Sud, ou celle de la Nouvelle-Zélande, fondent dans chaque village naissant une de leurs succursales.

Or, les relations étroites qui existent entre le bureau principal d'une banque considérable et chacune de ses succursales amènent dans les transactions une grande facilité de liquidation. Le diagramme de la page 210 sert encore à figurer cette relation, X étant le bureau principal, P, Q, R, S des banques succursales, et a, b, c, d, etc., représentant les clients. Si a paie m avec un chèque sur P, le chèque sera remis à R, porté là au crédit de m, envoyé aussitôt par la poste à P, et porté dans cette banque au *débit* de a. Le bureau principal, informé de cette transaction par le rapport quotidien accoutumé, terminera l'affaire en transférant la somme du compte de P à celui de R. Il semble qu'il y ait un grand travail de comptabilité; c'est un travail de pure routine et qui occasionne peu de frais. Les envois de fonds sont rarement nécessaires, parce que chaque succursale règle ses comptes uniquement avec le bureau principal, de sorte que des sommes nombreuses sont créditées et débitées chaque semaine et que d'ordinaire la balance est peu considérable. En fait, le bureau principal agit comme *clearinghouse*, ou banque des banquiers.

Une autre question s'élève à présent : comment les succursales d'une banque feront-elles des affaires avec celles d'une autre banque? La solution est bien simple. A moins que les succursales ne se trouvent dans la même ville, ou qu'elles ne soient, pour d'autres raisons, en relations intimes les unes avec les autres, elles communiqueront entre elles par l'intermédiaire des bureaux principaux. Un chèque tiré sur une branche ou succursale quelconque de la *London and County Bank*, et reçu par une branche de la *National Provincial Bank*, sera présenté par le bureau principal de

cette dernière au Clearing-house et porté au débit du bureau
principal de la première.

Un autre trait important de l'organisation du système des
banques est l'extension que prend l'usage des agences. Une
grande banque a des transactions de différente nature à
opérer dans chacune des principales places de commerce
du royaume ; si elle n'a pas de succursales dans ces villes,
elle emploie dans chacune d'elles un banquier qui lui sert
d'agent. Cette *banque-agence* reçoit les chèques, les effets,
les billets payables dans le district, paye les traites tirées
sur elle par le bureau principal, retire les effets conformément
à ses instructions, et fait presque tout ce qu'une succursale
pourrait faire, sauf cette différence capitale que la rémunération de son travail consiste en une commission. Chaque
banque-agence a un compte-courant au bureau principal, de
sorte que jusqu'à un certain point chaque banque importante,
avec ses agences, constitue un système de liquidation analogue à celui que forme une banque avec ses succursales.

Il s'est insensiblement développé en Angleterre un système universel et complet de relations entre les banques de
la province et celles de la cité de Londres. Tous les banquiers du Royaume-Uni, sans aucune exception, je pense,
emploient comme agent l'une ou l'autre des grandes banques de la cité de Londres. Il y a dans la cité vingt-six banques de liquidation (*clearing banks*) qui se chargent de ce
rôle, et chacune d'elles représente en moyenne douze banques provinciales; mais quelquefois elles en représentent
bien davantage, et quelques banques de la province ont à
Londres deux banques-agences.

Ce système d'agences amène encore une simplification des
transactions; car, si deux banques de la province ont à Londres le même agent, tous leurs règlements de comptes mutuels peuvent s'opérer par des transferts sur les livres de

l'agent. Le diagramme de la page 210 trouve ici une troisième application; X représente alors l'agent de la cité, qui
a des comptes-courants avec les banques de province P, Q,
R, S. Tous les clients de toutes les banques qui ont le même
agent à Londres sont mis ainsi en relations étroites, quoiqu'ils habitent peut-être dans des régions de la province fort
éloignées les unes des autres. Chacune des banques de la
cité peut être regardée comme une banque de liquidation et
comme un *Clearing-House* en petit.

SYSTÈME DE LIQUIDATION DES PROVINCES.

Il ne reste plus qu'un pas à faire pour compléter le système de relations entre chaque banque du royaume et toutes
autres banques. Toute banque de province a, comme nous
l'avons vu, un compte-courant avec quelque banque de
Londres, et toutes les banques de Londres règlent chaque
jour leurs transactions mutuelles à l'aide du *Clearing-House*.
Il s'en suit qu'un paiement peut s'effectuer, d'une partie
quelconque de la province à une autre partie quelconque,
par l'intermédiaire de Londres. Dans le diagramme suivant,
mettons que P, Q, R, soient des banques de province ayant

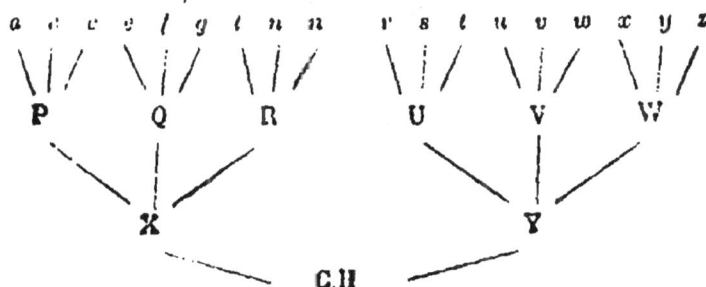

à Londres leur agent X, et que U, V, W soient d'autres banques de province ayant à Londres l'agent Y. Si *a*, client de
P, veut faire un paiement à *r*, client de U, il envoie par la
poste un chèque sur son banquier, P. Celui qui le reçoit, *r*,
le fait porter à son compte par U, qui n'ayant aucune communication directe avec P, l'adresse à Y, qui le présente par
l'intermédiaire du *Clearing-House* à X; celui-ci le met au
débit de P, et le lui adresse par le premier courrier. Il ne

peut y avoir rien de plus simple et de plus parfait que cet arrangement.

Il sera aussi facile de voir que des sommes d'argent, passant d'une banque de Londres à l'autre, ou plutôt liquidées dans le *Clearing-House* de Lombard Street, seront souvent les balances de comptes-courants considérables entre les banques de province et leurs agents et correspondants. Tant que la balance des comptes entre deux banques ne prend pas des proportions exagérées, il est inutile de la solder en numéraire, à moins de raisons spéciales. Quand la balance doit être soldée et que les banques se trouvent avoir à Londres le même agent, il suffit que la banque débitrice ordonne à son agent de Londres de transférer telle somme au crédit de l'autre banque de province. Si leurs agents de Londres ne sont pas les mêmes, si P, par exemple, dans le dernier diagramme, désire payer une balance à V, cela se fait en ordonnant à X de créditer Y, agent de U. Le billet de crédit, qui effectue ce paiement, passe au Clearing-House parmi une masse d'effets qui représentent des paiements dans un sens ou dans l'autre, et d'ordinaire il ne forme qu'un article insignifiant dans la liquidation générale. S'il est finalement payé en numéraire, c'est, ainsi que nous le verrons, sous la forme d'un transfert final sur les livres de la Banque d'Angleterre. Quelque considérables que soient les transactions qui se règlent chaque jour au Clearing-House de Londres, elles se réduisent, après tout, à celles qui n'ont pas été liquidées antérieurement par des communications plus directes, et souvent elles représentent les balances d'une multitude de transactions qui ne passent jamais par Londres.

CHAPITRE XXI

LE CLEARING-HOUSE

Grâce au système des agences de Londres, les transactions des banques de la province sont, ainsi que nous l'avons vu, concentrées dans la cité de Londres comme dans un foyer. Le règlement des *dettes-comptes* réciproques de vingt-six principales banques de la cité est donc une affaire d'une importance et d'une gravité extraordinaires, puisqu'il s'agit là de régler définitivement les affaires d'une grande partie du globe. Dans une salle de dimensions médiocres, où l'on entre par un passage étroit qui vient du bureau de poste de King William Street, à Lombard Street, des dettes. qui se montent en moyenne, à peu près à vingt millions sterling par jour, sont liquidées sans qu'on emploie une seule pièce de monnaie, un seul billet de banque. Dans ces parages classiques de la finance, dans le voisinage de Lombard Street, ou pour mieux dire. dans cette salle même, le système du commerce par le papier a été porté tout près de la perfection. L'histoire des débuts du Clearing-House de Londres et de ses progrès est enveloppée d'obscurité, et il est fort à souhaiter que ceux qui en connaissent les incidents principaux les arrachent à l'oubli avant qu'il ne soit trop tard.

La première création du Clearing-House paraît remonter juste à un siècle. Vers 1775, quelques-uns des banquiers de la cité louèrent une chambre où leurs commis devaient se réunir pour y échanger des effets et des billets, et régler leurs dettes mutuelles. La société était une sorte de club d'un caractère complétement privé; le public ne la connaissait pas le moins du monde, et les transactions étaient conduites avec un secret absolu. M. Gilbart nous apprend que, même sous cette forme, l'innovation n'inspirait qu'une confiance médiocre, et quelques-uns des principaux banquiers refusèrent toutes relations avec elle. Peu à peu cependant, les avantages de cette pratique se manifestèrent; la société admit un plus grand nombre de banquiers; on forma pour la diriger un comité spécial, et on lui donna un règlement. Quoi qu'il en soit, aujourd'hui encore, une association privée et libre, sans statuts, et en fait inconnue à la loi, le Clearing-House a constamment grandi en importance et donné de la publicité à ses opérations.

Dans les vingt-cinq dernières années, le travail de la liquidation a accompli plusieurs progrès considérables. Les Banques par actions de Londres (*London Joint Stock Banks*), fondées après 1833, ne purent pendant longtemps se faire admettre au Clearing-House; mais, en juin 1854, on les autorisa enfin à se joindre à l'association. Longtemps, la Banque d'Angleterre est demeurée tout-à-fait en dehors de la confédération; mais, plus récemment, elle y est entrée, quoiqu'elle se contente d'y présenter des effets sur d'autres banques. Les banques de West End à Londres ne sont pas encore associées au Clearing-House : c'est peut-être qu'en raison de la distance de Lombard Street, elles ressemblent sur ce point aux banques provinciales, et doivent comme elles opérer les liquidations par leurs agents de la cité.

Avant 1858, les opérations du Clearing-House étaient restreintes à l'échange de chèques et de billets réellement tirés sur les banquiers associés. Les banquiers de province, qui recevaient des chèques tirés sur d'autres banques de province éloignées, avaient l'habitude de les adresser directement par la poste; la banque payante effectuait le paiement en ordonnant à son banquier de Londres de verser la somme à l'agent que la banque créancière avait à Londres. En 1858, sur la proposition de M. William Gillett, mais surtout grâce aux efforts de sir John Lubbock, le système de liquidation pour la province fut organisé. Le banquier de province, au lieu d'envoyer chaque jour par la poste une

foule de chèques dans toutes les parties du royaume, les
envoie, en un seul paquet, à son agent de Londres, qui les
présente, par l'intermédiaire du Clearing-House, aux agents
qu'ont à Londres les banques débitrices.

Cet échange se fait, ainsi que nous le verrons, à différentes heures du jour; mais les résultats sont additionnés
dans la balance générale des affaires du jour.

FONCTIONNEMENT DU CLEARING-HOUSE DE LONDRES.

Il y a chaque jour trois liquidations au Clearing-House de
Lombard Street. La liquidation du matin commence d'ordinaire à 10 heures et demie ; les traites ne sont plus reçues
après 11 heures, et le travail doit être terminé à midi. La
liquidation des provinces commence alors; les traites sont
reçues jusqu'à midi et demi, et le travail est terminé à
2 heures et quart. Mais la liquidation la plus chargée est
celle de l'après-midi, qui commence à 2 heures et demie.
La fougue et la furie du travail touchent au comble à quatre
heures ; les courriers se précipitent sans relâche dans la
salle, avec les derniers paquets de traites, jusqu'au moment
où la porte est définitivement fermée. Le 4 de chaque mois,
époque à laquelle le travail est le plus considérable, le
nombre des heures est augmenté, et c'est à neuf heures du
matin qu'a lieu l'ouverture.

Le Clearing-House est une salle oblongue, d'une grande
simplicité, garnie sur trois côtés et dans le milieu de pupitres placés dans des compartiments. A l'une des extrémités s'élève un petit bureau pour les deux surveillants.
Chaque banque envoie autant de commis qu'il en faut pour
exécuter le travail rapidement, et quelques banques n'ont
pas moins de six commis. Les chèques et effets que l'une
de ces banques, par exemple, l'*Alliance Bank*, doit présenter aux autres, ont été inscrits d'abord dans les bureaux
de cette banque, sur un livre appelé a *Out clearing book* »,
puis divisés en vingt-cinq paquets, d'après le nombre des
autres banques de liquidation, dont chacune recevra un de
ces paquets. En arrivant au Clearing-House ces paquets
sont distribués, autour de la salle, aux pupitres des commis
qui représentent les différentes banques payantes ; ceux-ci

les inscrivent immédiatement sur les livres appelés « *In clearing books* », aux colonnes qui portent en tête le nom de la banque qui les présente. Après avoir été enregistrés, les effets sont aussitôt que possible envoyés aux bureaux de la banque. Tous les chèques ou billets dont le paiement est refusé sont appelés « renvois » (*returns*); ils peuvent d'ordinaire être adressés de nouveau au Clearing-House le même jour, et sont alors inscrits comme revendication inverse faite par la banque qui les refuse sur les banques qui les lui ont présentés. A la fin de la journée, les commis de l'*Alliance Bank* sont en état de faire le total des sommes que réclament d'eux les vingt-cinq autres banques, et ils voient dans l'*Out clearing book* le total des sommes que l'*Alliance Bank* réclame aux autres banques. La différence est la balance pour laquelle l'*Alliance Bank* devra, suivant les circonstances, payer ou être payée. Les balances sont communiquées aux surveillants du Clearing-House; ils les inscrivent sur une sorte de feuille des balances. Quand les additions totales sont faites, les colonnes du crédit et du débit de la feuille doivent se balancer exactement, puisque chaque penny qu'une banque doit recevoir est nécessairement payé par une autre banque.

Autrefois la balance due par, ou à chaque banque se payait en banknotes, et en 1839, des transactions journalières qui montaient en moyenne à trois millions se liquidaient avec 200,000 livres en billets et 20 livres en espèces, c'est-à-dire avec une somme de numéraire égale au plus au quinzième des dettes liquidées. Plus récemment, on a appliqué une idée de feu Charles Babbage, et les balances ont été payées par des traites sur la Banque d'Angleterre, à laquelle chaque banquier de la Cité dépose une grande partie de ses fonds de réserve.

Un arrangement ingénieux de détail dans l'organisation du *Clearing House* de Londres, c'est la répartition des vingt-six banques en trois groupes ; ainsi l'un des commis de liquidation de l'*Alliance Bank* correspond avec un groupe déterminé des autres banques, un autre commis avec le second groupe, et de même pour le troisième. De cette manière, lorsque deux banques confrontent ou corrigent leurs comptes, on sait sûrement quel commis doit répondre aux questions qui se croisent à travers la salle.

Quoique la rapidité et la sûreté avec laquelle les affaires se règlent dans le Clearing House de Londres méritent toujours d'exciter l'étonnement, il est bien permis de se demander s'il n'y aurait pas lieu d'y introduire des améliorations. La salle ne me paraît pas assez spacieuse pour l'exécution commode et parfaite d'un travail si vaste et qui ne fait que s'accroître. Bien que certaines banques n'emploient pas moins de six commis, parfois ceux-ci sont surchargés. La facilité que l'habitude donne à ces commis, pour faire et additionner les inscriptions, est fort remarquable ; mais le travail de tête si intense qu'ils exécutent en très-peu de temps, dans une atmosphère qui est loin d'être pure, au milieu du bruit et du tapage produits par les rectifications que s'adressent mutuellement les commis d'un côté à l'autre de la salle, doit être singulièrement fatigant. Il en résulte parfois des maladies du cerveau.

On doit aussi se demander si le privilége du Clearing sera pour toujours restreint à vingt-six banques importantes de la Cité, lorsqu'il y a certainement beaucoup d'autres banques existantes, ou en voie de formation, qui gagneraient comme les autres à posséder l'entrée du Clearing House. Nous verrons qu'à New-York le cercle est beaucoup plus étendu. A présent les banques secondaires de Londres sont obligées d'employer comme agents les banquiers qui font partie du Clearing, ou de renoncer complétement aux avantages de cette institution. Il n'est guère juste et il me paraît impossible qu'un monopole si étroit, et cependant si précieux, soit toujours maintenu.

LE CLEARING-HOUSE DE MANCHESTER.

Quoique le Clearing House de Londres soit incontestablement le berceau du système, et que nulle part ce travail ne soit organisé sur une si grande échelle, il ne s'ensuit pas qu'il mérite, plus que tout autre, d'être imité dans des villes d'une moindre importance. Deux villes de province au moins, Manchester et Newcastle, ont établi des Clearing-Houses locaux. On m'a dit aussi que les banquiers de Liverpool avaient récemment combiné entre eux un système du même genre, et il est possible que les banquiers de quelques autres villes l'aient fait aussi, sans que le fait soit généralement connu. Grâce à l'obligeance de quelques membres du comité, j'ai reçu des renseignements complets sur le fonctionnement du Clearing-House de Manchester. L'organisation, si je ne me trompe, paraît en avoir été dirigée surtout, et avec beaucoup de succès, par M. E. W. Nix. Il est peut-être bon de la décrire en détail, car elle pourrait être appropriée aux besoins de beaucoup de villes de l'Angleterre, de l'étranger ou des colonies, qui sans doute établiront avant peu des Clearing-Houses.

Dans celui de Manchester, le travail s'exécute entièrement à l'aide de tableaux détachés, et non sur des livres de comptes comme à Londres. Quoique ces tableaux puissent paraître un peu nombreux et compliqués, ils sont d'un grand secours pour régler la balance d'une manière sûre et régulière. Le commis de liquidation, avant de quitter sa banque, trie les effets qu'il doit remettre, et en fait treize paquets, un pour chacune des treize autres banques, puis il remplit treize listes, une pour chaque paquet ; chaque liste est conforme à la formule ci-dessous, et chaque chèque est représenté seulement par le chiffre de la somme qu'il porte. Une copie de la liste est enregistrée dans un des livres de la banque destiné à cet usage.

Formule n° 1.

MANCHESTER BANK CLEARING

MEM. OF CHEQUES DELIVERED BY

TO

Clearing _ _ _ _ 187

Il fait le total de chacune de ces listes, et il l'inscrit dans une des colonnes de gauche du tableau n° 2. Il obtient ainsi un relevé complet de toutes les sommes qu'il doit réclamer aux autres banques, et le total de la colonne détermine le montant de « l'*Out Clearing* » ou liquidation pour le dehors.

Formule n° 2.

MANCHESTER BANK CLEARING

187

OUT				IN		
First Cle.	second Cle			First Cle	second Cle	
		Adelphi.......				
		Bank.........				
		Consolidated..				
		County.......				
		Cucliffe's.....				
		District.......				
		Heywood....				
		Joint stock...				
		King street...				
		Lancashire...				
		Nation. Prov.				
		Salford......				
		Sewell......				
		Union.......				
		Total....				
		Balance..				

En arrivant au Clearing House, le commis fait le tour de la salle et dépose, sur le pupitre appartenant à chacune des autres banques, le paquet de chèques et la liste correspondante mentionnée plus haut. En très-peu de temps, treize paquets et treize listes semblables seront déposés sur son bureau par les commis des autres banques. A mesure qu'ils lui sont remis il compare la liste avec les chèques, vérifie l'addition, et si tout est correct, il inscrit le total dans une des colonnes de droite du second tableau, en face du nom de la banque qui présente les effets. Ces paquets sont appelés « *In Clearing* » ou liquidation à l'intérieur, et représentent toutes les créances des

autres banques sur la banque en question, de sorte que lors·
qu'il a enregistré les treize totaux et additionné la colonne,
le commis voit le total des sommes que sa banque doit payer.

A Manchester il y a chaque jour deux liquidations ou clea·
rings. La première à 11 heures 15 du matin n'est que prépa·
ratoire, et l'on n'y fait aucun paiement de balances. Aussitôt que
les colonnes pour la première liquidation (first clearing) sont
remplies, le commis sort et retourne à son bureau avec les
paquets de chèques et d'effets présentés à sa banque pour
remboursement. Ces titres sont immédiatement examinés par
les employés chargées de ce service; ils cherchent s'il y en
a d'irréguliers, de frauduleux ou qui, par suite d'un manque
de fonds ou pour d'autres raisons, ne doivent pas être payés.
Au Clearing House le commis a déjà fait l'inspection som·
maire et le renvoi des titres qui étaient manifestement irrégu·
liers; mais aucun effet n'est considéré comme définitivement
accepté qu'une heure après l'achèvement de la liquidation.
Les effets repoussés sont relativement peu nombreux, et, à
peine découverts, ils sont retournés directement à la banque
qui les avait présentés.

Le second Clearing a lieu à 2 heures 15 de l'après-midi, et
s'opère exactement comme celui du matin. Les secondes
colonnes de l'out et de l'in-clearing du tableau formule n° 2,
ayant été remplies et additionnées, on réunit les totaux avec
ceux des premières colonnes, et le commis voit ainsi quelles
sommes doivent être payées, et en même temps quelles som·
mes doivent être reçues par sa banque. La différence est la
balance qu'il a, soit à recevoir, soit à payer. Il copie ces totaux
et la balance dans le tableau résumé suivant, formule nu -
méro 3, qu'il remet à l'inspecteur du Clearing House.

Formule n° 3.

CLEARING RETURNS

Messrs _____

Out Clearing.	£	»	»
In Clearing. .	£	»	»
Balance	£	»	»

Date : _____   187

L'inspecteur s'occupe alors de vérifier les balances en ins-
crivant les montants sur la formule numéro 7, laquelle est
reproduite ci-dessous dans une forme abrégée; il écrit seulement, pour ménager l'espace, les noms de quatre banques.
Dans ces formules, les noms des banques sont indiqués de
la manière la plus brève, et la succursale de la Banque d'Angleterre y est simplement appelée « Bank ».

Formule n° 7.

CLEARING HOUSE

Dn   Cr

			Adelphi.			
			Bank.			
			Consolidated			
			County.			

£

Il est évident que le total des sommes à recevoir par quelques-unes des banques est égal au total que les autres ont à
payer, puisque chaque chèque a été additionné deux fois, une
fois au crédit d'une banque, et une fois au débit d'une autre
banque. Si les colonnes du débit et du crédit du septième
tableau, lorsqu'on a fait le total des sommes qui les remplissent, ne se balancent pas parfaitement, il faut qu'il y ait eu
quelque erreur de commise; tout le travail est soumis de
nouveau à un examen rigoureux jusqu'à ce que l'erreur soit
découverte. Lorsque tout est correct, il ne reste plus qu'à
faire les billets de crédit et de débit ordonnant sur les livres
de la succursale de la Banque d'Angleterre, des transferts au
profit ou au débit des banquiers qui font partie du Clearing
House. Les paiements se font au profit ou pour le compte
du Clearing, qui devient ainsi une sorte d'être fictif; mais
comme ses paiements et ses recettes se balancent exactement chaque jour, le Clearing House n'a pas besoin d'un
grand-livre particulier, si ce n'est pour de faibles dépenses
courantes ou pour des erreurs peu considérables.

Pour effectuer le transfert, le commis de chaque banque
débitrice remplit la double formule numéro 4, ainsi qu'il

suit :

Formule n° 4.

RÉGLEMENT DE COMPTES	RÉGLEMENT DE COMPTES
AU CLEARING-HOUSE	AU CLEARING-HOUSE
Aux caissiers de la Banque d'Angleterre.	*Banque d'Angleterre.*
Manchester, _____ 187	Manchester, _____ 187
Veuillez transférer de notre compte la somme de _____ .	Un transfert pour la somme de _____
et la porter au crédit du compte des Banquiers du Clearing, et autoriser l'un d'entre eux à tirer pour cette somme (la chose sera portée à la connaissance de l'Inspecteur, qui le certifiera en contresignant les traites).	a été fait ce soir à la Banque, du compte de MM. _____
	au compte des Banquiers du Clearing.
	Pour la Banque d'Angleterre,
£ _____	£ _____

Le coupon de gauche est une *traite* qui doit être signée par le commis, s'il a les pouvoirs nécessaires, ou, s'il ne les a pas, présentée à la signature de ses supérieurs, et remise ensuite à la Banque d'Angleterre. Cette pièce ordonne au caissier de créditer le Clearing-House du montant de la balance, et de débiter de cette même somme la banque débitrice indiquée. Lorsque le paiement est effectué, l'employé autorisé par la Banque d'Angleterre signe la formule correspondante à la colonne de droite, comme reçu de cette somme pour le compte du Clearing-House.

Lorsqu'au contraire la balance est en faveur d'une banque, on fait usage de la formule numéro 5, imprimée sur papier vert afin qu'on la reconnaisse plus facilement. Elle s'explique assez d'elle-même, d'après ce qui précède, car elle est simplement la contre partie de la précédente.

Formule n° 5.

RÈGLEMENT DE COMPTES	RÈGLEMENT DE COMPTES
AU CLEARING-HOUSE	AU CLEARING-HOUSE
	Banque d'Angleterre.
Manchester, _____187	Manchester, . __ 187
Aux caissiers de la Banque d'Angleterre.	Le compte de MM. ._____
Veuillez créditer notre compte de la somme de _____	a été ce soir crédité de la somme de ._ _____
	à valoir sur les fonds au crédit du compte des Banquiers du Clearing.
à valoir sur les fonds au crédit du compte des Banquiers du Clearing.	Pour la Banque d'Angleterre,
£ _____	£ _____

Il ne nous reste plus qu'à parler des chèques renvoyés. Même pour ceux-là il n'y a pas besoin de paiements réels. La balance n'est payée à la fin de la journée que provisoirement, et les chèques qui ont été refusés sont renvoyés en une heure à la banque qui les avait présentés. Si les irrégularités ne sont pas expliquées ou supprimées, le caissier qui avait présenté les chèques signe alors le tableau suivant (numéro 6) par lequel il reconnaît qu'il a reçu telle somme en trop au dernier clearing. Cette formule est jointe, par la banque qui a repoussé le chèque, à son paquet « out clearing », et la rectification est faite dans la balance du clearing suivant.

Formule n° 6.

MANCHESTER BANK CLEARING

Manchester, _____ 187

Nous créditerons MM. ._____

à la prochaine liquidation, à présentation de ce certificat d'erreur, de la somme de £ _____

comme ci-dessous, pour chèques non payés.

Pour _____

£ _____
» .__ _____
» ._____

Le règlement de comptes, au Clearing-House de Manchester, est souvent effectué en moins de temps qu'il n'en faut pour lire cet exposé de la méthode, et le travail s'exécute avec une commodité et un silence qui contrastent singulièrement avec le tohu-bohu du Clearing de Londres. Il est vrai que les sommes liquidées sont relativement insignifiantes à Manchester; car elles ont été par jour, dans les années 1872, 1873 et 1874, respectivement de £ 226,160, de £ 237,150, et de £ 247, 930, c'est-à-dire un peu plus du centième des transactions du Clearing de Lombard-Street.

Le Clearing-House de Manchester est dirigé par un comité de banquiers dont le président est l'agent principal de la Banque d'Angleterre à Manchester; la surveillance du travail de liquidation est confiée à un employé de la Banque d'Angleterre. Ainsi la Banque, tout en prenant naturellement la préséance, agit en parfaite harmonie avec les banquiers locaux.

LE CLEARING-HOUSE DE NEW-YORK.

Le Clearing-House de New-York, établi en octobre 1853, est devenu une institution extrêmement importante. Il comprend 59 banques, tandis que celui de Londres n'en a que 26, et les transactions qu'il règle sont à peine inférieures, si tant est qu'elles le soient, au total de celles qui se règlent à Londres. La manière de procéder au règlement doit nécessairement se rapprocher beaucoup de celles que nous avons décrites précédemment; mais elle paraît être, à quelques égards, combinée d'une manière plus satisfaisante qu'à Londres. Le travail s'exécute dans une belle salle, l'« *Exchange Room* »; le directeur et ses employés ont une installation commode, au lieu de cette petite cage vitrée où les inspecteurs sont assis dans la salle de Lombard Street.

Chacune des banques de New-York a un commis chargé de faire les règlements de comptes à l'*Exchange Room*, sans compter un messager qui apporte et remet à destination les paquets de chèques et de billets. Les commis aux règlements sont assis devant une série de pupitres disposés en ovale au milieu de la vaste salle, et les échanges sont effectués par un nombre égal de messagers qui font en même temps le tour des pupitres, remettent les paquets « d'*out clearing* », et reçoivent ceux de « l'*in clearing* » ou, comme on les appelle à New-York, les *bourses du débit* et *du crédit* (*Credit* et *Debit Exchanges*). On trouvera des détails relativement à cette institution dans l'ouvrage de Gibbon sur « les Banques de New-York ». La manière de procéder se rapproche tellement de celle qui est en usage en Angleterre, que je n'ai pas besoin d'entrer de nouveau dans les détails.

Outre le Clearing-House de New-York, il existe maintenant quinze Clearing-Houses provinciaux dans les principales villes des États-Unis.

EXTENSION DU SYSTÈME DU CLEARING.

Il y a peu d'années encore il existait seulement deux Chambres de liquidation pour les banquiers, celle de Lombard Street et celle de New-York ; mais on a fait récemment beaucoup de progrès en étendant un système semblable à d'autres places de commerce et même à d'autres genres d'affaires. Le Clearing-House de Manchester fut établi en juillet 1872, et Newcastle possède un établissement semblable. Sur le continent il n'y a encore que deux villes qui aient adopté cette méthode. Dix-huit banquiers ont formé à Paris une association appelée « *Chambre de compensations* », qui a son siége Place de la Bourse, et qui balance les dettes réciproques de ces maisons à peu près comme dans les Clearing-Houses d'Angleterre. En France, en Allemagne et dans les autres pays du Continent, l'usage des chèques de banquiers est beaucoup moins développé qu'en Angleterre et en Amérique. En Allemagne, une personne qui veut envoyer deux mille francs amasse souvent les espèces nécessaires, les scelle dans un sac avec cinq cachets, et les fait enregistrer au bureau de poste. Grâce à l'excellent système de postes gouvernementales qui existe en Allemagne, cette méthode est assez sûre. A Berlin toutefois une association de banquiers nommée le Cassenverein opère les échanges par une méthode très-analogue à celle d'un Clearing-House.

La méthode des compensations n'est pas nécessairement

restreinte aux affaires de banque ; il s'en faut de beaucoup.
Sans doute, les transactions monétaires d'une localité quelconque se concentrant dans les banques comme dans des
foyers, la principale liquidation se fera toujours par l'intermédiaire des banquiers. Mais partout où un grand
nombre de négociants ont beaucoup de créances réciproi-
ques, ils pourront trouver avantage à établir une Chambre
des compensations. Dès l'année 1842 Robert Stephenson et
M. K. Morison avaient pensé que le principe du Clearing-
House de la Cité pouvait être appliqué avec avantage au règlement des comptes fort compliqués, qu'avaient entre elles
les compagnies de chemins de fer, et qu'elles réglaient jusque-là à l'aide de livres. Le travail, qu'exécutent sans relâche
une multitude de comptables dans le grand établissement
d'Euston Square, est beaucoup plus compliqué et sans comparaison plus varié que celui d'un Clearing-House de banquiers ; mais le résultat final est d'établir combien chaque
compagnie doit à chaque autre. La balance due à ou par
chaque compagnie est alors soldée par un transfert chez les
banquiers.

Dans ces derniers temps on a fait une tentative, qui jusqu'à présent n'a pas réussi, pour introduire l'usage général
des chèques à Liverpool, où il s'échange continuellement
des sommes considérables, surtout dans le commerce des
cotons. Pour des raisons qu'il serait difficile d'expliquer
d'une manière satisfaisante, les commerçants et banquiers
de Liverpool n'ont jamais adopté l'usage des chèques au
même degré et de la même manière que ceux des autres
villes de commerce. Il y a encore beaucoup de maisons à
Liverpool qui refusent de recevoir des chèques en paiement,
et même, il n'y a de cela qu'un an ou deux, on voyait souvent une maison de Manchester envoyer un commis à Liverpool, par le chemin de fer, avec une liasse de banknotes pour
faire des paiements. On m'apprend qu'aujourd'hui des effets
de banque, payables à vue et envoyés par la poste, sont sub-
stitués aux billets de la Banque d'Angleterre.

Un négociant de Liverpool, qui a besoin de faire un paiement, tire de sa banque des fonds en or ou en billets, et ses
commis les transportent à destination dans la ville. Tous les

soirs un grand nombre de petites caisses, contenant de fortes sommes d'argent, sont déposées dans la boutique d'un orfèvre bien connu, en face de l'Hôtel-de-Ville, pour y être gardées pendant la nuit. Une grande quantité de capitaux reste ainsi improductive; il est étonnant que les banquiers ne se chargent pas de cette somme, et ne l'ajoutent pas, en supprimant tous les obstacles, aux dépôts qu'ils gardent déjà. Actuellement on a l'habitude de prendre une commission de 1/8 ou 1/4 pour cent, tandis que le coût réel du travail de comptabilité par lequel s'opèrent les transferts est presque purement nominal par rapport à l'importance des transactions.

On a fait une application importante du principe des compensations en établissant à Londres, en 1874, le *London Stock Exchange Clearing-House* qui se charge de balancer ensemble non des sommes d'argent, mais des quantités de titres. Comme les agents de change ne règlent leurs transactions que tous les quinze jours, et même que tous les mois pour les *Consolidés*, il en résulte naturellement que, pendant ces intervalles, le même agent de change a d'ordinaire vendu pour un client et acheté pour un autre le même genre de titres. Le même titre peut avoir passé par plusieurs mains différentes, et les mêmes agents de change peuvent avoir conclu les uns avec les autres des ventes réciproques. Alors, au lieu d'opérer pour chaque transaction des transferts de titres et de payer avec des chèques qui compliquent singulièrement la besogne du Clearing-House de Lombard Street les jours de règlement, on a fait un arrangement en vertu duquel chaque membre du Clearing-House prépare un état du montant net de chaque espèce de titres qu'il doit recevoir de chaque autre membre ou lui délivrer. Le directeur de l'établissement, après avoir vérifié ces comptes dont l'ensemble doit se balancer parfaitement, invite les membres débiteurs à transférer aux membres créanciers les quantités de titres nécessaires pour terminer toutes les transactions. On remarquera que, pour des raisons assez visibles, les transferts s'exécutent par l'échange de titres, directement d'agent de change à agent de change, et non par l'intermédiaire du directeur du Clearing-House,

comme dans les affaires de banque. Il faut naturellement
établir une compensation particulière pour chaque genre de
titres. On a reconnu que les quantités réellement transférées
n'excèdent pas 10 pour cent du total des transactions liquidées, et les chèques tirés diminuent de dix millions sterling
(250 millions de francs) chaque jour de règlement.

Plus récemment encore, l'association des courtiers en
cotons de Liverpool, quoiqu'elle ne puisse jusqu'à présent
appliquer à ses transactions en argent le système du Clearing, a organisé un système de ce genre pour régler les affaires où il s'agit de ventes de coton « à arriver ». Avec cette
nouvelle combinaison le premier vendeur et le dernier acheteur sont mis en contact, et toutes les affaires intermédiaires, qui occasionnent parfois de grandes discussions et
de longs délais, à cause de contrats comprenant une foule
d'intéressés, sont pour ainsi dire annulées par le Clearing-
House. Ses opérations s'étendent d'ailleurs de plus en
plus, de sorte que tous les contrats, déclarations et paiements seront effectués par l'intermédiaire de l'association.

On peut très-bien se demander si nous avons atteint les limites jusqu'auxquelles l'application du principe des compensations reste avantageux. Des affaires de banque il s'est étendu
à celles des chemins de fer, des agents de change et des courtiers en cotons. On comprend que tout autre corps de marchands, de courtiers, ou d'autres personnes ayant souvent de
l'argent à réclamer les unes aux autres, ait intérêt à se réunir
une fois ou deux par semaine pour une séance de liquidation.
On a déjà émis des propositions à cet effet, et j'entends dire
que, sur le marché des fers de Glasgow, on vient de fixer un
jour pour le règlement périodique des transactions mutuelles.

AVANTAGES QUE PRÉSENTE LE SYSTÈME DES CHÈQUES ET DU CLEARING.

Pour revenir aux Clearing-Houses des banquiers, nous
devons remarquer que le vaste système de relations, qui
relie maintenant entre elles les banques anglaises, s'est développé spontanément, sans être institué ni même autorisé
par la loi; il n'a été reconnu par les juges que lorsqu'il

était solidement établi et tout à fait entré dans la pratique des hommes d'affaires. Aucun Acte du Parlement n'a été rendu pour faciliter les opérations du Clearing; c'est seulement à la suite d'une entente entre les banques que la présentation des chèques ou des effets par l'intermédiaire du Clearing House, et leur règlement par le *paiement* d'une balance, sont regardés comme légalement valables.

Les avantages du système ont une importance énorme. Dans cette manière d'effectuer les grands paiements, tous les risques, les pertes de temps, les dérangements et l'emploi des métaux précieux, sont réduits au minimum. Tandis que le chèque qui représente un paiement circule et parcourt le pays, l'argent dont il transfère la propriété repose dans les caves de quelque banque, ou plutôt, comme il n'est pas du tout nécessaire aux opérations, il est prêté ou exporté hors du pays, de sorte qu'on bénéficie des intérêts. Nous avons trouvé que la perte d'intérêt sur la monnaie métallique actuellement en circulation ou accumulée dans le Royaume-Uni, est de cent à cent vingt-cinq millions par an. Et, si les paiements se faisaient tous en espèces, il nous en faudrait encore beaucoup plus que nous n'en avons.

La sécurité avec laquelle s'effectuent les paiements est aussi un fait considérable. Lorsque de grosses sommes sont transportées en espèces, c'est toujours une forte tentation pour les voleurs, et d'ordinaire il faut un ou deux gardes pour les accompagner. Grâce à l'intermédiaire des banques, soit qu'on emploie les chèques ou les billets de crédit, les paiements les plus considérables peuvent être faits presque à l'abri de tout risque. Les chèques, billets et autres *titres* transférés dans les Clearing-Houses sont en général tellement couverts de notes et d'endossements qu'ils n'ont de valeur que pour leur propriétaire légal, et qu'ils sont regardés par les voleurs comme des objets dangereux auxquels ils n'osent pas toucher.

DANS QUELLE PROPORTION SE FONT LES PAIEMENTS EN NUMÉRAIRE.

On ne peut voir sans surprise jusqu'à quel point le papier a remplacé la monnaie comme moyen d'échange dans quelques-uns des principaux centres financiers. Dans le *Statistical Journal* de septembre 1865, Sir J. Lubbock a publié quelques détails sur les affaires de sa banque dans les derniers jours de 1864. Les transactions qui y furent effectuées atteignirent le total de vingt-trois millions sterling (575 millions de francs) ; et le papier et les espèces y furent employés dans les proportions suivantes :

	Pour cent
Chèques et billets qui ont passé au Clearing-House. .	70,8
Chèques et billets non liquidés au Clearing	23,3
Billets de la Banque d'Angleterre.	5,0
Espèces	0,6
Billets de banques provinciales. ;	0,3
	100,0

Les sommes versées par les clients de la ville montaient à dix-neuf millions sterling, et donnaient à l'analyse les résultats suivants :

	Pour cent
Chèques et billets	96,8
Billets de la Banque d'Angleterre.	2,2
Billets de banques provinciales.	0,4
Espèces	0,6
	100,0

Nous ne devons pas supposer un instant que ces nombres représentent la moyenne de l'emploi des espèces dans les transactions de banque. Les montants proportionnels des différents genres de monnaie et des effets de commerce employés dans les diverses parties du pays, dans des commerces différents, ou dans des banques d'importance et de caractère divers, varient singulièrement. Il est fort à désirer que les banquiers et les autres personnes qui possèdent les faits veuillent bien publier à ce sujet des informations plus complètes. A Manchester les billets de la Banque d'Angleterre semblent être plus employés qu'à Londres. M. R. H. Inglis Palgrave a donné dans le *Statistical Journal* de mars 1873 (p. 86), un travail préparé pour lui par M. Langton, Président de la Banque de Manchester et de Salford, sur la proportion du numéraire dans les paiements effectués à cette banque. Il paraît que les espèces et les billets de banque formaient 53 pour 100 du total en 1859, 42 pour 100 en 1864, et seulement 32 pour 100 en 1872, ce qui représente, on le voit, une diminution rapide. Mais nous voyons qu'en 1872 le montant des billets de banque était encore assez élevé, puisque les sommes versées par les clients étaient ainsi composées :

	Pour cent
Chèques, effets, etc.	68
Billets de banque	27
Espèces	5
	100

J'ai essayé de donner une idée des montants comparés des chèques et des effets qui sont liquidés à des périodes successives dans l'organisation du système des banques. Il est fort à souhaiter que nous sachions dans quelle proportion se trouvent les transactions du Clearing-House relativement à l'ensemble des transactions des banques du royaume. Il ne serait pas bien difficile d'évaluer cette proportion d'une manière satisfaisante, si l'une ou plusieurs des banques établies dans chacune des villes principales donnaient un relevé des montants comparatifs des chèques qui leur passent dans les mains de manière ou d'autre. D'après les informations qu'ont bien voulu me fournir les administrateurs d'une des principales banques de Manchester, je vois que, du mois de juillet au mois d'octobre 1874, les chèques et les effets présentés sur la banque ou par son intermédiaire étaient répartis comme il suit :

	Pour cent
Chèques payés comptant en espèces et en banknotes.	34,2
Chèques tirés sur la même banque, payés au Crédit des comptes	25,4
Chèques présentés par l'intermédiaire du Clearing-House de Manchester	22,5
Chèques et effets sur Londres présentés par l'intermédiaire du Clearing-House de Londres	10,8
Chèques des banquiers des provinces présentés par l'intermédiaire du Clearing-House de Londres	3,5
Chèques sur des banques provinciales présentés directement.	3 6
	100,0

Quoique la préparation de ce relevé ait exigé un travail considérable, il me semble douteux que les indications diverses en soient complètes et correctes; je le donne plutôt comme un spécimen du genre d'informations dont le besoin se fait vivement sentir, que comme un exposé auquel on puisse se fier.

DES CAS OÙ LE SYSTÈME DU CLEARING N'EST PAS APPLICABLE.

Il est assez clair à présent que, tant que le commerce est réciproque, les chèques et les compensations peuvent régler tous les échanges sans que l'emploi des espèces soit nécessaire. Les valeurs des marchandises sont estimées et exprimées en or; c'est ce métal qui est le commun dénominateur de valeur ; mais la monnaie métallique cesse d'être le moyen de l'échange. Les effets que produit cette organisation des banques sont, ainsi que je l'ai entendu dire par M. W. Langton, comme *une restauration du troc*. Mais il arrive dans certains cas que les transactions ne sont pas réciproques et ne peuvent être mises en balance. Dans certains commerces il y a un écoulement perpétuel de marchandises suivant une certaine direction determinée. Par exemple, dans le commerce de coton à Manchester, les manufacturiers achètent le coton aux négociants de Liverpool, et paient ou au comptant ou à de courtes échéances. Quand le coton a été manufacturé, il est souvent embarqué de nouveau à Liverpool pour des destinataires étrangers qui ne paieront qu'à longue échéance; mais généralement il n'est pas acheté par des commerçants de Liverpool. Par conséquent, tandis que le manufacturier de Manchester est débiteur du commerçant de Liverpool pour le prix entier de la matière brute, pour les frais de navigation et le fret des marchandises exportées, les marchands de Manchester n'ont pas de créances équivalentes sur ceux de Liverpool : en effet, les destinataires étrangers des marchandises les paient en effets sur Londres. Si les manufacturiers de Manchester avaient leurs fonds à Manchester, et les négociants de Liverpool leurs fonds à Liverpool, il y aurait un courant constant de monnaie de Londres à Manchester et de Manchester à Liverpool; et c'est de cette dernière ville que la monnaie serait exportée pour payer la matière brute envoyée par l'étranger. Ce qui remédie en partie à cet inconvénient, c'est, ainsi que nous le verrons au chapitre XXIII, que Londres devient le quartier général et le clearing-house des transactions intérieures et des transactions extérieures en même temps.

Mais il est souvent à craindre que des créances exprimées en monnaie métallique, et dont le porteur peut, s'il le désire, réclamer le paiement sous cette forme, ne deviennent parfois une source d'embarras. Dans certains états du commerce, ou sous l'influence de certaines circonstances, les porteurs de chèques réclament de l'or; dans ce cas les banquiers, qui se sont accoutumés à considérer les réserves métalliques comme presque superflues, se trouvent tout à coup dans une position difficile. Telle est, ainsi que nous le verrons au chapitre XXIV, la cause réelle de l'instabilité actuelle du marché monétaire en Angleterre.

CHAPITRE XXII

LA BANQUE DES CHÈQUES.

Le système des chèques et des compensations, tel que nous l'avons considéré jusqu'ici, n'est appliqué que pour le règlement des paiements considérables. On ne peut jouir des avantages qu'il présente que si l'on a un compte chez un banquier, et pour cela il faut disposer d'une certaine somme d'argent, avoir une position assez bonne, et assez de crédit pour qu'un banquier vous confie un carnet de chèques. Il en résulte que la plus grande partie de la population reste entièrement en dehors de ce système, et se trouve obligée, pour faire ses paiements, d'employer les espèces, les timbres-poste, ou les mandats sur la poste.

On fait actuellement une tentative très-ingénieuse pour faire profiter les masses de ces avantages des banques, par l'institution d'une Banque de Chèques. Pendant que je préparais les matériaux de ce livre, j'ai été extrêmement frappé de la manière dont cette nouvelle banque est appropriée à son but qui est de compléter par en bas le système des chèques et du Clearing. Je me suis donc adressé à M. James Hertz, auteur de ce projet remarquable, pour lui demander des renseignements à ce sujet, et il m'a fourni les moyens d'en faire une étude approfondie.

Actuellement le côté faible du carnet de chèques ordinaire, c'est qu'une personne, une fois pourvue d'un carnet de chèques en blanc, peut les remplir pour des sommes quelconques, sans tenir compte de la balance contre laquelle elle est censée les tirer. Il y aurait là une grande facilité laissée à la fraude, si les chèques étaient généralement reçus sans examen de personnes étrangères. La Banque des Chèques procède d'après un principe nouveau : elle émet des chèques qui ne peuvent être remplis que pour des sommes limitées, désignées par des indications imprimées, ineffaçables, et même percées à jour dans les feuilles. D'un autre côté on ne peut obtenir ces chèques qu'en échange de la somme maximum pour laquelle ils peuvent être tirés, et cette somme est retenue en dépôt jusqu'à ce que tous les chèques qui en forment le montant aient été présentés. Il en résulte que tout chèque, lorsqu'il est dûment rempli et signé par son propriétaire, est aussi bon qu'un billet de banque émis contre une réserve sur titres. Il est vrai que chaque livre de chèques peut être perdu ou dérobé, et alors frauduleusement signé et émis, mais comme ces effets sont tirés à ordre et rayés, il est très-dangereux d'en faire un usage criminel, et la fraude, dans le cas unique où elle a été tentée jusqu'à présent, a été suivie d'un prompt châtiment.

RELATIONS DE LA BANQUE DES CHÈQUES AVEC LES AUTRES BANQUES.

Nous avons vu quels résultats on a obtenus en établissant des relations entre les banques, qui sont devenues ainsi succursales, agents ou correspondants les unes des autres. La Banque des Chèques pousse un système semblable jusqu'à ses dernières limites, en établissant des relations avec presque toutes les banques du Royaume-Uni, aussi bien qu'avec la plupart des grandes banques étrangères. Déjà 984 banques anglaises, irlandaises ou écossaises sont entrées en relations avec la Banque des Chèques, et 596 banques coloniales ou étrangères reçoivent ses chèques. Cet arrangement présente l'avantage que voici : la sphère du système des chèques peut s'étendre d'une manière considérable sans que la peine et les risques s'accroissent dans les mêmes proportions. Toutes les fois qu'une banque ouvre un nouveau compte avec un individu, ce compte doit être conservé à part dans

le grand livre, et constamment surveillé. Mais une banque
peut vendre pour un total quelconque des chèques de la
Banque des Chèques sans ouvrir de comptes spéciaux avec
les acheteurs; elle peut aussi payer, sans rien risquer, les
chèques de ce genre qui lui sont présentés. La Banque
des Chèques vise ainsi à devenir une grande institution de
comptables qui opère la plupart du temps par l'intermédiaire d'autres banques, mais qui les soulage en grande
partie des risques et des embarras que donnent les petites transactions. La Banque d'Angleterre est une banque
des banquiers, en ce sens qu'elle garde les réserves des autres banques et qu'elle effectue ces paiements définitifs en
numéraire, qui règlent la balance générale des transactions.
La Banque des Chèques paraît être une banque des banquiers dans un sens opposé, parce qu'elle fait des dépôts
dans toutes les autres banques et les emploie comme agents.

Un trait particulier de la Banque des Chèques, c'est qu'elle
s'abstient complétement d'employer, ou même de garder
les fonds déposés chez elle. Tout l'argent reçu en échange
des livres de chèques est laissé dans les mains des banquiers
par l'intermédiaire desquels ces chèques sont émis, ou transféré à d'autres banquiers, suivant que l'exige le remboursement des chèques présentés. L'intérêt payé par ces banquiers sera la source des profits, et comme l'argent est
ainsi confié aux soins des maisons les plus riches et les plus
honorables du royaume, on n'en peut perdre que des quantités non appréciables, à moins que tout le système des banques du pays ne vienne à s'écrouler. Il serait peu exact de
dire que ces chèques correspondent à des billets émis sur
le dépôt de fonds d'Etat, parce que chaque banque-agence
peut employer comme il lui plaît cette portion des fonds de
la Banque des chèques qui est en sa possession. Néanmoins,
comme la portion qui est dans les mains d'une banque quelconque n'est d'ordinaire qu'une petite fraction du total, et
qu'il y a de plus derrière elle une garantie de consolidés, le
système d'émission se rapproche beaucoup plus de celui
qui s'appuie sur une réserve de titres que de tout autre.

La Banque des Chèques semble viser à devenir l'intermédiaire par lequel s'effectueront une multitude de petits paiements. Elle s'occupe de petites pensions et annuités, de petits dividendes, de petits déboursés faits par les employés,
les agents, les commis ou même par les domestiques. On
peut confier sans danger, pour ainsi dire, un livret de ces
chèques à tout domestique, à tout agent qui sait écrire ; et le
chèque, une fois présenté, temoigne de la façon dont l'argent
a été employé. Personne ne pourrait se hasarder à donner
de même à un domestique des chèques signés en blanc, attendu qu'ils peuvent être remplis pour des sommes illimitées ; de plus les chèques de cette banque sont évidemment
préférables à une somme de monnaie métallique, qu'il est
beaucoup plus facile de gaspiller, de dérober ou de perdre.

Celui qui reçoit de pareils chèques y trouve aussi un des
moyens les plus commodes pour envoyer des fonds, parce
qu'il n'est presque pas de banquier qui ne les accepte, et
qu'ils seront en conséquence reçus comme argent comptant
par quiconque a une connaissance suffisante de leur nature.
Aussi la Banque des Chèques paraît-elle en état de remplacer
très-avantageusement le système de mandats de la poste
anglaise.

Pour se procurer un mandat il faut se rendre à un bureau
de poste et attendre que certaines formules soient remplies.
Il faut choisir un bureau déterminé où le paiement sera effectué ; enfin le destinataire du mandat ne peut se faire payer, en
général, qu'en se présentant lui-même au bureau et en donnant le nom de l'expéditeur. Au cas même où une personne
ne peut acheter un livret de chèques de la Banque des Chèques, elle peut, dans les villes où des agences sont établies
à cet effet, acheter des chèques isolés et les remplir pour
une somme quelconque. Cela exige moins de formalités que
le mandat sur la poste, et les chèques sont payables non pas
dans un bureau unique, mais dans presque toutes les banques du Royaume-Uni et dans la plupart des villes étrangères. On peut aussi, si on le désire, faire qu'ils ne soient

payables que dans une seule banque particulière. Les frais d'envoi par chèques seront en moyenne inférieurs à ceux que les mandats sur la poste occasionnent, puisque l'administration des postes, lorsqu'il s'agit de mandats à l'intérieur, prend des droits qui s'élèvent de 1 penny pour les sommes au-dessous de 10 schellings, à 1 schelling pour un mandat de 10 livres ; les droits sont encore beaucoup plus élevés pour les mandats payables dans certaines colonies et certains pays étrangers. Le chèque de la Banque en question ne coûte qu'un penny et un cinquième de penny en sus de la somme expédiée ; et sur ce droit le penny représente la valeur du timbre du gouvernement, c'est-à-dire un revenu de l'Etat.

Le gouvernement ne peut avoir aucune raison de s'opposer au développement de la Banque des Chèques ; car, si elle réussit, elle assurera à nos finances un revenu annuel considérable. Le système des mandats, au contraire, quoique les droits y soient plus élevés, ne donne aucun profit, ainsi qu'on l'a reconnu, et constitue plutôt une charge pour nos finances. On dit que pour chaque mandat il faut remplir huit ou neuf formules, et l'augmentation de travail qui en résulte nécessairement absorbe tout le profit. C'est là un exemple frappant de l'impuissance où se trouve une industrie officielle, sauf certains cas spéciaux : seule, une société de banque peut mettre en pratique pour les envois d'argent une méthode applicable dans toutes les parties du monde, beaucoup moins coûteuse pour le public que le système des mandats de poste, et cependant payer encore sur ses opérations des droits au gouvernement.

La Banque des Chèques vise aussi à devenir une agence de remboursements aussi bien qu'une agence de paiements. Toute institution publique qui a besoin, par exemple, de recueillir une souscription, n'a qu'à se procurer une formule de « versement, » et la somme qui y sera inscrite pourra être reçue par chacune des banques nombreuses qui sont mutuellement en relation. Ainsi de petites dettes et de faibles souscriptions peuvent être recueillies sans difficultés, sans peine et sans dépense, dans toutes les parties du pays.

PAIEMENT DES SALAIRES A L'AIDE DE CHÈQUES.

Les directeurs de la Banque des Chèques espèrent substituer leurs chèques aux espèces que les manufacturiers emploient à présent pour le paiement des salaires. S'ils pouvaient obtenir ce résultat, ceux qui en profiteraient le plus seraient les banquiers, qui doivent, chaque semaine, fournir de grosses sommes en or et en argent, et qui se donnent beaucoup de peine et dépensent beaucoup d'argent pour conserver une quantité suffisante d'espèces. Or, si un industriel, pour payer ses employés, leur remettait de petits chèques, ou, ce qui vaudrait peut-être mieux encore, des chèques pour des sommes rondes, avec le reliquat en argent, les chèques seraient reçus par les fournisseurs et déposés ensuite par eux dans les banques, ou même pourraient être rachetés en grandes quantités par le manufacturier qui s'en servirait de nouveau. C'était, il y a quelque temps, l'usage des grands entrepreneurs de chemins de fer d'émettre des mandats sous la forme de bons d'un, deux ou cinq schellings. Ces bons étaient donnés en paiement aux ouvriers et reçus par les aubergistes et détaillants du voisinage, jusqu'à ce que l'entrepreneur les reprît en les achetant en gros. Des chèques de ce genre constituaient une véritable monnaie représentative; mais ils étaient d'une légalité douteuse. Les chèques de la Banque dont nous parlons pourraient servir au même usage, et la légalité pourrait en être reconnue; mais il est très-douteux que l'usage si avantageux des chèques ordinaires, qui sont présentés immédiatement, s'accorde avec la circulation continuelle de ces nouveaux chèques, qui n'ont pas besoin d'être présentés aussitôt. Nous avons reconnu que l'habitude et l'usage exercent souvent, en matière de monnaie, une influence immense, qui échappe presque à toute direction; il faudra probablement bien du temps pour que le public apprenne à regarder un chèque comme un titre qu'on peut garder avec sécurité.

LA BANQUE DES CHÈQUES ENVISAGÉE COMME CAISSE D'ÉPARGNE.

La Banque des Chèques joue déjà le rôle d'une caisse d'é•

pargne où l'on peut déposer, pour plus de sécurité, l'argent qui n'est pas immédiatement nécessaire; les reçus sont remplacés par les feuilles de chèques avec lesquelles on peut soit retirer l'argent, soit l'employer en paiements sans difficulté. Seulement on ne paie pour ces dépôts aucun intérêt. Il me semble cependant que cette banque, si elle atteint son but actuel, peut devenir sans peine la plus admirable des caisses d'épargne. Au lieu d'émettre des chèques payables à tout moment, elle pourrait émettre, par ses banques-agences, des reçus de dépôt, des effets, ou, ce qui revient à peu près au même, des chèques post-datés, dont l'intérêt devrait être payé comme un escompte au moment du dépôt au taux de 2 ou 2 1/2 pour cent. Ce reçu pourrait être gardé, transféré par endossement, ou escompté de nouveau par la Banque des Chèques. Si on le gardait jusqu'à maturité, il deviendrait payable comme un chèque dans toute banque en relation avec la Banque des Chèques. L'argent déposé de cette façon pourrait être employé en Consolidés à 3 1/4 pour cent, et les frais du papier et du travail de comptabilité, étant fort légers, laisseraient une marge aux bénéfices.

La caisse d'épargne de l'administration des postes, telle qu'elle a été établie par M. Gladstone, est une institution admirable; elle a fort bien réussi et a rendu de grands services en encourageant l'économie et la prévoyance. Mais le fonctionnement en est incommode et coûteux. Les banques écossaises, en recevant de petits dépôts déterminés, jouent déjà presque le rôle de caisses d'épargne. Il est bon de chercher si, grâce à l'assistance de la Banque des Chèques, les banques d'Angleterre ne pourraient pas, au profit de tous, se transformer en caisses d'épargne.

RÉSULTATS DU SYSTÈME DE LA BANQUE DES CHÈQUES.

J'ai cru que je ne m'écartais point du sujet de ce livre en m'étendant un peu longuement sur les services réels et possibles rendus par la Banque des Chèques, parce que cette institution, si elle réussit, ouvre une carrière illimitée aux améliorations financières. L'institution n'est encore qu'une simple expérience, entreprise aux risques et périls des actionnaires; elle ne peut prospérer que si elle offre des avantages au public et au corps des banquiers. Elle peut réussir dans quelques-uns de ses projets et échouer dans d'autres; mais en tout cas, elle tendra à remplacer les paiements en espèces par des paiements en chèques, qui se balanceront dans la compensation générale du Clearing House de Londres. Les bénéfices de la banque reposent sur le droit si faible d'un cinquième de penny pour chacun des chèques, et sur l'intérêt des dépôts. Le montant des dépôts qui restent sans être retirés dépend de trois circonstances : 1° du temps qui s'écoule avant que le chèque soit utilisé; 2° du temps pendant lequel il circule; 3° de la différence entre la somme retirée et celle qui est déposée. La durée moyenne de la circulation était récemment, à ce qu'on m'a dit, de dix jours; mais beaucoup de chèques sont déjà restés un an en circulation.

Il y a là une innovation extrêmement ingénieuse; si elle réussit, elle ne peut manquer de rendre de grands services à la communauté, en ajoutant un organe de plus à un système de banques déjà merveilleusement organisé.

CHAPITRE XXIII

LES LETTRES DE CHANGE SUR L'ÉTRANGER.

Dans les temps anciens le commerce consistait en un échange direct de marchandises. Une caravane partait avec une provision d'articles manufacturés, traversait les déserts de l'Arabie et du Sahara, et revenait avec l'ivoire, les épices et d'autres produits précieux obtenus par le troc. Plus tard le marchand chargeait son propre navire et l'expédiait au hasard, comptant sur le patron du bâtiment pour vendre les marchandises avantageusement, et pour rapporter ensuite par ce moyen une autre cargaison, qui se revendrait avec grand profit à l'intérieur. Ce genre de commerce était évidemment réciproque, et ce qu'on expédiait servait à payer ce qu'on rapportait; il n'y avait donc dans l'intervalle que peu ou point d'argent qui restât improductif.

Partout où cet échange réciproque et direct n'existait pas, il était nécessaire soit de transporter de la monnaie métallique, soit d'imaginer quelque moyen de transférer les créances. Or le transport de l'argent n'occasionne pas seulement une perte d'intérêt pendant le temps que dure le transport; il y a aussi, pour garder cet argent, des frais inévitables, sans compter qu'on risque de le perdre complètement. Aussi découvrit-on, il y a plusieurs siècles, que l'usage de titres en papier diminuerait, ou peut-être même rendrait inutile l'emploi de la monnaie métallique dans le commerce avec l'étranger.

ORIGINE ET NATURE DES LETTRES DE CHANGE.

Les Romains eux-mêmes paraissent avoir connu, quoique
d'une manière très-imparfaite, le système de lettres de
change sur l'étranger; mais c'est aux Italiens d'autrefois, et
particulièrement aux marchands juifs, que nous devons le
développement de cet usage. L'histoire de ce titre est enveloppée de beaucoup d'obscurités; mais il y a des preuves
que, dès le quatorzième siècle, l'usage des lettres de change
était parfaitement établi. Les formes de ces lettres et les lois
et coutumes qui y sont relatives, étaient alors à peu près les
mêmes qu'aujourd'hui.

Une lettre de change n'est pas autre chose qu'un ordre de
paiement adressé par le tireur au tiré, c'est-à-dire à la personne sur qui l'ordre est donné. Cet ordre spécifie la somme à
payer, l'époque du paiement, et la personne à qui il doit être
fait. Toutes les fois qu'une lettre de ce genre est tirée, il est
à présumer que le tiré a contracté une dette à l'égard du
tireur. Lorsque la lettre présentée au tiré est acceptée par
lui, il reconnaît, par cette acceptation, l'existence de la
dette. Quoique tirée en faveur d'une personne nominale-
ment désignée, la lettre est transférable par endossement,
et constitue ainsi un titre négociable qui donne le droit de
recevoir de l'argent à une époque ultérieure dans un pays
éloigné. Elle peut donc être envoyée pour acquitter une
dette dont le montant est égal.

L'Angleterre achète tous les ans à l'Amérique une grande
quantité de coton, de blé, de porcs, et beaucoup d'autres
articles. L'Amérique, de son côté, achète à l'Angleterre du
fer, du lin, de la soie et d'autres marchandises manufacturées. Il serait absurde évidemment qu'un double courant
d'espèces traversât continuellement l'Atlantique pour le
paiement de ces marchandises, lorsqu'il suffit d'écrire quelques lignes sur quelques feuilles de papier, pour que les
objets qui voyagent dans une direction servent à payer ceux
qui voyagent en sens contraire. Le commerçant Américain
qui a expédié du coton en Angleterre peut tirer une lettre de
change sur le destinataire pour une somme qui n'excède pas

la valeur du coton. Si cette lettre est vendue à un autre commerçant qui a importé du fer d'Angleterre pour une somme équivalente, il l'enverra par la poste à son créancier Anglais, qui, à son tour, la présentera au débiteur Anglais ; et à l'échéance un paiement en numéraire fermera le cercle des transactions. L'argent intervient donc deux fois, la première quand le billet est vendu à New-York, la seconde quand il est définitivement retiré en Angleterre ; mais nous voyons qu'un paiement entre deux habitants de la même ville a été substitué à un paiement effectué d'un côté à l'autre de l'Atlantique. De plus, les paiements peuvent être effectués à l'aide de chèques, ou les lettres, quand elles sont échues, peuvent être présentées elles-mêmes par l'intermédiaire du Clearing-House, et balancées par d'autres lettres et par des chèques. Ainsi l'emploi de la monnaie métallique semble devenir presque superflu ; et tant qu'il n'y a pas une grande rupture d'équilibre dans la balance des exportations et des importations, le commerce extérieur est ramené à un système de *troc perfectionné.*

COMMERCE DES LETTRES DE CHANGE

Il n'est pas naturel de supposer que tout commerçant qui a importé des marchandises en rencontre un autre qui ait exporté des marchandises pour la même somme, de sorte que les transactions se balancent exactement. Mais il y a beaucoup de commerçants à Liverpool qui doivent à des commerçants Américains, et beaucoup de commerçants Américains qui doivent à des habitants de Liverpool. Il y aura donc une production continuelle et une demande continuelle de lettres de change pour des sommes diverses ; et certaines maisons trouvent leur profit à faire le commerce de ces billets, en les achetant à ceux qui ont le droit de les tirer, pour les vendre à ceux qui veulent en expédier.

De grandes maisons de commerce ont souvent des bureaux à la fois en Amérique et en Angleterre, ou bien une maison dans l'un de ces pays a dans l'autre des agents et des correspondants avec qui elle entretient un compte-courant. Il arrive souvent que la même maison peut faire en même

temps des importations et des exportations, de sorte qu'il
se produit ainsi directement une balance dans ses comptes.
La balance restante n'a besoin que d'être payée de temps en
temps lorsque l'occasion se présente : Ainsi, dans le commerce extérieur comme dans le commerce intérieur, les
titres de crédit servent à réduire considérablement l'usage
de la monnaie. C'est seulement lorsqu'il y a une rupture
d'équilibre dans la balance du commerce, et que l'un des
pays a contracté un excédant de dettes considérable, que le
transport des espèces devient nécessaire.

Je m'écarterais de mon sujet si je prétendais, dans ce
petit traité, entrer dans toutes les complications des échanges
avec l'étranger : Ce sujet a été admirablement traité par
M. Goschen dans son livre intitulé : « *Theory of the Foreign
Exchanges.* » Le principe général est que les lettres de change
tirées sur une place particulière constituent une marchandise
d'un genre nouveau, sujette aux lois de l'offre et de la demande. Toute circonstance qui diminue l'offre ou accroît
la demande élève le prix de ces lettres, et *vice versâ.* Le prix
s'étant élevé, il y a un profit additionnel sur toute transaction
qui permet de tirer une nouvelle quantité de lettres. L'exportation d'une marchandise quelconque en quantités plus
considérables tend à rétablir la balance; mais, s'il le faut, on
peut envoyer, moyennant une certaine dépense, des espèces
ou des lingots, et tirer des lettres contre ces valeurs. Ainsi
le prix de transport des espèces est la limite que ne franchit
pas la prime des lettres de change. L'or et l'argent, partout
considérés comme des matières précieuses, et qui sont aussi
très-faciles à transporter, forment, ainsi que nous l'avons
remarqué au début, la circulation naturelle d'une nation à
l'autre. Si un pays était absolument dépourvu d'espèces et
avait des dettes extérieures à payer, l'exportation forcée et
la vente des marchandises qui sont après ces métaux les plus
généralement désirées et les plus portatives, seraient sa seule
ressource; la prime sur les billets pourrait alors varier presque
à tous les degrés à partir du pair. On voit donc qu'au point de
vue économique il y a, entre l'or ou l'argent et les autres marchandises, une différence non pas de genre, mais de degré.

LE CLEARING-HOUSE UNIVERSEL.

On pourrait croire que, grâce à l'usage des chèques à l'intérieur et des lettres de change à l'extérieur, nous avons atteint, dans l'emploi de la monnaie métallique, le *summum* de l'économie; il y a cependant encore un pas à faire. Nous avons vu que les commerçants d'une ville, tant qu'ils laissent leurs fonds au même banquier, n'ont pas besoin de manier l'argent, et qu'ils peuvent effectuer leurs paiements par des transferts sur les livres de leur banquier. Imaginons maintenant que tous les marchands du monde s'entendent pour avoir leurs comptes principaux avec les banquiers de quelque grande ville de commerce. Toutes leurs transactions mutuelles pourraient dès lors se régler entre ces banquiers. C'est un état de choses dont nous nous rapprochons; car Londres tend à devenir la capitale monétaire du monde commerçant, le clearing-house général des transactions internationales.

Il suffit, pour économiser la monnaie, de centraliser les transactions, de sorte qu'il y ait les plus grandes chances possibles de balancer les créances. Avant que le système perfectionné des banques de province fût développé en Angleterre, on obtenait une économie considérable par l'usage établi de « tirer sur Londres. » Dans toutes les villes de province, beaucoup de personnes avaient besoin d'expédier de l'argent à Londres, et d'autres avaient besoin d'en faire venir de l'argent. A de vastes transactions commerciales et particulières entre la capitale et les principales villes de commerce, s'ajoutaient tous les paiements relatifs à la perception et à l'emploi des revenus de l'État. Dans chaque ville de commerce, quelque négociant important découvrit qu'il y aurait profit pour lui à vendre des effets sur Londres à ceux qui voulaient expédier des fonds, et à acheter, avec le produit de cette vente, les effets de ceux qui avaient des créances sur les banques ou autres maisons de Londres. La capitale devenant ainsi le centre monétaire, il y eut souvent avantage à faire des paiements à d'autres villes par des effets sur Londres. Toute personne qui avait des fonds à expédier avait plus de chances de trouver facilement un effet sur Londres que sur toute autre place, et il était probable que le créancier préférerait un tel effet à un effet sur une ville avec laquelle il n'avait pas de relations. Il est clair par suite que si tous les principaux commerçants de l'Angleterre avaient eu la plus grande partie de leurs fonds chez les banquiers de Londres, l'usage des effets sur cette ville aurait permis d'y concentrer toutes les transactions commerciales de l'Angleterre, et de les liquider au Clearing-house.

CENTRALISATION A LONDRES DES TRANSACTIONS DE BANQUE.

Il y a un avantage du même genre à centraliser à Londres les transactions étrangères. Faute d'un centre général, toutes les fois que deux villes de commerce sont en relations, elles doivent régler leurs affaires directement et séparément. Un commerçant peut donc recevoir des effets sur les banquiers et les commerçants d'une foule d'autres villes. Il y a à cela un double inconvénient. L'offre et la demande pour les effets sur des places relativement peu importantes doivent être relativement faibles et variables ; en outre ces effets seront tirés sur des maisons moins considérables, sur la solidité desquelles il n'est pas facile d'avoir des informations suffisantes. Il y a aussi, de notre temps, beaucoup de maisons qui ont des représentants dans plusieurs parties du monde ; or il serait plus commode pour elles que leurs transactions mutuelles fussent concentrées quelque part, de même que les transactions des banques succursales sont concentrées dans un bureau principal. De là naît une tendance à préférer, toutes choses étant égales d'ailleurs, des billets tirés sur des banques connues de Londres, ou d'autres grandes maisons de Londres dont le crédit est établi dans le monde entier : des effets de ce genre seront plus facilement acceptés sur le marché. Les personnes qui ont des billets à tirer obtiendront un meilleur prix si elles peuvent tirer sur Londres ; et c'est ce qu'elles font en ouvrant un compte avec une maison de Londres, et en s'arrangeant pour que les sommes qui leur sont dues soient déposées à Londres à leur crédit. Il arrive qu'un commerçant d'Amérique, d'Australie ou de l'Hindoustan, préfère recevoir de l'argent à Londres plutôt que partout ailleurs. Quiconque veut envoyer de l'argent peut alors le faire en tirant un billet sur ceux qui conservent ses fonds à Londres : les vides opérés ainsi seront comblés par des billets semblables reçus de temps en temps, et envoyés de même à Londres pour y être payés.

Cette tendance à centraliser à Londres les affaires d'argent est grandement favorisée par ce fait, que c'est là qu'existe la plus grande masse de capital disponible à bon marché. Le taux moyen de l'intérêt à New York est de 2 pour cent au moins plus élevé qu'à Londres; de sorte qu'un négociant qui a assez de crédit pour obtenir qu'on lui prête à Londres, trouvera du profit à emprunter dans cette ville plutôt qu'à New York. Ainsi, au lieu de déposer d'abord de l'argent à Londres, puis de tirer ensuite sur cette somme, la marche la plus usitée et la plus profitable est d'obtenir un crédit sur cette place, c'est-à-dire, de faire tirer sur un banquier, en faisant ensuite des envois d'argent au banquier qui a accepté et payé vos lettres de change. Quant au commerce du continent, Paris, Berlin, Vienne, Hambourg et Amsterdam sont sans doute des centres extrêmement importants; mais les guerres récentes ont fait transporter à Londres une quantité considérable d'affaires d'argent. En outre, le grand commerce extérieur de l'Angleterre, qui embrasse toutes les parties du globe, le nombre des colonies et dépendances qui, malgré leur éloignement, ont des relations financières avec la capitale de l'empire, tendent à donner à Londres une position unique.

REPRÉSENTANTS DE BANQUIERS ÉTRANGERS A LONDRES.

Il résulte de cette centralisation des transactions de banque à Londres, que les banquiers des colonies ou de l'étranger trouvent avantageux d'avoir dans cette ville des agents, ou même leurs bureaux principaux. Aujourd'hui il n'y a pas moins de 60 banques importantes des colonies ou de l'étranger qui ont à Londres des bureaux ou des maisons à elles. De ce nombre sont les principales banques de l'Australie, de la Nouvelle-Zélande, de l'Inde et un certain nombre de banques moins importantes établies par des capitalistes anglais pour faire du commerce avec les états secondaires de l'Europe, de l'Amérique du Sud, de la Chine ou de l'Orient. Outre ces 60 banques, il y a au moins un millier de maisons de banque étrangères ou coloniales, qui sont en correspondance avec des banquiers de Londres ; de sorte qu'il n'est pour ainsi dire pas de ville au monde capable d'entretenir une seule banque, qui n'ait les moyens de correspondre avec quelque organe du système de banques de Londres. Les banquiers étrangers opèrent des transactions dont l'importance est fort variable, et quelques-uns d'entre eux devraient, d'après nos idées anglaises, être considérés plutôt comme des commerçants que comme des banquiers; mais au total leurs transactions doivent être extrêmement importantes. Il doit en résulter, d'une manière presque inévitable, que les transferts d'argent se feront de plus en plus par l'intermédiaire de Londres. De même que cette ville est déjà le lien qui rattache les uns aux autres tous les banquiers des provinces d'Angleterre, elle peut devenir et deviendra probablement petit à petit le lien qui rattachera les parties du monde les plus éloignées. Mais plus nous voyons augmenter le fardeau lucratif des affaires financières qui pèsent sur Lombard Street et Threadneedle Street, plus nous devons faire nos efforts pour que notre système de circulation repose sur les bases les plus solides possible. Il faut aussi que nos banquiers, nos financiers et nos commerçants règlent leurs opérations avec une intelligence complète du système immense dans lequel ils jouent un rôle, et des risques d'affaiblissement et de décadence auxquels ils s'exposent par une concurrence trop acharnée. Personne n'ignore que des symptômes alarmants se sont, dans ces dernières années, manifestés sur le marché monétaire de Londres. Il y a tendance à des disettes fréquentes et rigoureuses du capital disponible, qui causent dans le taux de l'intérêt des variations presque inconnues il y a trente ans. Je présenterai donc, dans le chapitre suivant, quelques remarques destinées à montrer le danger qui résulte de l'économie excessive de métaux précieux, économie que la perfection croissante de notre système de banque permet de réaliser, mais qui pourrait être poussée trop loin et amener de terribles désastres.

CHAPITRE XXIV

Au commencement de notre étude sur la monnaie nous avons vu les marchandises ordinaires s'échanger les unes contre les autres, et la monnaie s'est montrée à nous pour la première fois sous la forme d'une marchandise qui circulait comme moyen d'échange. Le sujet est devenu cependant de plus en plus complexe. Les métaux ont pris dans la circulation la place des autres objets de commerce, et nous avons dû entrer dans des considérations assez délicates sur les monnaies à valeur pleine et les monnaies à valeur conventionnelle. De la monnaie métallique représentative nous avons passé à la monnaie de papier représentative ; et enfin nous avons découvert que, par le système des chèques et des Clearing-Houses, la monnaie métallique était presque éliminée des échanges intérieurs du pays. Les transactions pécuniaires se présentent maintenant à nous sous l'aspect d'une salle pleine de comptables tout occupés à additionner précipitamment des sommes de monnaie. Mais nous ne devons jamais oublier que tous les chiffres qui remplissent les livres d'une banque représentent de l'or, et que tout créancier peut exiger qu'on le paie en métal. Dans l'état ordinaire du commerce, personne ne se soucie de s'embarrasser d'une quantité considérable de ce métal précieux, qui est beaucoup plus en sûreté et plus disponible dans les caves d'une banque. Mais, dans le commerce international, l'or et l'argent sont encore les intermédiaires à l'aide desquels la balance des comptes doit être équilibrée, et des conséquences sérieuses peuvent résulter d'un écart disproportionné entre le montant des transactions effectuées et celui de l'or qui sert de base au règlement des comptes.

EXTENSION DU COMMERCE.

Tout le monde sait que les trente années qui viennent de s'écouler ont vu le commerce prendre un développement prodigieux dans notre pays comme dans la plupart des autres. Si, comme on le fait d'ordinaire, nous jugeons des progrès généraux de l'industrie par le commerce extérieur, nous trouvons que la valeur réelle déclarée des produits anglais ou irlandais exportés par le Royaume-Uni, atteignait à peu près, en 1846, le total de 58 millions sterling. En 1866 ce total atteignait 189 millions, c'est-à-dire plus de trois fois la somme primitive. Dans cet intervalle la circulation en banknotes était restée presque stationnaire, ou s'il y avait quelque changement, c'était une diminution. La circulation totale des banknotes anglaises, écossaises et irlandaises était, en 1846, de 39 millions, et en 1866, de 38 millions et demi. Je pense cependant que le meilleur critérium des progrès du commerce, soit à l'intérieur, soit à l'extérieur, nous est fourni par l'extraction de la houille, qui est la source principale de notre richesse. Or, en 1854, la quantité totale de houille extraite était de 65 millions de tonnes environ, et la circulation en billets de 38 millions; en 1866, la production de la houille s'était élevée à 101 millions et demi de tonnes, c'est-à-dire de 56 pour cent, tandis que la circulation des billets restait presque au même chiffre, c'est-à-dire à 38 millions et demi. Sans doute il y a eu, entre 1866 et 1874, une augmentation remarquable dans la circulation, dont le total atteignit £ 43,912,000, ce qui faisait un accroissement de 14 pour cent; mais la production du charbon s'était élevée dans le même temps à 127 millions de tonnes, ce qui représente sur 1854 une augmentation de 95 pour cent.

LA CONCURRENCE ENTRE LES BANQUIERS.

Il y a donc une tendance manifeste à pratiquer un commerce de plus en plus considérable avec une quantité de monnaie métallique qui est loin de s'accroître dans la même proportion. Le système des banques devient aussi de plus en plus parfait, en ce sens qu'il emploie moins de monnaie. La concurrence d'une foule de grandes banques les conduit à opérer le plus grand nombre possible d'affaires avec les réserves les plus faibles qu'elles osent conserver. Quelques-unes de ces banques donnent des dividendes de 20 à 25 pour cent, ce qui n'est possible que parce qu'elles emploient de la manière la plus hardie des dépôts considérables. Les réserves même consistent moins en monnaies réelles ou en banknotes déposées dans leurs caves qu'en argent employé à la Bourse de manière à pouvoir être retiré sur-le-champ, ou déposé à la Banque d'Angleterre, qui elle-même prête ces dépôts dans une certaine mesure.

Plus le commerce se développera, et plus les demandes d'or pour faire des paiements à l'étranger seront considérables dans certaines occasions; mais si l'approvisionnement d'or conservé à Londres devient relativement de plus en plus petit, la difficulté qu'on trouvera parfois à faire face aux demandes sera de plus en plus grande. Voilà, je crois, tout le secret de l'instabilité et de la sensibilité croissante du marché monétaire britannique. La demande de l'or augmente tous les jours, et cependant l'or destiné à la satisfaire devient relativement moins abondant; aussi en résulte-t-il de temps en temps une difficulté trop naturelle à répondre aux demandes; alors il faut élever brusquement le taux de l'intérêt pour décider ceux qui ont de l'or à le prêter, ou pour amener ceux qui en demandaient à renoncer pendant quelque temps à leurs demandes : ce qui n'empêche pas une foule de gens d'attribuer tous ces troubles, soit aux personnages si souvent calomniés qui se réunissent chaque semaine dans la salle des délibérations de la Banque d'Angleterre, soit à sir Robert Peel, qui n'a permis à la Banque d'émettre ses billets que d'après le système du dépôt partiel que nous avons décrit ci-dessus (chap. XVIII, p. 181).

Depuis deux siècles il y a toujours eu quelque lieu commun sur le tapis, au sujet de la circulation. Au commencement, c'était la rareté de la monnaie d'argent, l'entreprise
de la Mer du Sud, le prix de la guinée. Plus tard vinrent
la restriction des paiements en espèces, le cours des lingots, la question du billet d'une livre et les banques par
actions. Depuis 1844 cependant, tous les théoriciens qui
s'occupent de la circulation ont concentré leur attention sur
l'acte organique de la Banque qui fut adopté cette année-là.
Quoiqu'il y ait entre eux des divergences d'opinion infinies
sur la nature du remède, ils ont été unanimes à rejeter tous
les malheurs sur le compte d'une réglementation de notre
circulation, où je ne vois pour ma part qu'un monument de
législation financière aussi solide qu'habile.

Les Actes de 1844 et 1845 ont marqué une limite fixe au
total des billets qui peuvent être émis en Angleterre sans
un dépôt d'or équivalent. Actuellement (avril 1875) la Banque
d'Angleterre peut, sans or, émettre quinze millions; chacune des banques particulières ou par actions qui existent
en Angleterre a ses limites particulières, et toutes ensemble
peuvent émettre environ £ 6,460,000, tandis que les banques
écossaises peuvent émettre, dans les mêmes conditions, des
billets pour un total de £ 2,750,000, et les banques d'Irlande
pour £ 6,350,000, ce qui fait en tout environ 30 millions et
demi. Outre cette somme, la Banque d'Angleterre et les
banques d'Écosse et d'Irlande peuvent émettre en plus
autant de billets qu'elles ont de lingots ou d'espèces en dépôt : en 1874, l'excédant ainsi émis était de 14 millions et
demi. N'oublions jamais que, de ce chef, aucune restriction n'est imposée à la somme totale de la circulation du
pays; car la monnaie légale primitive du pays est le souverain pesant 123 grains 274 d'or, et quiconque a de l'or peut
sans peine le faire convertir en souverains. Les adversaires
du Bank Charter Act prétendent que nous avons besoin de
plus de numéraire; mais ils ne peuvent soutenir sincèrement

que c'est le numéraire métallique qui nous manque. Nous ne devons pas compter sur des modifications de la loi pour augmenter dans le pays le montant des espèces, et, ainsi que je l'ai fait remarquer, toute personne qui a de l'or peut se procurer des souverains. D'autre part, faute de mines d'or, on ne peut se procurer ce métal que par un commerce avec l'étranger, qui l'amène chez nous sans le faire sortir de nouveau. En somme, la monnaie principale doit être regardée comme une marchandise dont la production doit être livrée à l'action naturelle des lois de l'offre et de la demande. En émettant sans restriction une monnaie représentative en papier, on intervient d'une manière artificielle dans le jeu de ces lois.

L'ÉCOLE DES BANQUES LIBRES.

Ce que les théoriciens demandent ce n'est donc pas d'avoir plus d'or, mais plus de promesses de paiements en or. L'école des banques libres en particulier soutient que c'est un des droits primordiaux de l'individu de faire des promesses, et que chaque banquier doit être autorisé à émettre autant de billets qu'il en peut faire prendre à ses clients, en gardant la réserve de monnaie métallique qu'il croit suffisante pour le mettre en état de remplir ses engagements. Mais cette liberté dans l'émission du papier-monnaie ne remédie pas du tout au mal dont souffre le marché monétaire, puisque ce mal est le manque d'or, et non le manque de papier. Au contraire, une émission illimitée de papier tendrait à réduire encore la quantité d'or déjà fort restreinte sur laquelle nous élevons l'édifice d'un commerce immense. Ici nous touchons au point le plus délicat de toute la théorie de la circulation. Il y a aussi une école, représentée autrefois en Angleterre par des écrivains comme Ricardo et Tooke, qui soutient qu'il est impossible d'émettre une quantité trop considérable de papier-monnaie. M. R. H. Inglis Palgrave a récemment développé avec beaucoup d'habileté des arguments dans ce sens, dans son ouvrage intitulé : « *Notes on Banking* », et la connaissance si étendue qu'il possède du sujet doit prêter beaucoup de force à ses opinions. Cependant il y a, selon moi, un côté faible dans la théorie de ces auteurs.

Lorsque les prix sont à un certain niveau et que le commerce est tranquille, un seul banquier ne peut sans doute verser dans la circulation au-delà d'une certaine quantité de billets.

Il n'exerce pas plus d'influence sur l'ensemble de la circulation qu'un seul négociant n'en peut exercer, par ses ventes et ses achats, sur le marché du blé ou du coton. Mais si un certain nombre de banquiers émettaient en même temps une grande quantité de billets venant s'ajouter à ceux qui existent déjà, ils produiraient le même effet qu'un groupe de marchands qui offrent de vendre du blé livrable à terme; et la valeur de l'or en serait affectée, comme nous savons que l'est le prix du blé. Nous sommes trop accoutumés à regarder la valeur de l'or comme une donnée fixe du commerce: c'est en réalité une chose très-variable. Les tableaux des prix, que j'ai analysés dans le *Statistical Journal* du mois de juin 1865, montrent qu'entre 1822 et 1825 il y eut dans les prix une hausse qui s'éleva à 17 pour cent; entre 1844 et 1847, puis entre 1852 et 1857, la moyenne des hausses fut respectivement de 13 et de 31 pour cent. De telles variations dans les prix nous apprennent que la valeur de l'or s'est elle-même modifiée en sens inverse; et ces variations sont produites surtout par l'extension du crédit. Toute personne qui promet de payer de l'or à une échéance à venir, accroit par là même l'offre anticipée de l'or; il n'y a aucune limite à la quantité d'or qui peut ainsi être jetée sur le marché. Quiconque tire une lettre de change ou émet un billet, travaille, sans en avoir conscience, à encombrer le marché de l'or. Tout va bien, et une prospérité apparente règne dans la communauté entière, tant que ces promesses de payer de l'or peuvent être rachetées ou remplacées par de nouvelles promesses. Mais la hausse des prix ainsi produite renverse la balance des échanges avec l'étranger, et fait contracter des dettes qui doivent être payées en or. La base sur laquelle repose tout l'édifice du crédit glisse, se dérobe, et produit cet écroulement subit qu'on appelle une crise commerciale.

Or ce qui est vrai du crédit en général est plus vrai encore de la forme spéciale que prend le crédit dans les billets de banque. Ils promettent d'être payables en or à présentation, de sorte que tout le monde les reçoit comme équivalant à des espèces. Les lettres de change mêmes peuvent être payées en billets, et dans le commerce intérieur on ne trouverait aucune difficulté à maintenir le crédit, tant que des promesses de payer de l'or circuleraient au lieu d'or. Mais les étrangers ne considéreront pas ces promesses du même œil, et si les échanges sont à notre désavantage, c'est la partie métallique de notre circulation, et non le papier, qui sera exportée. C'est à ce moment-là que les banquiers ne trouveront aucune difficulté à augmenter leur émission, parce que beaucoup de personnes ont des créances à réclamer en or, et que les billets sont regardés comme de l'or. Les billets rempliront ainsi commodément le vide occasionné par l'exportation des espèces; les prix se soutiendront, la prospérité se maintiendra, la balance du commerce extérieur sera encore contre nous, et le jeu qui consiste à remplacer l'or par des promesses atteindra des proportions illimitées, jusqu'à ce qu'il devienne réellement impossible de trouver encore de l'or pour faire à l'étranger les paiements nécessaires.

Le professeur Cliffe Leslie a dit, avec raison, je pense, dans le *Macmillan's Magazine* du mois d'août 1864, que le crédit de spéculation élève souvent les prix, pour quelque temps, au-dessus de leur cours naturel. Selon lui, au contraire, le crédit représentatif, et je suppose qu'il entend par là des billets émis contre un dépôt réel de métal, n'augmente pas forcément la masse de la monnaie; il ne peut avoir aucun effet pour élever les prix au-dessus du niveau qu'ils atteindraient avec un système purement métallique.

La disparition réelle des lingots dans un pays n'est pas un événement purement imaginaire; il est arrivé en Angleterre, l'an 1839, sous le système de libre émission. La banque d'Angleterre s'était défaite de presque tous ses lingots, et ne fut sauvée de la banqueroute que par l'expédient ignominieux d'un emprunt considérable à la Banque de

France. Les limites étroites de ce livre ne me permettent
pas de demander beaucoup d'arguments à l'histoire et à
la statistique ; mais je peux dire que l'affaissement produit par la crise de 1839 causa une détresse plus cruelle et
une prostration du commerce plus effrayante que tout ce
qu'on a vu depuis en Angleterre. L'industrie et le commerce
anglais sont aujourd'hui plusieurs fois aussi considérables
qu'en 1839, et rien ne nous indique que les directeurs de
banques ni les classes commerciales soient moins téméraires
ou plus prévoyants qu'alors. Loin de là : la concurrence,
l'esprit de spéculation, la hardiesse à fonder les affaires les
plus gigantesques sur la base de capital réel la plus étroite,
sont plus communs que jamais. On sait la quantité extrêmement faible de monnaie métallique réelle sur laquelle la
plupart de nos grandes banques s'appuient dans leurs opérations, et l'on ne peut conserver un seul instant l'idée de
permettre que la circulation en papier du pays repose sur
les réserves que ces banques rivales voudront bien conserver.

DU DROIT DE MONNAYER DES BILLETS DE BANQUE.

Suivant moi l'émission des billets est plus analogue à la
fonction royale du monnayage qu'à l'opération commerciale
ordinaire de tirer des lettres de change. Nous devons parler
du *monnayage des billets*, ainsi que le faisait John Law ; car
bien que le dessin soit imprimé sur papier, au lieu de l'être
sur métal, la fonction du billet est exactement la même que
celle d'une monnaie représentative. Quant au droit d'émettre
des promesses, il n'existe pas plus que le droit d'établir des
ateliers monétaires particuliers. Au point de vue qui nous
occupe, cela est un droit que la législation déclare avantageux
à la communauté en général. De même que tout le monde,
ou peu s'en faut, a longtemps été d'accord pour mettre le
droit de frapper monnaie dans les mains du pouvoir exécutif, de même je pense que l'émission de la monnaie représentative en papier doit continuer à rester dans la pratique entre
les mains du gouvernement ou de ses fonctionnaires, agissant
sous le contrôle législatif le plus rigoureux. M. Wolowski,

dans ses beaux ouvrages sur la monnaie, a soutenu que l'émission des billets est une fonction distincte des opérations ordinaires d'un banquier; et M. Gladstone a reconnu que cette distinction est juste et d'une importance capitale. Aujourd'hui, en Angleterre, les banquiers jouissent, sur tous les autres poi ts, de la liberté la plus étendue; c'est donc une véritable confusion d'idées de parler de l'émission illimitée de papier-monnaie comme d'une question qui intéresse la liberté des banques.

Le professeur Sumner et d'autres personnes opposées au Bank Charter Act, ont dit qu'il ne peut être regardé comme une solution scientifique de la question de la circulation, attendu que nulle autre nation n'a accepté les mêmes principes. Cependant le gouvernement de l'empire d'Allemagne vient d'adopter tout récemment le grand principe du dépôt partiel, en y ajoutant la liberté d'augmenter les émissions moyennant une taxe de 5 pour cent, combinaison que j'ai décrite plus haut sous le nom de Système de limite élastique. Cette disposition semble destinée à éviter la suspension de la loi dans les temps de crise, et il se pourrait fort bien qu'il fût avantageux pour l'Angleterre d'établir une modification semblable dans sa loi sur la monnaie. Mais l'amende ou taxe sur l'émission en excès devrait certainement être de beaucoup supérieure à 5 pour cent, et ne pourrait, dans ce pays, rester au-dessous de 10 pour cent.

DES BANQUES ÉCOSSAISES ET DES BANQUES ANGLAISES.

On cite souvent les Banques écossaises comme preuve qu'une circulation parfaitement solide peut être fournie par des banques qui agissent sans entraves et en ne consultant que leur propre prudence. Avant 1845, les douze ou treize Banques écossaises possédaient certainement le droit d'émettre librement des billets qui descendaient jusqu'au billet d'une livre; et il n'y eut qu'un ou deux cas de banqueroute. C'est ce que je reconnais, et j'ajoute que les Anglais et les Américains, ainsi que toutes les nations du monde, peuvent admirer avec raison l'habileté, la sagacité, la prudence merveilleuse, dont les banquiers Écossais ont fait preuve dans le développement et la direction de leur système.

Ce qui n'est pas moins certain, c'est que des banquiers Écossais dirigent dans son cours le développement du système des Banques en Angleterre, aux Indes, dans les colonies Australiennes, et partout, avec un succès remarquable. Si nous étions tous Écossais, je crois que l'émission illimitée de billets d'une livre serait une mesure excellente. Mais si nous comparons le système de banque des Écossais et celui des Anglais, nous découvrons une différence profonde. En Écosse, il n'y a que onze grandes Banques, lesquelles empêchent avec grand soin qu'il n'y en ait une douzième. Cependant elles usent avec beaucoup de modération et de sagesse du monopole incontestable qu'elles possèdent. Grâce à l'immense réseau de leurs succursales, chaque village a sa banque, et quiconque a économisé quelques livres peut avoir son dépôt à la banque. En Angleterre et dans le pays de Galles nous avons 267 banques particulières et 121 banques par actions, c'est-à-dire en tout 388 maisons de banque, en comptant les banques de Londres, mais sans compter aucune de leurs nombreuses succursales. Nous tendons, il est vrai, à nous rapprocher du système Écossais par la fusion des petites banques. Néanmoins il se fonde encore de temps en temps beaucoup de banques nouvelles, et la concurrence entre elles est des plus acharnées. Les dividendes élevés qu'attendent les actionnaires ne peuvent être gagnés qu'en opérant hardiment avec de faibles réserves ; et quiconque s'occupe de commerce s'aperçoit que le marché monétaire devient de plus en plus sensible.

RÉSERVES DE NUMÉRAIRE DES BANQUIERS.

Il serait important, mais très-difficile, de décider quel est le montant de l'encaisse réelle que les banquiers du Royaume-Uni tiennent disponible pour faire face à leurs obligations. Beaucoup de banques publient des bilans où elles prétendent montrer leur réserve en argent comptant. J'ai déjà fait remarquer plus haut l'ambiguïté qui s'attache aux mots de monnaie et de comptant (*money* et *cash*) dans l'usage ordinaire ; cherchons de quelle nature est l'argent comptant, l'encaisse du banquier, nous trouverons que cette encaisse consiste pour une grande part en sommes employées en *effets publics*, déposées chez d'autres banquiers, et particulièrement à la Banque d'Angleterre, ou en sommes conservées « at call », c'est-à-dire prêtées à des spéculateurs qui les emploient à l'achat de valeurs négociables. Les bilans publiés ne nous donnent donc aucun renseignement sur la réserve métallique dont le pays dispose pour le paiement des dettes extérieures.

M. R. H. Inglis Palgrave, dans son travail important « Notes on Banking », publié d'abord dans le *Statistical Journal* de mars 1873 (vol. XXXVI, p. 106), puis imprimé en un volume séparé, a donné les résultats d'une enquête à ce sujet. Il estime que le montant des espèces et des billets de la Banque d'Angleterre, qui sont dans les mains des banquiers du Royaume-Uni, ne va qu'à quatre ou cinq pour cent de leurs obligations, c'est-à-dire qu'il en est la vingt-cinquième, ou tout au plus la vingtième partie. M. T. B. Moxon, de Stockport et de Manchester, a fait depuis des recherches approfondies sur le même sujet; il a trouvé que l'encaisse des banquiers ne dépasse pas le sept pour cent des dépôts et billets payables à présentation Il remarque, en outre, qu'une grande partie de cette réserve même est absolument indispensable aux transactions quotidiennes des banquiers, et que, par conséquent, ils ne peuvent s'en passer.

L'édifice entier de notre immense commerce repose donc, on le voit, sur cette supposition, que jamais probablement les commerçants et les autres clients des banques n'éprouveront le besoin soudain et simultané de retirer seulement la vingtième partie de la monnaie d'or qu'ils ont droit de recevoir sur leur demande, à tout moment, pendant les heures où les banques sont ouvertes.

DES MOYENS DE REMÉDIER A LA SENSIBILITÉ DU MARCHÉ MONÉTAIRE.

Aucune législation ne peut remédier à cet état de choses. Aucun gouvernement ne peut tirer d'embarras ceux qui font des transactions illimitées en or, sans être sûrs de trouver de l'or quand ils en auront besoin. Il est absurde de

supposer qu'un établissement unique, tel que la Banque
d'Angleterre, qui elle-même dépasse à peine en importance
quelques-unes des grandes banques de Londres, puisse
étayer tout l'édifice du commerce anglais.

Il n'y a qu'une mesure qui puisse rendre la stabilité au
marché de Londres, ou l'empêcher de devenir de plus en
plus faible; c'est d'assurer par quelque moyen l'existence
de réserves plus satisfaisantes, soit en espèces réelles, soit
en billets de la Banque d'Angleterre représentant des espèces
déposées dans ses caves. Toutefois, il y aurait peu d'avantage
pour certaines banques à montrer plus de prudence et d'ab-
négation, tandis que d'autres continueraient à exploiter leurs
ressources dans toute la mesure du possible, et dépasse-
raient le taux des dividendes que peuvent payer les banques plus prudentes. Il faut donc, à ce qu'il semble, une
action combinée, quelque chose de semblable à ce qui
a été proposé pour les banquiers de Londres.

Comme la Banque d'Angleterre ne paye aucun intérêt sur
les huit millions de dépôts qu'elle a gardés en moyenne, dans
ces quatre dernières années, pour les banquiers de Londres, il semble qu'il n'y a pas de raison suffisante pour
qu'elle soit autorisée à tirer profit d'une somme si considérable. Si cette somme était conservée par un comité des
banques déposantes, elle ne serait pas moins en sûreté, elle
serait à peine moins disponible, et de plus elle pourrait, si
on l'employait en partie à acheter des effets publics, donner
un profit aux dépositaires. On dira peut-être : pourquoi
chaque banque ne garderait-elle pas sa propre réserve dans
ses propres caves? Mais alors rien n'empêcherait certaines
banques de tenir leurs réserves à un niveau excessivement
bas, et de compter, pour les moments difficiles, sur une
aide étrangère.

J'aurais cependant une objection à faire au projet tel qu'il
a été exposé : je voudrais qu'on ne fût autorisé à constituer aucune partie de la dernière réserve avec des effets publics.
Lorsque le capital prêtable est très-rare, un stock de ce genre
ne peut être converti en lingots réels que par des ventes
forcées qui déprécient la rente, ébranlent la confiance publique et absorbent l'argent versé par quelque autre canal

sur le marché monétaire. A moins que les effets publics ne soient envoyés à l'étranger, leur vente ne peut en aucune façon augmenter le stock de l'or dans le pays. *L'encaisse* doit être véritablement en caisse, et quoiqu'il puisse être fort commode pour les banquiers, d'employer ce mot d'une manière élastique et ambiguë, il ne peut, qua nd on parle des dernières réserves du pays, signifier autre chose que de la monnaie d'or ou des lingots, ou des reçus donnés réellement en échange d'or ou de lingots, d'après le système de dépôt que nous avons exposé.

On a fait remarquer aussi, dans un excellent article du *Bankers' Magazine* de février 1875, que le plan proposé n'aurait aucune efficacité, s'il n'était mis à exécution que par un groupe restreint de banquiers de Londres. Il faudrait que l'association comprît, d'une manière ou de l'autre, toutes les banques considérables des trois royaumes. L'immense commerce de l'Angleterre ne peut reposer sur une base solide, tant que la force de l'opinion n'imposera pas à chaque banquier la nécessité de conserver en caisse une réserve vraiment proportionnée à ses engagements. Peu importe qui conservera la réserve, pourvu qu'elle existe réellement sous la forme d'un dépôt de métal, qu'elle ne s'évapore pas par des placements « *at call* », et qu'elle ne soit pas déposée dans d'autres banques qui s'en servent librement. Si les banquiers ne s'entendent pas pour agir ensemble, il est certain que la sensibilité du marché monétaire augmentera ; et il est probable qu'il se produira de temps en temps des crises commerciales qui dépasseront même, par leur violence et leurs conséquences désastreuses, celles dont nous connaissons trop bien l'histoire.

CHAPITRE XXV

D'UN ÉTALON DES VALEURS.

Nous avons fait remarquer que la monnaie, outre les services qu'elle rend comme commun dénominateur des valeurs, et comme intermédiaire destiné à faciliter l'échange, était aussi employée communément comme valeur-type, en unités de laquelle sont exprimés les contrats qui s'étendent à une longue série d'années. Lorsqu'on loue la terre à long bail ou à bail perpétuel, qu'on prête de l'argent au gouvernement, aux Sociétés et aux Compagnies de chemins de fer, on convient en général que l'intérêt et le capital seront payables en monnaie d'or à cours forcé. Mais il ne manque pas de témoignages prouvant que la valeur de l'or a subi des variations fort étendues. Entre 1789 et 1809 cette valeur tomba dans la proportion de 100 à 54, c'est-à-dire qu'elle baissa de 46 pour cent, ainsi que je l'ai montré dans un travail sur la variation des prix depuis 1782, lu à la Société de Statistique de Londres en juin 1865. De 1809 à 1849, l'or se releva d'une manière extraordinaire, dans la proportion de 100 à 245, c'est-à-dire de 145 pour cent, de sorte que les rentes sur l'État et tous les paiements fixes qui s'étendaient à cette période, avaient presque deux fois et demie la valeur qu'ils avaient eue en 1809. Depuis 1849, la valeur de l'or est redescendue d'au moins 20 pour cent; et une étude attentive des fluctuations des prix, telle qu'on la trouve, soit dans le

Journal l'*Economist*, aux Revues Annuelles du Commerce, soit dans le travail cité plus haut, montre que des fluctuations de 10 à 25 pour cent se présentent dans tout cycle de crédit.

DES RENTES EN BLÉ.

On se demande, quand on voit de telles variations dans la valeur des métaux précieux, si nous faisons bien de les employer comme unités de valeur dans les contrats d'une longue durée. Nous sommes obligés de reconnaître que les hommes d'Etat de la reine Elisabeth faisaient preuve d'une grande prévoyance, quand ils obligeaient les collèges d'Oxford, de Cambridge et d'Eton à louer leurs terres pour des rentes fixées en blé. Il en est résulté que ces collèges sont devenus beaucoup plus riches qu'ils ne l'auraient été autrement; car les rentes et dotations exprimées en argent ne représentent plus qu'une fraction de leur ancienne valeur.

Je pense que rien dans les lois anglaises n'empêche un propriétaire de louer aujourd'hui encore ses terres pour une rente en blé, en fer, en houille, ou pour une autre rente quelconque. Tout ce que la loi exige, c'est que le contrat soit parfaitement défini, que la signification en soit déterminée avec précision, de telle sorte qu'on puisse toujours s'assurer par voie d'exclusion, du genre et de la quantité de la marchandise stipulée. Mais la loi, en définissant la monnaie à cours forcé, pourvoit à ce qu'il n'y ait pas de malentendus pour les paiements en monnaie, tandis qu'on n'est pas sûr d'éviter les méprises et les difficultés, si l'on choisit d'autres marchandises comme matière des rentes. De plus, toute marchandise, comme le blé ou la houille, subit d'une année à l'autre des fluctuations considérables, et pourrait bien, pour des périodes de dix ou de vingt ans, ne pas fournir d'unités de valeur aussi fixes que l'or ou l'argent. Des marchandises, dont la valeur présente une moyenne relativement stable pour de longues périodes, peuvent être sujettes à de grandes variations temporaires produites par les mouvements de l'offre et de la demande.

DE L'ÉTALON MULTIPLE.

On peut donc se demander si les progrès de la science économique et statistique ne nous permettent pas d'imaginer un étalon de valeur plus satisfaisant. Nous avons déjà vu que le système de monnaie appelé système à double étalon, fait porter sur une surface plus étendue les fluctuations de l'offre et de la demande pour l'or et pour l'argent, et donne à la valeur des deux métaux plus de stabilité qu'elle n'en aurait autrement. Ne pouvons-nous concevoir un étalon multiple, qui serait encore moins sujet à variation? Nous estimons la valeur d'une centaine de livres par la quantité de blé, de pommes de terre, de houille, de bois, de fer, de thé, de café, de bière et des autres denrées principales, que nous pouvons nous procurer avec cette somme. Ne pourrions-nous inventer un étalon, un billet à cours forcé, qui pourrait se convertir, non pas en une marchandise unique, mais en un composé de petites quantités de marchandises variées, dont chacune serait rigoureusement déterminée en quantité et en qualité? Ainsi un billet de cent livres donnerait à son propriétaire le droit de réclamer un *quarter* de bon froment, une tonne de fer en barres tel qu'il se trouve d'ordinaire dans le commerce, une centaine de livres pesant de coton passable, vingt livres de sucre, cinq de thé, et d'autres articles en quantité suffisante pour parfaire la somme. Sans doute la valeur relative de toutes ces marchandises variera; mais si le possesseur du billet perd sur quelques-unes, il gagnera très-probablement sur d'autres; de sorte qu'au total son billet conservera une puissance d'achat assez stable. En effet, comme les articles contre lesquels on peut échanger ce billet sont ceux qu'on a toujours besoin de consommer, sa puissance d'achat restera stable en comparaison de celle de l'or et de l'argent, puisque ces métaux ne sont employés que pour un petit nombre d'usages spéciaux.

Dans la pratique un tel étalon monétaire serait évidemment très-incommode; car personne ne voudrait être forcé de garder un assortiment de marchandises variées. Celui qui aurait besoin de blé devrait vendre à d'autres le fer, le bœuf

et les autres articles qu'il aurait reçus en même temps ; l'or,
ou une autre monnaie métallique, serait sans doute employé
comme intermédiaire de ces échanges. Ce projet reviendrait
donc dans la pratique à celui qu'on a depuis longtemps mis
en avant sous le nom de :

TABLE DE RÉFÉRENCE PROPOSÉE PAR LOWE.

Parmi les livres estimables qui sont tombés dans l'oubli,
on doit mentionner celui de Joseph Lowe sur « l'Etat présent
de l'Angleterre relativement à l'agriculture, au commerce et
aux finances » (The present state of England in regard to
Agriculture, Trade, and Finance). Ce livre, publié en 1822,
contient sur la variation des prix, l'état de la circulation, la
loi des pauvres, la population, les finances, et d'autres questions d'un grand intérêt politique, l'un des meilleurs traités
qu'on ait écrits à l'époque où il parut. Dans son chapitre IX,
Lowe parle, en homme qui connaît fort bien son sujet, des
fluctuations qui se produisent dans la valeur de la monnaie,
et part de là pour proposer un projet, sans doute inventé par
lui, destiné à donner une valeur stable aux contrats monétaires. Il propose de désigner des personnes pour recueillir
des informations authentiques sur les prix auxquels se vendent les principaux articles de la consommation domestique.
Pour le sucre et le blé, des relevés qui faisaient autorité,
étaient déjà, et ont toujours été depuis, publiés dans la
London Gazette; il semblait qu'il n'y eût aucune difficulté
à étendre un système semblable à d'autres denrées. En tenant compte ainsi des quantités comparatives de denrées diverses consommées dans une famille, il voulait composer une
table de référence, où l'on aurait vu quelle modification il faut
introduire dans un contrat monétaire, pour que la somme
qui y est stipulée possède toujours un pouvoir d'achat uniforme. En principe ce projet paraît très-logique ; mais Lowe
n'essaya pas d'en combiner les détails d'une manière pratique, et son plan soulève des difficultés inutiles.

ÉTALON DE VALEUR DE POULETT SCROPE

Un projet qui ressemble beaucoup au précédent, quoiqu'il
soit tout à fait neuf, fut proposé, environ onze ans plus tard,

par feu M. Poulett Scrope, auteur bien connu, qui a écrit sur la géologie et l'économie politique. Dans une brochure remarquable, quoiqu'elle soit oubliée maintenant, et qui porte ce titre : « Examen de la question des statuts de la Banque, avec une étude sur la nature d'un bon étalon de valeur » (Londres, 1833), M. Scrope émet l'idée (p. 26) qu'on pourrait constituer un étalon en prenant le prix moyen d'une certaine masse de marchandises qui, lors même qu'on ne les emploierait pas comme étalon légal, pourraient servir à constater et à corriger les variations de l'étalon. Ce projet a été décrit aussi dans le livre intéressant de M. Scrope sur les principes de l'économie politique, publié dans la même année (p. 406), et dans la seconde édition du même livre, publiée il y a deux ans sous ce titre : « Political Economy for plain people » (p. 308). Feu M. G. R. Porter, sans citer les auteurs qui l'avaient précédé, donna le même projet en 1838, dans la première édition de son traité bien connu sur « Les Progrès de la Nation » (section III et IV, p. 235). Il y ajouta une table qui montrait les fluctuations mensuelles moyennes de cinquante marchandises diverses, depuis 1833 jusqu'à 1837.

Les projets de ce genre, où il est question d'établir un étalon tabulaire de valeur ou étalon moyen, semblent être parfaitement raisonnables, et possèdent une grande importance au point de vue de la théorie; quant aux difficultés pratiques, elles ne sont pas d'un caractère bien sérieux. Pour mettre à exécution les projets de Lowe ou de Scrope, on créerait une commission officielle permanente, qui serait revêtue d'une sorte de pouvoir judiciaire. Les employés de ce service recueilleraient les prix courants des marchandises sur tous les principaux marchés du royaume, et, par un système de calcul bien déterminé, tireraient de ces données les variations moyennes dans le pouvoir d'achat de l'or. Les décisions de cette commission seraient publiées chaque mois, et les paiements seraient réglés en accord avec ces décisions. Ainsi, supposons qu'une dette de cent livres soit contractée le 1er juillet 1875, et doive être payée le 1er juillet 1878 : si la commission décidait, en juin 1878, que la valeur de l'or est descendue après cet intervalle dans la proportion de 106 à 100, le créancier pourrait alors réclamer une augmentation de 6 pour cent sur le total nominal de la dette.

L'usage de cet étalon tabulaire national pourrait être d'abord facultatif, de sorte qu'il ne serait appliqué que lorsque les parties contractantes auraient inséré dans le contrat une clause à cet effet. Quand la possibilité d'appliquer ce système et son utilité seraient suffisamment démontrées, il pourrait être rendu obligatoire; c'est-à-dire que toute dette de monnaie, à plus de trois mois d'échéance, par exemple, varierait conformément à l'étalon tabulaire, à moins qu'une clause expresse du contrat ne stipulât le contraire.

DIFFICULTÉS DE CE PROJET.

Les difficultés que rencontrerait l'exécution d'un pareil projet ne seraient pas considérables. Sans doute il compliquerait dans une certaine mesure les relations entre les débiteurs et les créanciers, et des discussions s'élèveraient quelquefois relativement à l'époque où il faudrait calculer le montant de la dette. Ces difficultés ne seraient pas plus grandes que celles que présente le paiement des intérêts, qui dépendent aussi de la durée de la dette. Le travail de la commission, une fois qu'elle serait établie et dirigée par un Acte du Parlement, ne serait plus guère qu'un travail de comptables opérant d'après des règles fixes. Leurs décisions inspireraient une confiance parfaite et seraient à l'abri de tout soupçon; car ils seraient tenus de publier périodiquement, en même temps que leurs moyennes, les tables détaillées des prix sur lesquels reposeraient leurs calculs : beaucoup de personnes seraient ainsi en état de vérifier et les données et les calculs. Il ne pourrait être question de fraude

La seule difficulté réelle que je prévois est celle qu'on trouverait à choisir la méthode la plus exacte pour obtenir les moyennes. Voici celle que je choisirais : on prendrait un nombre considérable de marchandises, 100 par exemple, en tenant compte surtout de l'indépendance de leurs fluctuations les unes par rapport aux autres, et alors la *moyenne géométrique* des proportions dans lesquelles leurs prix en or auraient varié, se calculerait par les logarithmes. C'est la méthode que j'ai employée dans ma brochure sur *Une grande baisse dans la valeur de l'or*, etc., et dans le travail sur les *Variations des prix depuis 1782*, que j'ai cités plus haut (p. 266). Une méthode assez semblable avait été employée auparavant par M. Newmarch. Dans l'Histoire et la Revue annuelle du Commerce, que publie le journal l'*Économist*, on a vu, pendant plusieurs années, une table qui contenait le *Nombre total indicateur* des prix, c'est-à-dire la somme arithmétique des nombres exprimant les rapports qui existaient entre le prix d'un grand nombre de marchandises et les prix moyens de ces mêmes marchandises dans les années 1845 à 1850. Quelle que fût la méthode adoptée, les résultats seraient meilleurs que si l'on continuait à reconnaître un seul métal pour étalon, ainsi que nous le faisons aujourd'hui.

L'espace dont je dispose ne me permet pas d'exposer complétement les avantages qui résulteraient pour la nation de l'établissement d'une table régulatrice de la valeur ou table étalon. Une table de ce genre donnerait aux relations sociales une stabilité toute nouvelle, garantirait les revenus fixes des individus et des institutions publiques contre la dépréciation qu'ils ont souvent subie. D'autre part, la spéculation, qui repose sur les oscillations fréquentes des prix, et qui trouve tant de marge dans l'état actuel du commerce, serait jusqu'à un certain point découragée. Les calculs des commerçants seraient moins souvent déjoués par des causes indépendantes de leur volonté et impossibles à prévoir ; une foule de banqueroutes seraient prévenues. Sans doute on verrait encore de temps en temps des affaissements périodiques du crédit ; mais, comme les obligations des débiteurs diminueraient à peu près dans les mêmes proportions, l'intensité des crises serait affaiblie.

CHAPITRE XXVI

DE LA QUANTITÉ DE MONNAIE NÉCESSAIRE A UNE NATION.

On trouvera sans doute que, dans un essai sur la monnaie, la quantité de monnaie nécessaire à une nation devrait être un des sujets de discussion les plus importants. Rien à coup sûr ne paraîtrait plus désirable que d'établir combien il faut pour chaque personne de monnaie de papier, d'or, d'argent ou de bronze, afin que le gouvernement pût veiller à lui en assurer la quantité nécessaire. Il n'est pour ainsi dire pas de pays où ne se soient élevées souvent les plaintes les plus vives sur la rareté de la monnaie en circulation, et sur le besoin urgent d'en avoir davantage. Tous les maux dont on souffrait, langueur du commerce, baisse des prix, diminution du revenu public, pauvreté du peuple, manque de travail, mécontentement politique, banqueroutes et paniques, ont été attribués au manque de monnaie : le remède qu'on proposait était autrefois de mettre les monnayeurs à l'œuvre ; aujourd'hui, c'est une émission nouvelle de papier-monnaie.

La véritable réponse à toutes les plaintes de ce genre, c'est que personne ne peut dire combien il faut de monnaie à une nation, c'est que rien ne convient moins à un homme d'État que d'essayer de régler la quantité de la monnaie. Presque toujours, la rareté apparente de la circulation vient d'un emploi inintelligent du numéraire métallique, d'une mauvaise réglementation du papier-monnaie, de spéculations illégitimes, ou de quelque malaise du commerce qui serait encore accru par une augmentation nouvelle de la circulation en papier. Quand nous essayons de fixer la quantité de monnaie dont une nation a besoin, nous trouvons que c'est là un problème qui contient beaucoup de données inconnues, de sorte qu'on n'en peut jamais donner une solution satisfaisante.

SOMME TOTALE DES ÉCHANGES QUE LA MONNAIE DOIT OPÉRER.

Pour décider combien il faut de monnaie à une nation, nous devons d'abord déterminer la quantité des échanges que la monnaie doit opérer. Cette quantité sera, toutes choses étant égales d'ailleurs, proportionnée au chiffre de la population. Une population double d'une autre, si son commerce est aussi actif et emploie les mêmes procédés, aura évidemment besoin d'une quantité de monnaie double. Cette quantité sera proportionnée aussi à l'activité et à l'organisation plus ou moins complexe de l'industrie. Plus il y a de marchandises achetées et vendues, plus elles passent souvent de main en main, et plus aussi il faudra de monnaie pour les mettre en mouvement. Elle sera encore proportionnée au prix des marchandises ; et si l'or baisse et que les prix s'élèvent, il faudra plus de monnaie pour payer les dettes dont le montant nominal s'accroîtra.

Nous ne connaissons qu'un petit nombre des données comprises dans de pareilles considérations. Nous savons approximativement le chiffre de la population et les nombres qui représentent le commerce extérieur ; mais les quantités de marchandises achetées et vendues dans le commerce intérieur sont presque entièrement inconnues. Il est d'ailleurs inutile de nous arrêter sur ce côté de la question, car nos connaissances sur d'autres points sont encore plus incomplètes.

EFFICACITÉ DE LA MONNAIE.

Par ces mots « efficacité ou action utile de la monnaie, » nous entendons désigner le nombre moyen d'échanges opérés par chaque pièce de monnaie dans une unité de temps, soit en un an. Pour obtenir la somme des échanges que la monnaie opère, nous devons multiplier la quantité de la monnaie par le nombre moyen de fois que chaque pièce ou chaque billet change de propriétaire dans le cours d'une année. Or nous ne connaissons que d'une manière imparfaite la quantité de monnaie que possèdent la plupart des pays, et nous ne savons rien du tout sur la rapidité moyenne de la circulation. Certaines pièces, surtout les petites pièces d'argent ou de bronze, peuvent chaque jour changer plusieurs fois de propriétaire. D'autres pièces ou billets peuvent être gardés en poche pendant des semaines entières, ou même être mis de côté pendant des mois et des années. Je ne sache pas qu'on ait jamais essayé de déterminer dans aucun pays la rapidité moyenne de la circulation; et je n'ai jamais pu imaginer aucun moyen d'approcher du résultat de cette investigation, si ce n'est en suivant la voie inverse. Si nous connaissions le total des échanges effectués et la quantité de numéraire employé, nous pourrions obtenir par une division le nombre moyen des mains par lesquelles le numéraire passe successivement; mais les données, ainsi que je l'ai déjà dit, nous manquent totalement.

Il est certain que la rapidité de la circulation varie considérablement d'un pays à l'autre. Un peuple économe, à qui ses banques n'offrent que peu de facilités, comme les Français, les Suisses, les Belges et les Hollandais, amasse beaucoup plus d'espèces qu'un peuple imprévoyant, comme les Anglais, ou même qu'un peuple prudent, pourvu d'un système de banques parfait, comme les Écossais. Il y a aussi une foule de circonstances qui influent sur la rapidité de la circulation. Les chemins de fer et les paquebots nous permettent de faire bien plus promptement qu'autrefois des envois d'or et de lingots; les télégraphes nous dispensent de déplacer l'argent sans nécessité, et le service des postes, devenu bien plus rapide, produit le même effet. Il y a eu en Angleterre, vers 1842, une diminution dans la circulation des billets de banques provinciales; elle a été attribuée à la réforme postale et aux facilités plus grandes qu'elle donnait pour renvoyer les billets par la poste.

Mais il est un fait bien plus important que toutes ces considérations, c'est que, partout où il existe un système étendu
de banques, on n'opère plus à l'aide de la monnaie qu'une
partie des transactions. Je n'attache pas grande importance
à l'usage des lettres de change pour remplacer la monnaie,
parce que leur emploi est nécessairement renfermé dans des
limites restreintes; elles sont moins une monnaie qu'une
marchandise qui se vend et s'achète avec de la monnaie.
Mais nous avons suivi pas à pas dans son développement le
système par lequel les chèques et les compensations permettent de balancer les dettes les unes par les autres, de sorte
que la monnaie n'est plus jamais déplacée, et n'intervient que
pour fournir l'unité de valeur servant à exprimer les sommes
sur lesquelles on opère. Actuellement, les échanges importants se font presque uniquement à l'aide d'un système
compliqué et perfectionné de troc. C'est ainsi que s'effectuent chaque année, au Clearing-House de Londres, des transactions dont le total s'élève au moins à 6 000 000 000 sterling (150 milliards de francs), sans qu'on ait jamais recours
au numéraire. Encore ce total ne donne-t il qu'une idée fort
incomplète des transactions se réglant avec les chèques.
On opère en réalité des transactions tout aussi nombreuses
dans les banques des provinces, soit entre les succursales,
agents ou correspondants d'une même banque, soit entre
des banques ayant à Londres les mêmes correspondants.

Si nous n'avons que des idées très-incomplètes sur le
total des transactions de l'Angleterre, nous savons bien
moins encore comment les paiements ont lieu dans d'autres
pays. Les transactions du Clearing-House de New-York
sont très-considérables, ainsi que nous l'avons vu, et il
existe un système de banques qui s'étend sur la surface
entière des États-Unis. Mais il faudrait faire sur place de
longues investigations, pour savoir si les correspondances
qui existent entre ces banques leur permettent d'économiser autant de numéraire qu'on le fait en Angleterre, grâce
aux systèmes des agences de Londres. En France et dans

la plupart des contrées du continent, à peine peut-on dire que le système des chèques et des compensations existe, si ce n'est dans quelques grandes villes. Paris a sa Chambre des compensations, qui ne fait que naître, et la Banque de France opère, de son côté, entre ses clients, des transferts qui montent à deux ou trois millions par jour. A Berlin les transactions mutuelles des banquiers s'effectuent au Cassenverein. Toutes les banques doivent produire une économie de numéraire plus ou moins considérable; celles d'Amsterdam et de Hambourg pratiquent depuis plusieurs siècles un système de transferts qui est le vrai prototype du nôtre.

Il est vrai que de grands changements s'opèrent maintenant, sur plusieurs points du Continent, dans la manière de conduire les affaires. Le professeur Cliffe Leslie, bien connu pour la connaissance complète qu'il possède des systèmes économiques suivis par les nations continentales, attribue en grande partie la hausse des prix en Allemagne à la circulation plus active de la monnaie, et à l'usage plus libre des instruments de crédit. Dans la *Fortnightly Review* de novembre 1870 (pp. 568-9), il dit : — « Les améliorations dans la locomotion et dans l'activité commerciale, qui ont si fort accru la puissance industrielle de l'Allemagne, ont activé aussi la circulation de la monnaie d'une manière prodigieuse; et le développement du crédit, en suivant les progrès de l'industrie, a ajouté à la monnaie en circulation une certaine quantité de substituts de la monnaie qui se meuvent avec plus de rapidité. Il suffit maintenant, pour opérer une quantité donnée d'échanges, ou pour élever les prix dans une proportion donnée, d'une quantité de monnaie beaucoup plus faible qu'autrefois. Nous devons encore ajouter au total beaucoup plus considérable de la monnaie réelle qui circule maintenant en Allemagne, une circulation plus rapide des instruments de crédit. Si le *medium* circulant était uniquement composé de monnaies métalliques, quelle que fût la quantité des métaux précieux extraits des mines, ou circulant dans d'autres contrées, quel que fût le prix des marchandises allemandes sur les marchés étrangers, le prix des marchandises allemandes à l'intérieur ne pourrait jamais s'élever, s'il n'était soutenu par une quantité plus grande d'espèces. »

Les habitudes commerciales des différents peuples sont si variées, qu'on ne peut évidemment établir aucune proportion entre le total du numéraire que possède un pays et celui des échanges qui peuvent être effectués avec ce numéraire. Quand même nous aurions des données suffisantes sur le montant du numéraire dans tel ou tel pays, nous devrions penser que ces données nous indiquent, non pas l'abondance ou la rareté relative de la monnaie, mais le degré auquel s'élèvent dans ce pays la civilisation et la prévoyance, ou la perfection à laquelle il est arrivé dans l'organisation de ses banques.

CONCLUSION.

De toutes ces considérations il résulte, que la seule bonne méthode pour régler la *quantité totale* du numéraire, c'est de le laisser parfaitement libre de se régler lui-même. Il faut que la monnaie trouve son niveau comme l'eau ; il faut qu'elle afflue dans un pays ou s'écoule au dehors, suivant les fluctuations du commerce, qui ne peuvent être ni prévues, ni prévenues par aucun gouvernement. La manière dont on emploie le papier, pour représenter et remplacer une partie du numéraire métallique, doit être réglée d'une manière rigoureuse ; car, autrement, on ferait croire à l'existence d'une monnaie métallique qui n'existerait pas. Mais la quantité de la monnaie elle-même ne peut pas plus être réglée que les quantités de blé, de fer, de coton ou d'autres marchandises ordinaires produites ou consommées par une nation. Nous devons aussi reconnaître qu'il est bien difficile de distinguer avec précision et avec sûreté les points où le législateur doit intervenir dans la surveillance du numéraire et établir une règle fixe, de ceux où il faut laisser faire, laisser passer.

Si nous comparons nos lois d'aujourd'hui relatives au numéraire et au commerce, avec celles qui existaient presque partout entre le dixième et le quatorzième siècle, nous constaterons un double progrès fort curieux. On s'accorde unanimement aujourd'hui à laisser libres une foule de choses que nos ancêtres essayaient de régler par des lois ; mais d'autres

choses qu'ils laissaient libres, ou peu s'en faut, sont maintenant soumises à une réglementation sévère. Le taux des
salaires, le prix du pain, l'exercice de divers métiers étaient
alors réglés par le législateur, quoique nous sachions à présent qu'on aurait tort de vouloir les soumettre au contrôle
législatif. D'un autre côté, on employait autrefois dans les
diverses parties du pays, une diversité infinie de poids et de
mesures ; et l'on n'essayait guère, ou l'on n'essayait pas du
tout, de les ramener à un système bien précis et déterminé.
Autrefois il n'y avait guère de ville importante qui n'eût son
Hôtel des Monnaies ; les barons et les grands seigneurs
ecclésiastiques exerçaient souvent le droit d'émettre leur
propre monnaie. Il y a encore un très-petit nombre de personnes qui défendent la liberté du monnayage; mais, d'un
accord presque unanime, la fabrication des monnaies métalliques est aujourd'hui, dans presque tous les pays civilisés,
confiée aux soins de l'État. Nous ne tenons pas moins à un
système uniforme de monnaie qu'à un système national de
poids et de mesures. Mais, tandis que d'un côté nous veillons
ainsi avec le plus grand soin sur notre monnaie métallique,
de l'autre nous avons complétement renoncé aux tentatives
impuissantes qui furent faites autrefois pour attirer les métaux dans le royaume et fournir du travail à nos monnayeurs.

Nous devons tenir, relativement au papier-monnaie, une
conduite semblable, et le régler plus et moins qu'on ne l'a
fait jusqu'à présent. Le papier-monnaie des particuliers doit
disparaître, de même que les monnaies particulières; chaque État doit avoir une circulation uniforme en papier, émise
par une seule administration centrale dépendant de l'État,
et plus semblable à une Monnaie qu'à une banque. L'émission de ce numéraire en papier doit être strictement limitée dans un sens; on fera croître et diminuer la circulation
du papier avec la quantité d'or déposée en échange. En
même temps, il est inutile de se préoccuper de la somme
totale du numéraire émis de cette façon. On se propose, par
cette réglementation exacte, non pas de fixer le total, mais
de laisser ce total varier conformément aux lois naturelles
de l'offre et de la demande.

Dans mon opinion l'émission de billets représentatifs en

papier, acceptés à la place des monnaies métalliques, constitue une intervention arbitraire dans les lois naturelles qui gouvernent les variations d'une circulation purement métallique, de sorte qu'un contrôle législatif sévère appliqué dans un sens amène plus de liberté réelle dans un autre sens. Toutefois, j'accorde sans difficulté que ce sujet soulève des questions très-délicates et fort complexes, auxquelles les progrès graduels de la science économique peuvent seuls donner une solution définitive.

FIN.

INDEX ALPHABÉTIQUE

TABLE DES MATIÈRES.

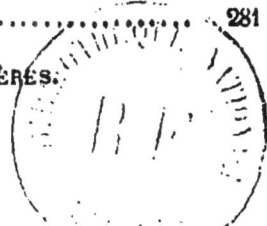

FIN DE LA TABLE DES MATIÈRES.

CATALOGUE

DES

LIVRES DE FONDS

———

OUVRAGES HISTORIQUES

ET PHILOSOPHIQUES

TABLE DES MATIÈRES

PARIS

LIBRAIRIE GERMER BAILLIÈRE ET Cie

108, BOULEVARD SAINT-GERMAIN, 108

Au coin de la rue Hautefeuille

———

NOVEMBRE 1880

COLLECTION HISTORIQUE DES GRANDS PHILOSOPHES

PHILOSOPHIE ANCIENNE

ARISTOTE (Œuvres d'), traduction de M. Barthélemy Saint-Hilaire.
— **Psychologie** (Opuscules), trad. en français et accompagnée de notes. 1 vol. in-8 .... 10 fr.
— **Rhétorique**, traduite en français et accompagnée de notes. 1870, 2 vol. in-8 .... 16 fr.
— **Politique**, 1868, 1 v. in-8 10 fr.
— **Traité du ciel**, 1866; traduit en français pour la première fois. 1 fort vol. grand in-8 .... 10 fr.
— **Météorologie**, avec le petit traité apocryphe : Du Monde, 1863. 1 fort vol. grand in-8 .... 10 fr.
— **La métaphysique d'Aristote**. 3 vol. in-8, 1879 .... 30 fr.
— **Poétique**, 1858. 1 vol. in-8. 5 fr.
— **Traité de la production et de la destruction des choses**, trad. en français et accomp. de notes perpétuelles. 1866. 1 v. gr. in-8. 10 fr.
— **De la logique d'Aristote**, par M. Barthélemy Saint-Hilaire. 2 volumes in-8 .... 10 fr.
— **Psychologie**, Traité de l'âme, 1 vol. in-8 .... (Épuisé.)
— **Physique**, ou leçons sur les principes généraux de la nature. 2 forts vol. in-8 .... (Épuisé.)
— **Morale**, 1856. 3 vol. grand in-8. (Épuisé.)
— **La logique**, 4 vol. in-8. (Épuisé.)

SOCRATE. **La philosophie de Socrate**, par M. Alf. Fouillée. 2 vol. in-8 .... 16 fr.
PLATON. **La philosophie de Platon**, par M. Alfred Fouillée. 2 volumes in-8 .... 16 fr.
— **Études sur la Dialectique dans Platon et dans Hegel**, par M. Paul Janet. 1 vol. in-8 ... 6 fr.
PLATON et ARISTOTE. **Essai sur le commencement de la science politique**, par Van der Rest. 1 vol. in-8 .... 10 fr.
ÉPICURE. **La Morale d'Épicure et ses rapports avec les doctrines contemporaines**, par M. Guyau. 1 vol. in-8 .... 6 fr, 50
ÉCOLE D'ALEXANDRIE. **Histoire critique de l'École d'Alexandrie**, par M. Vacherot. 3 vol. in-8. 24 fr.
— **L'École d'Alexandrie**, par M. Barthélemy Saint-Hilaire. 1 v. in-8. 6 fr.
MARC-AURÈLE. **Pensées de Marc-Aurèle**, traduites et annotées par M. Barthélemy Saint-Hilaire. 1 vol. in-18 .... 4 fr. 50
RITTER. **Histoire de la philosophie ancienne**, trad. par Tissot. 4 vol. in-8 .... 30 fr.
FABRE (Joseph). **Histoire de la philosophie, antiquité et moyen âge**. 1 vol. in-18 .... 3 50

PHILOSOPHIE MODERNE

LEIBNIZ. **Œuvres philosophiques**, avec introduction et notes par M. Paul Janet. 2 vol. in-8. 16 fr.
— **La métaphysique de Leibniz et la critique de Kant**, par D. Nolen. 1 vol. in-8 .... 6 fr.
— **Leibniz et Pierre le Grand**, par Foucher de Careil. In-8. 2 fr.
— **Lettres et opuscules de Leibniz**, par Foucher de Careil. 1 vol. in-8 .... 3 fr. 50
— **Leibniz, Descartes et Spinoza**, par Foucher de Careil. 1 v. in-8. 4 fr.
— **Leibniz et les deux Sophie**, par Foucher de Careil. 1 v. in-8. 2 fr.
DESCARTES. **Descartes, la princesse Élisabeth et la reine Christine**, par Foucher de Careil. 1 vol. in-8 .... 3 fr. 50

SPINOZA. **Dieu, l'homme et la béatitude**, trad. et précédé d'une introduction par M. P. Janet. 1 vol. in-18 .... 2 fr. 50
LOCKE. **Sa vie et ses œuvres**, par M. Marion. 1 vol. in-18. 2 fr. 50
MALEBRANCHE. **La philosophie de Malebranche**, par M. Ollé-Laprune. 2 vol. in-8 ...... 16 fr.
VOLTAIRE. **Les sciences au XVIIIe siècle**. Voltaire physicien, par M. Em. Saigey. 1 vol. in-8 .. 5 fr.
BOSSUET. **Essai sur la philosophie de Bossuet**, par Nourrisson, 1 vol. in-8 .... 4 fr.
RITTER. **Histoire de la philosophie moderne**, traduite par P. Challemel-Lacour. 3 vol. in-8. 20 fr.

FRANCK (Ad.). **La philosophie mystique en France** au XVIIIᵉ siècle. 1 vol. in-18.... 2 fr. 50

DAMIRON. **Mémoires pour servir à l'histoire de la philosophie au XVIIIᵉ siècle.** 3 vol. in-8. 15 fr.

MAINE DE BIRAN. **Essai sur sa philosophie,** suivi de fragments inédits, par JULES GÉRARD. 1 fort vol. in-8. 1876............ 10 fr.

BERKELEY, **sa vie et ses œuvres,** par PENJON. 1 v. in-8 (1878). 7 fr. 50

PHILOSOPHIE ÉCOSSAISE

DUGALD STEWART. **Éléments de la philosophie de l'esprit humain,** traduits de l'anglais par L. PEISSE. 3 vol. in-12........... 9 fr.

W. HAMILTON. **Fragments de philosophie,** traduits de l'anglais par L. PEISSE. 1 vol. in-8.. 7 fr. 50

— **La philosophie de Hamilton,** par J. STUART MILL. 1 v. in-8. 10 fr.

PHILOSOPHIE ALLEMANDE

KANT. **Critique de la raison pure,** trad. par M. TISSOT. 2 v. in-8. 16 fr.

— Même ouvrage, traduction par M. Jules BARNI. 2 vol. in-8. . 16 fr.

— **Éclaircissements sur la critique de la raison pure,** trad. par J. TISSOT. 1 volume in-8... 6 fr.

— **Examen de la critique de la raison pratique,** traduit par M. J. BARNI. 1 vol. in-8..... (Épuisé.)

— **Principes métaphysiques du droit,** suivis du projet de paix perpétuelle, traduction par M. TISSOT. 1 vol. in-8......... 8 fr.

— Même ouvrage, traduction par M. Jules BARNI. 1 vol. in-8... 8 fr.

—**Principes métaphysiques de la morale,** augmentés des fondements de la métaphysique des mœurs, traduct. par M. TISSOT. 1 v. in-8. 8 fr.

— Même ouvrage, traduction par M. Jules BARNI. 1 vol. in-8... 8 fr.

— **La logique,** traduction par M. TISSOT. 1 vol. in-8..... 4 fr.

—**Mélanges de logique,** traduction par M. TISSOT. 1 vol. in-8.. 6 fr.

— **Prolégomènes à toute métaphysique future qui se présentera comme science,** traduction de M. TISSOT. 1 vol. in-8... 6 fr.

—**Anthropologie,** suivie de divers fragments relatifs aux rapports du physique et du moral de l'homme, et du commerce des esprits d'un monde à l'autre, traduction par M. TISSOT. 1 vol. in-8..... 8 fr.

KANT. **La critique de Kant et la métaphysique de Leibniz.** Histoire et théorie de leurs rapports, par D. NOLEN. 1 vol. in-8. 1875. 6 fr.

FICHTE. **Méthode pour arriver à la vie bienheureuse,** traduit par Francisque BOUILLIER. 1 vol. in-8................. 8 fr.

— **Destination du savant et de l'homme de lettres,** traduit par M. NICOLAS. 1 vol. in-8.... 3 fr.

— **Doctrines de la science.** Principes fondamentaux de la science de la connaissance, traduit par GRIMBLOT. 1 vol. in-8..... 9 fr.

SCHELLING. **Bruno ou du principe divin,** trad. par Cl. HUSSON. 1 vol. in-8................. 3 fr. 50

— **Écrits philosophiques et morceaux propres à donner une idée de son système,** trad. par Ch. BÉNARD. 1 vol. in-8......... 9 fr.

HEGEL. **Logique,** traduction par A. VÉRA. 2ᵉ édition. 2 volumes in-8................ 14 fr.

HEGEL. **Philosophie de la nature,** traduction par A. VÉRA. 3 volumes in-8............... 25 fr.
Prix du tome II..... 8 fr. 50
Prix du tome III..... 8 fr. 50

— **Philosophie de l'esprit,** traduction par A. VÉRA. 2 volumes in-8................. 18 fr.

— **Philosophie de la religion,** traduction par A. VÉRA. 2 vol. 20 fr.

— **Introduction à la philosophie de Hegel,** par A. VÉRA. 1 volume in-18................ 6 fr. 50

HEGEL. **Essais de philosophie hégelienne,** par A. VÉRA. 1 vol. 2 fr. 50

— **L'Hegelianisme et la philosophie,** par M. VÉRA. 1 volume in-18................ 3 fr. 50

— **Antécédents de l'Hegelia-**

isme dans la philosophie française, par BEAUSSIRE. 1 vol. in-18.............. 2 fr. 50

La dialectique dans Hegel et dans Platon, par Paul JANET. 1 vol. in-8............ 6 fr.

La Poétique, traduction par Ch. BÉNARD, précédée d'une préface et suivie d'un examen critique. Extraits de Schiller, Cœthe, Jean Paul, etc., et sur divers sujets relatifs à la poésie. 2 vol. in-8... 12 fr.

- **Esthétique**. 2 vol. in-8, traduit par M. BÉNARD.......... 16 fr.

ICHTER (Jean-Paul). **Poétique ou Introduction à l'esthétique**, tra-

duit de l'allemand par Alex. BUCHNER et Léon DUMONT. 2 vol. in-8, 15 fr.

HUMBOLDT (G. de). **Essai sur les limites de l'action de l'État**, traduit de l'allemand, et précédé d'une Étude sur la vie et les travaux de l'auteur, par M. CHRÉTIEN. 1 vol. in-18.......... 3 fr. 50

— **La philosophie individualiste**, étude sur G. de HUMBOLDT, par CHALLEMEL-LACOUR. 1 vol. 2 fr. 50

STAHL. **Le Vitalisme et l'Animisme de Stahl**, par Albert LEMOINE. 1 vol. in-18.... 2 fr. 50

LESSING. **Le Christianisme moderne. Étude sur Lessing**, par FONTANÉS. 1 vol. in-18.. 2 fr. 50

PHILOSOPHIE ALLEMANDE CONTEMPORAINE

L. BUCHNER. **Science et nature**, traduction de l'allemand, par Aug. DELONDRE. 2 vol. in-18.... 5 fr.

— **Le Matérialisme contemporain**, par M. P. JANET. 3ᵉ édit. 1 vol. in-18........ 2 fr. 50

HARTMANN (E. de). **La Religion de l'avenir.** 1 vol. in-18.. 2 fr. 50

— **La philosophie de l'inconscient**. 2 vol. in-8. 20 fr.

— **Le Darwinisme**, ce qu'il y a de vrai et de faux dans cette doctrine, traduit par M. G. GUÉROULT. 1 vol. in-18, 2ᵉ édit........... 2 fr. 50

HÆCKEL. **Hæckel et la théorie de l'évolution en Allemagne**, par Léon DUMONT. 1 vol. in-18. 2 fr. 50

— **Les preuves du transformisme**, trad. par M. SOURY. 1 vol. in-18,............. 2 fr. 50

— **Essais de psychologie cellulaire**, traduit par M. J. SOURY. 1 vol. in-12........ 2 fr. 50

O. SCHMIDT. **Les sciences naturelles et la philosophie de l'inconscient**. 1 v. in-18. 2 f. 50

LOTZE (H.). **Principes généraux de psychologie physiologique**, trad. par M. PENJON. 1 vol. in-18, 2 fr. 50

STRAUSS. **L'ancienne et la nouvelle foi de Strauss**, étude critique par VÉRA. 1 vol. in-8. 6 fr.

MOLESCHOTT. **La Circulation de la vie**, Lettres sur la physiologie, en réponse aux Lettres sur la chimie de Liebig, traduction de l'allemand par M. CAZELLES. 2 volumes in-18. Pap. vélin............ 10 fr.

SCHOPENHAUER. **Essai sur le libre arbitre**. 1 vol. in-18.... 2 fr. 50

— **Le fondement de la morale**, traduit par M. BURDEAU. 1 vol. in-18................ 2 fr. 50

— **Essais et fragments**, traduit et précédé d'une vie de Schop., par M. BOURDEAU. 1 vol. in-18. 2 fr. 50

— **Aphorisme sur la sagesse dans la vie**, traduit par M. CANTACUZÈNE. In-8.................. 5 fr.

— **Philosophie de Schopenhauer**, par Th. RIBOT. 1 vol. in-18. 2 fr. 50

RIBOT (Th.). **La psychologie allemande contemporaine** (HERBART, BENEKE, LOTZE, FECHNER, WUNDT, etc.). 1 vol. in-8. 7 fr. 50

PHILOSOPHIE ANGLAISE CONTEMPORAINE

STUART MILL. **La philosophie de Hamilton**. 1 fort vol. in-8. 10 fr.

— **Mes Mémoires. Histoire de ma vie et de mes idées.** 1 v. in-8. 5 fr.

— **Système de logique déductive et inductive**. 2 v. in-8. 20 fr.

STUART MILL. **Essais sur la Religion**. 1 vol. in-8........ 5 fr.

— **Le positivisme anglais**, étude sur Stuart Mill, par H. TAINE. 1 volume in-18........... 2 fr. 50

HERBERT SPENCER. **Les premiers Principes.** 1 fort vol. in-8. 10 fr.
— **Principes de psychologie.** 2 vol. in-8............ 20 fr.
— **Principes de biologie.** 2 forts volumes in-8........... 20 fr.
— **Introduction à la Science sociale.** 1 v. in-8 cart. 5ᵉ éd. 6 fr.
— **Principes de sociologie.** 2 vol. in-8.............. 17 fr. 50
— **Classification des Sciences.** 1 vol. in-18......... 2 fr. 50
— **De l'éducation intellectuelle, morale et physique.** 1 vol. in-8................. 5 fr.
— **Essais sur le progrès.** 1 vol. in-8................ 7 fr. 50
— **Essais de politique.** 1 vol. 7 fr. 50
— **Essais scientifiques.** 1 vol. 7 fr. 50
— **Les bases de la morale.** In-8. 6 f.
BAIN. **Des Sens et de l'Intelligence.** 1 vol. in-8. 10 fr.
— **La logique inductive et déductive.** 2 vol. in-8.. 20 fr.
— **L'esprit et le corps.** 1 vol. in-8, cartonné, 2ᵉ édition.. 6 fr.
— **La science de l'éducation.** In-8................. 6 fr.
DARWIN. **Ch. Darwin et ses précurseurs français,** par M. de QUATREFAGES. 1 vol. in-8.. 5 fr.
— **Descendance et Darwinisme,** par Oscar SCHMIDT. In-8, cart. 6 fr.
DARWIN. **Le Darwinisme, ce qu'il y a de vrai et de faux dans cette doctrine,** par E. DE HARTMANN. 1 vol. in-18................ 2 fr. 50

DARWIN. **Le Darwinisme,** FERRIÈRE. 1 vol. in-18.. 9
— **Les récifs de corail,** st et distribution. 1 vol. in-8.
CARLYLE. **L'idéalisme an** étude sur Carlyle, par H. 1 vol. in-18.......... 2
BAGEHOT. **Lois scientifique** développement des na dans leurs rapports avec les cipes de la sélection naturelle l'hérédité. 1 vol. in-8, 3ᵉ édit.
RUSKIN (JOHN). **L'esthétique** glaise, étude sur J. Ruskin, MILSAND. 1 vol. in-18 ... 2 fr.
MATTHEW ARNOLD. **La crise r** gieuse. 1 vol. in-8.... 7 fr.
FLINT. **La philosophie de l'h** toire en France et en All magne,** traduit de l'anglais p. M. L. CARRAU. 2 vol. in-8. 15 f
RIBOT (Th.). **La psychologie an** glaise contemporaine** (James Mill, Stuart Mill, Herbert Spencer, A. Bain, G. Lewes, S. Bailey, J.-D. Morell, J. Murphy), 1875. 1 vol. in-8, 2ᵉ édition...... 7 fr. 50
LIARD. **Les logiciens anglais contemporains** (Herschell, Whewell, Stuart Mill, G. Bentham, Hamilton, de Morgan, Beele, Stanley Jevons). 1 vol. in-18......... 2 fr. 50
GUYAU. **La morale anglaise contemporaine. Morale de l'utilité et de l'évolution.** 1 vol. in-8. 7 fr. 50
HUXLEY. **Hume, sa vie, sa philosophie.** 1 vol. in-8...... 5 fr. d'une préface par M. G. COMPAYRÉ.
JAMES SULLY. **Le pessimisme,** traduit par M. A. BERTRAND. 1 vol. in-8. (Sous presse.)

PHILOSOPHIE ITALIENNE CONTEMPORAINE

SICILIANI. **Prolégomènes à la psychogénie moderne,** traduit de l'italien par M. A. HERZEN. 1 vol. in-18........ 2 fr. 50
ESPINAS. **La philosophie expérimentale en Italie,** origines, état actuel. 1 vol. in-18. 2 fr. 50
MARIANO. **La philosophie con-** temporaine en Italie,** essais de philos. hégélienne. In-18. 2 fr. 50
TAINE. **La philosophie de l'art en Italie.** 1 vol. in-18. 2 fr. 50
FERRI (Louis). **Essai sur l'histoire de la philosophie en Italie au XIXᵉ siècle.** 2 vol. in-8. 12 fr.

BIBLIOTHÈQUE

DE

PHILOSOPHIE CONTEMPORAINE

Volumes in-18 à 2 fr. 50 c.

Cartonnés : 3 fr. ; reliés : 4 fr.

M. Taine.

LE POSITIVISME ANGLAIS, étude sur Stuart Mill. 2e édit.

L'IDÉALISME ANGLAIS, étude sur Carlyle.

PHILOSOPHIE DE L'ART. 3e édit.

PHILOSOPHIE DE L'ART EN ITALIE. 3e édition.

DE L'IDÉAL DANS L'ART. 2e édit.

PHILOSOPHIE DE L'ART DANS LES PAYS-BAS.

PHILOSOPHIE DE L'ART EN GRÈCE.

Paul Janet.

LE MATÉRIALISME CONTEMPORAIN, 2e édit.

LA CRISE PHILOSOPHIQUE. Taine, Renan, Vacherot, Littré.

LE CERVEAU ET LA PENSÉE.

PHILOSOPHIE DE LA RÉVOLUTION FRANÇAISE.

SAINT-SIMON ET LE SAINT-SIMO-NISME.

DIEU, L'HOMME ET LA BÉATITUDE. (Œuvre inédite de Spinoza.)

Odysse Barot.

PHILOSOPHIE DE L'HISTOIRE.

Alaux.

PHILOSOPHIE DE M. COUSIN.

Ad. Franck.

PHILOSOPHIE DU DROIT PÉNAL. 2e édit.

PHILOS. DU DROIT ECCLÉSIASTIQUE.

LA PHILOSOPHIE MYSTIQUE EN FRANCE AU XVIIIe SIÈCLE.

Charles de Rémusat.

PHILOSOPHIE RELIGIEUSE.

Charles Lévêque.

LE SPIRITUALISME DANS L'ART.

LA SCIENCE DE L'INVISIBLE.

Émile Saisset.

L'AME ET LA VIE, suivi d'une étude sur l'Esthétique française.

CRITIQUE ET HISTOIRE DE LA PHI-LOSOPHIE (frag. et disc.).

Auguste Laugel.

LES PROBLÈMES DE LA NATURE.

LES PROBLÈMES DE LA VIE.

LES PROBLÈMES DE L'AME.

LA VOIX, L'OREILLE ET LA MU-SIQUE.

L'OPTIQUE ET LES ARTS.

Challemel-Lacour.

LA PHILOSOPHIE INDIVIDUALISTE.

L. Büchner.

SCIENCE ET NATURE. 2 vol.

Albert Lemoine.

LE VITALISME ET L'ANIMISME DE STAHL.

DE LA PHYSION. ET DE LA PAROLE.

L'HABITUDE ET L'INSTINCT.

Milsand.

L'ESTHÉTIQUE ANGLAISE, étude sur John Ruskin.

A. Véra.

ESSAIS DE PHILOSOPHIE HEGÉ-LIENNE.

Beaussire.

ANTÉCÉDENTS DE L'HEGÉLIANISME DANS LA PHILOS. FRANÇAISE.

Bost.

LE PROTESTANTISME LIBÉRAL.

Francisque Bouillier.

DE LA CONSCIENCE.

Ed. Auber.

PHILOSOPHIE DE LA MÉDECINE.

Leblais.

MATÉRIALISME ET SPIRITUALISME.

Ad. Garnier.

DE LA MORALE DANS L'ANTIQUITÉ.

Schœbel.

PHILOSOPHIE DE LA RAISON PURE.

Tissandier.

DES SCIENCES OCCULTES ET DU SPIRITISME.

Ath. Coquerel fils.

ORIGINES ET TRANSFORMATIONS DU CHRISTIANISME.

LA CONSCIENCE ET LA FOI.

HISTOIRE DU CREDO.

Les volumes suivants de la collection in-18 sont épuisés; il en
reste quelques exemplaires sur papier vélin, cartonnés, tranche
supérieure dorée :

BIBLIOTHÈQUE DE PHILOSOPHIE CONTEMPORAINE

FORMAT IN-8

Volumes à 5 fr., 7 fr. 50 et 10 fr.; cart., 1 fr. en plus par vol.; reliure, 2 fr.

JULES BARNI.

La morale dans la démocratie. 1 vol. 5 fr.

AGASSIZ.

De l'espèce et des classifications, traduit de l'anglais par M. Vogeli. 1 vol. 5 fr.

STUART MILL.

La philosophie de Hamilton, trad. par M. Cazelles. 1 fort vol. 10 fr.

Mes mémoires. Histoire de ma vie et de mes idées, traduit de l'anglais par M. E. Cazelles 1 vol. 5 fr.

Système de logique déductive et inductive. Exposé des principes de la preuve et des méthodes de recherche scientifique, traduit de l'anglais par M. Louis Peisse. 2 vol. 20 fr.

Essais sur la Religion, traduit par M. E. Cazelles. 1 vol. 5 fr.

DE QUATREFAGES.

Ch. Darwin et ses précurseurs français. 1 vol. 5 fr.

HERBERT SPENCER.

Les premiers principes. 1 fort vol., traduit par M. Cazelles. 10 fr.

Principes de psychologie, traduit de l'anglais par MM. Th. Ribot et Espinas. 2 vol. 20 fr.

Principes de biologie, traduit par M. Cazelles. 2 vol. in-8. 1877-1878. 20 fr.

Principes de sociologie :
Tome Ier, traduit par M. Cazelles. 1 vol. in-8. 1878. 10 fr.
Tome II, traduit par MM. Cazelles et Gerschel. 1 vol. in-8. 1879. 7 fr. 50

Essais sur le progrès, traduit par M. Burdeau. 1 vol. in-8. 7 fr. 50

Essais de politique. 1 vol. in-8, traduit par M. Burdeau. 7 fr. 50

Essais scientifiques. 1 vol. in-8, traduit par M. Burdeau. 7 fr. 50

De l'éducation physique, intellectuelle et morale. 1 volume in-8, 2e édition. 1879. 5 fr.

Introduction à la science sociale. 1 vol. in-8, 5e édit. 6 fr.

Les bases de la morale évolutionniste. 1 vol. in-8. 6 fr.

Classification des sciences. 1 vol. in-18. 2 fr. 50

AUGUSTE LAUGEL.

Les problèmes (Problèmes de la nature, problèmes de la vie, problèmes de l'âme). 1 fort vol. 7 fr. 50

ÉMILE SAIGEY.

Les sciences au XVIIIe siècle. La physique de Voltaire. 1 vol. 5 fr.

PAUL JANET.

Histoire de la science politique dans ses rapports avec la morale. 2e édition, 2 vol. 20 fr.

Les causes finales. 1 vol. in-8. 1876. 10 fr.

TH. RIBOT.

De l'hérédité. 1 vol. in-8. 10 fr.

La psychologie anglaise contemporaine (école expérimentale). 1 vol. in-8, 2e édition. 1875. 7 fr. 50

La psychologie allemande contemporaine (école expérimentale). 1 vol. in-8. 1879. 7 fr. 50

HENRI RITTER.

Histoire de la philosophie moderne, traduction française, précédée d'une Introduction par M. P. Challemel-Lacour. 3 vol. in-8.   20 fr.

ALF. FOUILLÉE.

La liberté et le déterminisme. 1 vol. in-8.   7 fr. 50

DE LAVELEYE.

De la propriété et de ses formes primitives. 1 vol. in-8. 2e édit. 1877.   7 fr. 50

BAIN (ALEX.).

La logique inductive et déductive, traduit de l'anglais par M. Compayré. 2 vol.   20 fr.

Les sens et l'intelligence. 1 vol., traduit par M. Cazelles.   10 fr.

L'esprit et le corps. 1 vol. in-8, 4e édit.   6 fr.

La science de l'éducation. 1 vol. in-8, 2e édit.   6 fr.

Les émotions et la volonté. 1 fort vol. (*Sous presse.*)

MATTHEW ARNOLD.

La crise religieuse. 1 vol. in-8. 1876.   7 fr. 50

BARDOUX.

Les légistes et leur influence sur la société française. 1 vol. in-8. 1877.   5 fr.

HARTMANN (E. DE).

La philosophie de l'inconscient, traduit de l'allemand par M. D. Nolen, avec une préface de l'auteur écrite pour l'édition française. 2 vol. in-8. 1877.   20 fr.

La philosophie allemande du XIXe siècle, dans ses principaux représentants, traduit par M. D. Nolen. 1 vol. in-8. (*Sous presse.*)

ESPINAS (ALF.).

Des sociétés animales. 1 vol. in-8, 2e édit., précédée d'une Introduction sur l'*Histoire de la sociologie.* 1878.   7 fr. 50

FLINT.

La philosophie de l'histoire en France, traduit de l'anglais par M. Ludovic Carrau. 1 vol. in-8. 1878.   7 fr. 50

La philosophie de l'histoire en Allemagne, traduit de l'anglais par M. Ludovic Carrau. 1 vol. in-8. 1878.   7 fr. 50

LIARD.

La science positive et la métaphysique. 1 v. in-8. 1879.   7 fr. 50

GUYAU.

La morale anglaise contemporaine. 1 vol. in-8. 1879.   7 fr. 50

HUXLEY

Hume, sa vie, sa philosophie, traduit de l'anglais et précédé d'une Introduction par M. G. Compayré. 1 vol. in-8.   5 fr.

E. NAVILLE.

La logique de l'hypothèse. 1 vol. in-8.   5 fr.

VACHEROT (ET.).

Essais de philosophie critique. 1 vol. in-8.   7 fr. 50

La religion. 1 vol. in-8.   7 fr. 50

MARION (H.).

De la solidarité morale. 1 vol. in-8.   5 fr.

COLSENET (ED.).

La vie inconsciente de l'esprit 1 vol. in-8.   5 fr.

SCHOPENHAUER.

Aphorismes sur la sagesse dans la vie, traduit par M. Cantacuzène. 1 vol. in-8.   5 fr.

BIBLIOTHÈQUE

D'HISTOIRE CONTEMPORAINE

Vol. in-18 à 3 fr. 50.

Vol. in-8 à 5 et 7 fr.; cart., 1 fr. en plus par vol.; reliure, 2 fr.

EUROPE

HISTOIRE DE L'EUROPE PENDANT LA RÉVOLUTION FRANÇAISE, par *H. de Sybel*. Traduit de l'allemand par Mme Dosquet. 3 vol. in-8. . . . 21 »
    Chaque volume séparément . . . . 7 »
HISTOIRE DIPLOMATIQUE DE L'EUROPE DEPUIS 1815 JUSQU'A NOS JOURS, par *Debidour*. 1 vol. in-8. (*Sous presse.*)

FRANCE

HISTOIRE DE LA RÉVOLUTION FRANÇAISE, par *Carlyle*. Traduit de l'anglais. 3 vol. in-18; chaque volume. 3 50
NAPOLÉON Ier ET SON HISTORIEN M. THIERS, par *Darnl*. 1 vol. in-18. 3 50
HISTOIRE DE LA RESTAURATION, par *de Rochau*. 1 vol. in-18, traduit de l'allemand. 3 50
HISTOIRE DE DIX ANS, par *Louis Blanc*. 5 vol. in-8. . . . . . . 25 »
    Chaque volume séparément . . . . 5 »
— 25 planches en taille-douce. Illustrations pour l'*Histoire de dix ans*. 6 «
HISTOIRE DE HUIT ANS (1840-1848), par *Elias Regnault*. 3 vol. in-8.. 15 »
    Chaque volume séparément . . . . 5 »
— 14 planches en taille-douce. Illustrations pour l'*Histoire de huit ans*. 4 fr.
HISTOIRE DU SECOND EMPIRE (1848-1870), par *Taxile Delord*. 6 volumes in-8. 42 »
    Chaque volume séparément . . . . 7 »
LA GUERRE DE 1870-1871, par *Boert*, d'après le colonel fédéral suisse Rustow. 1 vol. in-18. . . . . 3 50
LA FRANCE POLITIQUE ET SOCIALE, par *Aug. Laugel*. 1 volume in-8. 5 fr.
HISTOIRE DES COLONIES FRANÇAISES, par *P. Gaffarel*. 1 vol. in-8. . . 5 fr.

ANGLETERRE

HISTOIRE GOUVERNEMENTALE DE L'ANGLETERRE, DEPUIS 1770 JUSQU'A 1830, par sir *G. Cornewal Lewis*. 1 vol. in-8, traduit de l'anglais . . . . . 7 fr.
HISTOIRE DE L'ANGLETERRE, depuis la reine Anne jusqu'à nos jours, par *H. Reynald*. 1 vol. in-18. . . . . 3 50
LES QUATRE GEORGES, par *Thackeray*, trad. de l'anglais par Lefoyer. 1 vol. in-18. 3 50
LA CONSTITUTION ANGLAISE, par *W. Bagehot*, traduit de l'anglais. 1 vol. in-18. 3 50
LOMBART-STREET, le marché financier en Angleterre, par *W. Bagehot*. 1 vol. in-18. 3 50
LORD PALMERSTON ET LORD RUSSEL, par *Aug. Laugel*. 1 volume in-18 (1878). 3 50
QUESTIONS CONSTITUTIONNELLES (1873-1878). — Le Prince-Époux. — Le Droit électoral, par *E. W. Gladstone*. Traduit de l'anglais, et précédé d'une introduction, par *Albert Gigot*. 1 vol. in-8 . . . . 5 fr.
LE GOUVERNEMENT ANGLAIS, SES ORGANES, SON FONCTIONNEMENT, par *Albany de Fonblanque*, traduit de l'anglais sur la 11e édition par F. Dreyfus, avec introduction par *P. Brisson*. 1 vol. in-8. . . . . 5 fr.

ALLEMAGNE

LA PRUSSE CONTEMPORAINE ET SES INSTITUTIONS, par *K. Hillebrand*. 1 vol. in-18. 3 50
HISTOIRE DE LA PRUSSE, depuis la mort de Frédéric II jusqu'à la bataille de Sadowa, par *Eug. Véron*. 1 vol. in-18 . . . . 3 50
HISTOIRE DE L'ALLEMAGNE, depuis la bataille de Sadowa jusqu'à nos jours, par *Eug. Véron*. 1 vol. in-18. . . . . 3 50
L'ALLEMAGNE CONTEMPORAINE, par *Ed. Bourloton*. 1 vol. in-18. . . . 3 50

AUTRICHE-HONGRIE

HISTOIRE DE L'AUTRICHE, depuis la mort de Marie-Thérèse jusqu'à nos jours, par *L. Asseline*. 1 volume in-18. . . . . 3 50
HISTOIRE DES HONGROIS et de leur littérature politique, de 1700 à 1815, par *Éd. Sayous*. 1 vol. in-18. . . . . 3 50

ESPAGNE

L'ESPAGNE CONTEMPORAINE, journal d'un voyageur, par *Louis Teste*. 1 vol. in-18. . . . . 3 50
HISTOIRE DE L'ESPAGNE, depuis la mort de Charles III jusqu'à nos jours, par *H. Reynald*. 1 vol. in-18. . . . . 3 50

RUSSIE

LA RUSSIE CONTEMPORAINE, par *Herbert Barry*, traduit de l'anglais. 1 vol. in-18. . . . . 3 50
HISTOIRE CONTEMPORAINE DE LA RUSSIE, par M. *Créhange*. 1 volume in-18. . . . . (Sous presse.) 3 50

SUISSE

LA SUISSE CONTEMPORAINE, par *H. Dixon*. 1 vol. in-18, traduit de l'anglais. 3 50
HISTOIRE DU PEUPLE SUISSE, par *Daendliker*, traduit de l'allemand par madame *Jules Favre*, et précédé d'une Introduction de M. *Jules Favre*. 1 vol. in-8. . . . . 6 fr.

AMÉRIQUE

HISTOIRE DE L'AMÉRIQUE DU SUD, depuis sa conquête jusqu'à nos jours, par *Alf. Deberle*. 1 vol. in-18. . . . . 3 50
HISTOIRE DE L'AMÉRIQUE DU NORD (États-Unis, Canada, Mexique), par *Ad. Cohn*. 1 vol. in-18. . . . . (Sous presse.)
LES ÉTATS-UNIS PENDANT LA GUERRE, 1861-1864. Souvenirs personnels, par *Aug. Laugel*. 1 vol. in-18. . . . . 3 50

Eug. Despois. LE VANDALISME RÉVOLUTIONNAIRE. Fondations littéraires, scientifiques et artistiques de la Convention. 1 vol. in-18. . . . . 3 50
Victor Meunier. SCIENCE ET DÉMOCRATIE. 2 vol. in-18, chacun séparément 3 50
Jules Barni. HISTOIRE DES IDÉES MORALES ET POLITIQUES EN FRANCE AU XVIII° SIÈCLE. 2 vol. in-18, chaque volume. 3 50
— NAPOLÉON I° ET SON HISTORIEN M. THIERS. 1 vol. in-18. . . . 3 50
— LES MORALISTES FRANÇAIS AU XVIII° SIÈCLE. 1 vol. in 18. . . . 3 50
Émile Montégut. LES PAYS-BAS. Impressions de voyage et d'art. 1 vol. in-18. . . . . 3 50
Émile Beaussire. LA GUERRE ÉTRANGÈRE ET LA GUERRE CIVILE. 1 vol. in-18. . . . . 3 50
J. Clamageran. LA FRANCE RÉPUBLICAINE. 1 volume in-18. . . . 3 50
E. Duvergier de Hauranne. LA RÉPUBLIQUE CONSERVATRICE. 1 vol. in-18. . . . . 3 50

ÉDITIONS ÉTRANGÈRES

Éditions anglaises.

AUGUSTE LAUGEL. The United States during the war. In-8. 7 shill. 6 p.
ALBERT RÉVILLE. History of the doctrine of the deity of Jesus-Christ. 3 sh. 6 p.
H. TAINE. Italy (Naples et Rome). 7 sh. 6 p.
H. TAINE. The Philosophy of art. 3 sh.

PAUL JANET. The Materialism of present day. 1 vol. in-18, rel. 3 shill.

Éditions allemandes.

JULES BARNI. Napoléon I. In-18. 3 m.
PAUL JANET. Der Materialismus unsere Zeit. 1 vol. in-18. 3 m.
H. TAINE. Philosophie der Kunst. 1 vol. in-18. 3 m.

PUBLICATIONS HISTORIQUES PAR LIVRAISONS

HISTOIRE ILLUSTRÉE du SECOND EMPIRE	HISTOIRE POPULAIRE de LA FRANCE
PAR TAXILE DELORD	*Nouvelle édition*
Paraissant par livraisons à 10 cent. deux fois par semaine, depuis le 10 janvier 1880.	Paraissant par livraisons à 10 cent. deux fois par semaine, depuis le 16 février 1880.
Tome I, 1 vol............ 8 fr.	Tome I, 1 vol............ 5 fr.

CONDITIONS DE SOUSCRIPTION.

L'*Histoire du second empire* et l'*Histoire de France* paraissent deux fois par semaine par livraisons de 8 pages, imprimées sur beau papier et avec de nombreuses gravures sur bois.

Prix de la livraison....................... 10 c.
Prix de la série de 5 livraisons, paraissant tous les 20 jours, avec couverture............. 50 c.

ABONNEMENTS :

Pour recevoir *franco*, par la poste, l'*Histoire du second empire* ou l'*Histoire de France* par livraisons, deux fois par semaine, ou par séries tous les 20 jours :

Un an..... 16 francs. | Six mois... 8 francs.

BIBLIOTHÈQUE SCIENTIFIQUE
INTERNATIONALE

VOLUMES IN-8, CARTONNÉS A L'ANGLAISE, A 6 FRANCS
Les mêmes, en demi-reliure, veau. — 10 francs.

1. J. TYNDALL. **Les glaciers et les transformations de l'eau**, avec figures. 1 vol. in-8. 3e édition. 6 fr.
2. MAREY. **La machine animale**, locomotion terrestre et aérienne, avec de nombreuses fig. 1 vol. in-8. 2e édition. 6 fr.
3. BAGEHOT. **Lois scientifiques du développement des nations** dans leurs rapports avec les principes de la sélection naturelle et de l'hérédité. 1 vol. in-8. 3e édition. 6 fr.
4. BAIN. **L'esprit et le corps.** 1 vol. in-8. 4e édition. 6 fr.
5. PETTIGREW. **La locomotion chez les animaux**, marche, natation. 1 vol. in-8, avec figures. 6 fr.
6. HERBERT SPENCER. **La science sociale.** 1 v. in-8. 5e éd. 6 fr.
7. SCHMIDT (O.). **La descendance de l'homme et le darwinisme.** 1 vol. in-8, avec fig. 3e édition, 1878. 6 fr.
8. MAUDSLEY. **Le crime et la folie.** 1 vol. in-8. 4e édit. 6 fr.
9. VAN BENEDEN. **Les commensaux et les parasites dans le règne animal.** 1 vol. in-8, avec figures. 2e édit. 6 fr.
10. BALFOUR STEWART. **La conservation de l'énergie**, suivi d'une étude sur la nature de la force, par *M. P. de Saint-Robert*, avec figures. 1 vol. in-8. 3e édition. 6 fr.
11. DRAPER. **Les conflits de la science et de la religion.** 1 vol. in-8. 6e édition. 6 fr.

12. SCHUTZENBERGER. Les fermentations. 1 vol. in-8, avec fig. 3e édition. 6 fr.

13. L. DUMONT. Théorie scientifique de la sensibilité. 1 vol. in-8, 2e édition. 6 fr.

14. WHITNEY. La vie du langage. 1 vol. in-8, 3e édit. 6 fr.

15. COOKE et BERKELEY. Les champignons. 1 vol. in-8, avec figures, 3e édition. 6 fr.

16. BERNSTEIN. Les sens. 1 vol. in-8, avec 91 fig. 3e édit. 6 fr.

17. BERTHELOT. La synthèse chimique. 1 vol. in-8, 4e éd. 6 fr.

18. VOGEL. La photographie et la chimie de la lumière, avec 95 figures. 1 vol. in-8. 2e édition. 6 fr.

19. LUYS. Le cerveau et ses fonctions, avec figures. 1 vol. in-8. 4e édition. 6 fr.

20. STANLEY JEVONS. La monnaie et le mécanisme de l'échange. 1 vol. in-8. 2e édition. 6 fr.

21. FUCHS. Les volcans. 1 vol. in-8, avec figures dans le texte et une carte en couleur. 2e édition. 6 fr.

22. GÉNÉRAL BRIALMONT. Les camps retranchés et leur rôle dans la défense des États, avec fig. dans le texte et 2 planches hors texte. 2e édit. 6 fr.

23. DE QUATREFAGES. L'espèce humaine. 1 vol. in-8. 8e édition, 1879. 6 fr.

24. BLASERNA et HELMHOLTZ. Le son et la musique, et les Causes physiologiques de l'harmonie musicale. 1 vol. in-8, avec figures. 2e édit. 6 fr.

25. ROSENTHAL. Les nerfs et les muscles. 1 vol. in-8, avec 75 figures. 2e édition. 6 fr.

26. BRUCKE et HELMHOLTZ. Principes scientifiques des beaux-arts, suivi de l'Optique et la Peinture, avec 39 figures dans le texte. 6 fr.

27. WURTZ. La théorie atomique. 1 vol. in-8. 3e édition. 6 fr.

28-29. SECCHI (le Père). Les étoiles. 2 vol. in-8, avec 63 fig. dans le texte et 17 pl. en noir et en coul. hors texte. 2e édit. 12 fr.

30. JOLY. L'homme avant les métaux. 1 vol. in-8, avec fig. 2e édit. 6 fr.

31. A. BAIN. La science de l'éducation. 1 vol. in-8. 2e édit. 6 fr.

32-33. THURSTON (R.). Histoire des machines à vapeur, précédé d'une introduction par M. HIRSCH. 2 vol. in-8, avec 140 fig. dans le texte et 16 pl. hors texte. 12 fr.

34. HARTMANN (R.). Les peuples de l'Afrique (avec figures). 1 vol. in-8. 6 fr.

35. HERBERT SPENCER. Les bases de la morale évolutionniste. 1 vol. in-8. 6 fr.

36. HUXLEY. L'écrevisse, introduction à l'étude de la zoologie. 1 vol. in-8, avec 80 figures. 6 fr.

37. DE ROBERTY. De la sociologie. 1 vol. in-8. 6 fr.

38. ROOD. Théorie scientifique des couleurs. 1 vol. in-8 (avec figures). 6 fr.

OUVRAGES SUR LE POINT DE PARAITRE

DE SAPORTA et MARION. L'évolution dans le règne végétal.

E. CARTAILHAC. La France préhistorique d'après les sépultures.

PÉRIER (Ed.). La philosophie zoologique jusqu'à Darwin. 1 vol. in-8 (avec figures).

RÉCENTES PUBLICATIONS

HISTORIQUES ET PHILOSOPHIQUES

Qui ne se trouvent pas dans les Bibliothèques.

ALAUX. La religion progressive. 1869. 1 vol. in-18. 3 fr. 50

ARRÉAT. Une éducation intellectuelle. 1 vol. in-18. 2 fr. 50

AUDIFFRET-PASQUIER. Discours devant les commissions de réorganisation de l'armée et des marchés. 2 fr. 50

BARNI. Voy. KANT, pages 3, 10, 11 et 25.

BARNI. Les martyrs de la libre pensée. 2e édit. 1 vol. in-18. 3 fr. 50

BARTHÉLEMY SAINT-HILAIRE. Voy. ARISTOTE, pages 2 et 7.

BAUTAIN. La philosophie morale. 2 vol. in-8. 12 fr.

BÉNARD(Ch.). De la philosophie dans l'éducation classique. 1862. 1 fort vol. in-8. 6 fr.

BERTAULD (P.-A.). Introduction à la recherche des causes premières.—De la méthode. Tome Ier. 1 vol. in-18. 3 fr. 50

BLANCHARD. Les métamorphoses, les mœurs et les instincts des insectes, par M. Émile BLANCHARD, de l'Institut, professeur au Muséum d'histoire naturelle. 1 magnifique volume in-8 jésus, avec 160 figures intercalées dans le texte et 40 grandes planches hors texte. 2º édition. 1877. Prix, broché. 25 fr. — Relié en demi-maroquin. 30 fr.

BLANQUI. L'éternité par les astres. 1872. In-8. 2 fr.

BORÉLY (J.). Nouveau système électoral, représentation proportionnelle de la majorité et des minorités. 1870. 1 vol. in-18 de XVIII-104 pages. 2 fr. 50

BOUCHARDAT. Le travail, son influence sur la santé (conférences faites aux ouvriers). 1863. 1 vol. in-18. 2 fr. 50

BOURBON DEL MONTE (François). L'homme et les animaux, essai de psychologie positive. 1 vol. in-8, avec 3 pl. hors texte. 5 fr

BOURDET (Eug.). Principe d'éducation positive, précédé d'une préface de M. Ch. ROBIN. 1 vol. in-18. 3 fr. 50

BOURDET (Eug.). Vocabulaire des principaux termes de la philosophie positive. 1 vol. in-18 (1875). 2 fr. 50

BOUTROUX. De la contingence des lois de la nature. In-8. 1874. 4 fr.

BROCHARD (V.). De l'Erreur. 1 vol. in-8. 1879. 3 fr. 50

CADET. Hygiène, inhumation, crémation ou incinération des corps. 1 vol in-18, avec figures dans le texte. 2 fr.

CARETTE (le colonel). Études sur les temps antéhistoriques. Première étude : Le Langage. 1 vol. in-8. 1878. 8 fr.

CHASLES (Philarète). Questions du temps et problèmes d'autrefois. Pensées sur l'histoire, la vie sociale, la littérature. 1 vol. in-18, édition de luxe. 3 fr.

CLAVEL. La morale positive. 1873. 1 vol. in-18. 3 fr.

CLAVEL. Les principes au XIXº siècle. 1 v. in-18, 1877. 1 fr.

CONTA. Théorie du fatalisme. 1 vol. in-18. 1877. 4 fr.

COQUEREL (Charles). Lettres d'un marin à sa famille. 1870. 1 vol. in-18. 3 fr. 50

COQUEREL fils (Athanase). Libres études (religion, critique, histoire, beaux-arts). 1867. 1 vol. in-8. 5 fr.

COQUEREL fils (Athanase). **Pourquoi la France n'est-elle pas protestante ?** 2° édition. In-8.   1 fr.
COQUEREL fils (Athanase). **La charité sans peur.** In-8.   75 c.
COQUEREL fils (Athanase). **Évangile et liberté.** In-8.   50 c.
COQUEREL fils (Athanase). **De l'éducation des filles**, réponse à Mgr l'évêque d'Orléans. In-8.   1 fr.
CORBON. **Le secret du peuple de Paris.** 1 vol. in-8.   5 fr.
CORMENIN (DE)- TIMON. **Pamphlets anciens et nouveaux.** Gouvernement de Louis-Philippe, République, Second Empire. 1 beau vol. in-8 cavalier.   7 fr. 50
Conférences de la Porte-Saint-Martin pendant le siège de Paris. Discours de MM. *Desmarets* et *de Pressensé.* — M. *Coquerel* : sur les moyens de faire durer la République. — M. *Le Berquier* : sur la Commune. — M. *E. Bersier* : sur la Commune. — M. *H. Cernuschi* : sur la Légion d'honneur. In-8.   1 fr. 25
Sir G. CORNEWALL LEWIS. **Quelle est la meilleure forme de gouvernement ?** traduit de l'anglais, précédé d'une Étude sur la vie et les travaux de l'auteur, par M. MERVOYER, 1 vol. in-8.
3 fr. 50
CORTAMBERT (Louis). **La religion du progrès.** In-18. 3 fr. 50
DANICOURT (Léon). **La patrie et la république.** 1 vol. in-18 (1880).   2 fr. 50
DAURIAC (Lionel). **Des notions de force et de matière dans les sciences de la nature.** 1 vol. in-8, 1878. 5 fr.
DAVY. **Les conventionnels de l'Eure** : Buzot, Duroy, Lindet, à travers l'histoire. 2 forts vol. in-8 (1876).   18 fr.
DELBŒUF. **La psychologie comme science naturelle.** 1 vol. in-8, 1876.   2 fr. 50
DELEUZE. **Instruction pratique sur le magnétisme animal.** 1853. 1 vol. in-12.   3 fr. 50
DESTREM (J.). **Les déportations du Consulat.** 1 br. in-8. 1 fr. 50
DOLLFUS (Ch.). **De la nature humaine.** 1868, 1 v. in-8.   5 fr.
DOLLFUS (Ch.). **Lettres philosophiques.** 3° édition. 1869, 1 vol. in-18.   3 fr. 50
DOLLFUS (Ch.). **Considérations sur l'histoire.** Le monde antique. 1872, 1 vol. in-8.   7 fr. 50
DOLLFUS (Ch.). **L'âme dans les phénomènes de conscience.** 1 vol. in-18 (1876).   3 fr.
DUBOST (Antonin). **Des conditions de gouvernement en France.** 1 vol. in-8 (1875).   7 fr. 50
DUFAY. **Études sur la Destinée.** 1 vol. in-18, 1876.   3 fr.
DUMONT (Léon). **Le sentiment du gracieux.** 1 vol. in-8. 3 fr.
DUMONT (Léon). **Des causes du rire.** 1 vol. in-8.   2 fr.
DU POTET. **Manuel de l'étudiant magnétiseur.** Nouvelle édition. 1868, 1 vol. in-18.   3 fr. 50
DU POTET. **Traité complet de magnétisme**, cours en douze leçons. 1879, 4° édition, 1 vol. in-8 de 634 pages.   8 fr.
DUPUY (Paul). **Études politiques**, 1874. 1 v. in-8.   3 fr. 50
DUVAL-JOUVE. **Traité de Logique**, 1855. 1 vol. in-8.   6 fr.
Éléments de science sociale. Religion physique, sexuelle et naturelle. 1 vol. in-18. 3° édit., 1877.   3 fr. 50
ÉLIPHAS LÉVI. **Dogme et rituel de la haute magie.** 1861, 2° édit., 2 vol. in-8, avec 24 fig.   18 fr.
ÉLIPHAS LÉVI. **Histoire de la magie.** In-8, avec fig.   12 fr.

ÉLIPHAS LÉVI. **La science des esprits**, révélation du dogme
secret des Kabbalistes, esprit occulte de l'Évangile, appréciation
des doctrines et des phénomènes spirites. 1865, 1 v. in-8.   7 fr.
ÉLIPHAS LÉVI. **Clef des grands mystères**, suivant Hénoch
Abraham, Hermès Trismégiste et Salomon. 1861, 1 vol. in-8
avec 20 planches.   12 fr.
EVANS (John). **Les âges de la pierre**, 1 beau volume grand
in-8, avec 467 fig. dans le texte, trad. par N. Ed. BARBIER.
1878. 15 fr. — En demi-reliure.   18 fr.
EVELLIN. **Infini et quantité.** 1 vol. in-8.   5 fr.
FABRE (Joseph). **Histoire de la philosophie.** Première partie :
   Antiquité et moyen âge. 1 v. in-12, 1877.   3 fr. 50
   Deuxième partie : Renaissance et temps modernes. (*Sous presse.*)
FAU. **Anatomie des formes du corps humain**, à l'usage des
   peintres et des sculpteurs. 1866, 1 vol. in-8 et atlas de 25 plan-
   ches. 2ᵉ édition. Prix, fig. noires. 20 fr.; fig. coloriées.   35 fr.
FAUCONNIER. **La question sociale.** In-18, 1878.   3 fr. 50
FAUCONNIER. **Protection et libre échange**, brochure in-8.
   3ᵉ édition (1879).   2 fr.
FERBUS (N.). **La science positive du bonheur.** 1 v. in-18. 3 fr.
FERRI (Louis). **Essai sur l'histoire de la philosophie en
   Italie au XIXᵉ siècle.** 2 vol. in-8.   12 fr.
FERRIÈRE (Em.). **Le darwinisme.** 1872, 1 v. in-18.   4 fr. 50
FERRIÈRE (Em.). **Les apôtres**, essai d'histoire religieuse, d'après
   la méthode des sciences naturelles. 1 vol. in-12.   4 fr. 50
FERRON (de). **Théorie du progrès**, 2 vol. in-18.   7 fr.
FONCIN. **Essai sur le ministère de Turgot.** 1 vol. grand
   in-8 (1876).   8 fr.
FOUCHER DE CAREIL. Voyez LEIBNIZ, page 2.
FOUILLÉE. Voyez pages 2 et 10.
FOX (W.-J.). **Des idées religieuses.** In-8, 1876.   3 fr.
FRÉDÉRIQ. **Hygiène populaire.** 1 vol. in-12, 1875.   4 fr.
GASTINEAU. **Voltaire en exil.** 1 vol. in-18.   3 fr.
GÉRARD (Jules). **Maine de Biran, essai sur sa philosophie.**
   1 fort vol. in-8, 1876.   10 fr.
GOUET (AMÉDÉE). **Histoire nationale de France**, d'après des
   documents nouveaux.
Tome I. Gaulois et Francks. — Tome II. Temps féodaux. —
   Tome III. Tiers état. — Tome IV. Guerre des princes. — Tome V.
   Renaissance. — Tome VI. Réforme. — Tome VII. Guerres de
   religion. (*Sous presse.*) Prix de chaque vol. in-8.   5 fr.
GUICHARD (Victor). **La liberté de penser**, fin du pouvoir spi-
   rituel. 1 vol. in-18, 2ᵉ édition, 1878.   3 fr. 50
GUILLAUME (de Moissey). **Nouveau traité des sensations.**
   2 vol. in-8 (1876).   15 fr.
HERZEN. **Œuvres complètes.** Tome Iᵉʳ. *Récits et nouvelles.*
   1874, 1 vol. in-18.   3 fr. 50
HERZEN. **De l'autre rive.** 1 vol. in-18.   3 fr. 50
HERZEN. **Lettres de France et d'Italie.** 1871, in-18. 3 fr. 50
ISSAURAT. **Moments perdus de Pierre-Jean**, observations,
   pensées. 1868, 1 vol. in-18.   3 fr.
ISSAURAT. **Les alarmes d'un père de famille**, suscitées,
   expliquées, justifiées et confirmées par lesdits faits et gestes de
   Mgr Dupanloup et autres. 1868, in-8.   1 fr.
JANET (Paul). Voyez pages 2, 4, 6, 8.

JOZON (Paul). **Des principes de l'écriture phonétique et des moyens** d'arriver à une orthographe rationnelle et à une écriture universelle. 1 vol. in-18, 1877. 3 fr. 50

JOYAU. **De l'invention dans les arts et dans les sciences.** 1 vol. in-8. 5 fr.

LABORDE. **Les hommes et les actes de l'insurrection de Paris** devant la psychologie morbide. 1 vol. in-18. 2 fr. 50

LACHELIER. **Le fondement de l'induction.** 1 vol. in-8. 3 fr. 50

LACOMBE. **Mes droits.** 1869, 1 vol. in-12. 2 fr. 50

LANGLOIS. **L'homme et la Révolution.** Huit études dédiées à P.-J. Proudhon. 1867, 2 vol. in-18. 7 fr.

LAUSSEDAT. **La Suisse.** Études médicales et sociales. 2ᵉ édit., 1875. 1 vol. in-18. 3 fr. 50

LAVELEYE (Em. de). **De l'avenir des peuples catholiques.** 1 brochure in-8. 21ᵉ édit. 1876. 25 c.

LAVELEYE (Em. de). **Lettres sur l'Italie** (1878-1879). 1 vol. in-18. 3 fr. 50

LAVELEYE (Em. de). **L'Afrique centrale.** 1 vol. in-12. 3 fr.

LAVERGNE (Bernard). **L'ultramontanisme et l'État.** 1 vol. in-8 (1875). 1 fr. 50

LE BERQUIER. **Le barreau moderne.** 1871, in-18. 3 fr. 50

LEDRU (Alphonse). **Organisation, attributions et responsabilité des conseils de surveillance des sociétés en commandite par actions.** Grand in-8 (1876). 3 fr. 50

LEDRU (Alphonse). **Des publicains et des Sociétés vectigaliennes.** 1 vol. grand in-8 (1876). 3 fr.

LEDRU-ROLLIN. **Discours politiques et écrits divers.** 2 vol. in-8 cavalier (1879). 12 fr.

LEMER (Julien). **Dossier des Jésuites et des libertés de l'Église gallicane.** 1 vol. in-18 (1877). 3 fr. 50

LITTRÉ. **Conservation, révolution et positivisme.** 1 vol. in-12. 2ᵉ édition (1879). 5 fr.

LUBBOCK (sir John). **L'homme préhistorique,** étudié d'après les monuments et les costumes retrouvés dans les différents pays de l'Europe, suivi d'une Description comparée des mœurs des sauvages modernes, traduit de l'anglais par M. Ed. Barbier. 526 figures intercalées dans le texte. 1876. 2ᵉ édition, considérablement augmentée, suivie d'une conférence de M. P. Broca sur *les Troglodytes de la Vezère.* 1 beau vol. in-, br. 15 fr.
Cart. riche, doré sur tranche. 16 fr.

LUBBOCK (sir John). **Les origines de la civilisation.** État primitif de l'homme et mœurs des sauvages modernes. 1877, 1 vol. grand in-8 avec figures et planches hors texte. Traduit de l'anglais par M. Ed. Barbier. 2ᵉ édition. 1877. 15 fr.
Relié en demi-maroquin avec nerfs. 18 fr.

MAGY. **De la science et de la nature.** In-8. 6 fr.

MÉNIÈRE. **Cicéron médecin.** 1 vol. in-18. 4 fr. 50

MÉNIÈRE. **Les consultations de madame de Sévigné,** étude médico-littéraire. 1864, 1 vol. in-8. 3 fr.

MESMER. **Mémoires et aphorismes,** suivi des procédés de d'Eslon. Nouvelle édition, avec des notes, par J.-J.-A. Ricard. 1846, in-18. 2 fr. 50

MICHAUT (N.). **De l'imagination.** 1 vol. in-8. 5 fr.

MILSAND. **Les études classiques et l'enseignement public.** 1873, 1 vol. in-18. 3 fr. 50

MILSAND. Le code et la liberté. 1865, in-8. 2 fr.

MIRON. De la séparation du temporel et du spirituel. 1866, in-8. 3 fr. 50

MORIN. Du magnétisme et des sciences occultes. 1860, 1 vol. in-8. 6 fr.

MORIN (Frédéric). Politique et philosophie, précédé d'une introduction de M. Jules Simon. 1 vol. in-18, 1876. 3 fr. 50

MUNARET. Le médecin des villes et des campagnes. 4e édition, 1862, 1 vol. grand in-18. 4 fr. 50

NOLEN (D.). La critique de Kant et la métaphysique de Leibniz. 1 vol. in-8 (1875). 6 fr.

NOURRISSON. Essai sur la philosophie de Bossuet. 1 vol. in-8. 4 fr.

OGER. Les Bonaparte et les frontières de la France. In-18. 50 c.

OGER. La République. 1871, brochure in-8. 50 c.

OLLÉ-LAPRUNE. La philosophie de Malebranche. 2 vol. in-8. 16 fr.

PARIS (comte de). Les associations ouvrières en Angleterre (trades-unions). 1869, 1 vol. gr. in-8. 2 fr. 50
Édition sur pap. de Chine : Broché, 12 fr. ; rel. de luxe, 20 fr.

PELLETAN (Eugène). La naissance d'une ville (Royan). 1 vol. in-18. 2 fr.

PENJON. Berkeley, sa vie et ses œuvres. In-8, 1878. 7 fr. 50

PEREZ (Bernard). L'éducation dès le berceau, essai de pédagogie expérimentale. 1 vol. in-8, 1880. 5 fr.

PETROZ (P.). L'art et la critique en France depuis 1822. 1 vol. in-18, 1875. 3 fr. 50

POEY (André). Le positivisme. 1 fort vol. in-12 (1876). 4 fr. 50

POEY. M. Littré et Auguste Comte. 1 vol. in-18. 3 fr. 50

POULLET. La campagne de l'Est (1870-1871). 1 vol. in-8 avec 2 cartes, et pièces justificatives, 1879. 7 fr.

PUISSANT (Adolphe). Erreurs et préjugés populaires. 1873, 1 vol. in-18. 3 fr. 50

PUISSANT (Adolphe). Recrutement des armées de terre et de mer, loi de 1872. 1 vol. in-4. 12 fr.

Réorganisation des armées active et territoriale, lois de 1873-1875. 1 vol. in-4. 18 fr.

RAMBERT (E.) et P. ROBERT. Les oiseaux dans la nature, description pittoresque des oiseaux utiles. 1 vol. in-folio avec 20 chromolithographies, 11 gravures sur bois hors texte, et de nombreuses gravures dans le texte, dans un carton. 50 fr.
— Le même, reliure riche. 60 fr.

RÉGAMEY (Guillaume). Anatomie des formes du cheval, à l'usage des peintres et des sculpteurs. 6 planches en chromolithographie, publiées sous la direction de Félix Régamey, avec texte par le Dr Kuhff. 8 fr.

REYMOND (William). Histoire de l'art. 1874, 1 vol. in-8. 5 fr.

RIBOT (Paul). Matérialisme et spiritualisme. 1873, in-8. 6 fr.

SALETTA. Principes de logique positive. In-8. 3 fr. 50

SECRÉTAN. Philosophie de la liberté, l'histoire, l'idée. 3e édition, 1879, 2 vol. in-8. 10 fr.

SIEGFRIED (Jules). La misère, son histoire, ses causes, ses remèdes. 1 vol. grand in-18. 3e édition (1879). 2 fr. 50

SIÈREBOIS. Autopsie de l'âme. Identité du matérialisme et du vrai spiritualisme. 2e édit. 1873, 1 vol. in-18. 2 fr. 50

SIÈREBOIS. La morale fouillée dans ses fondements. Essai d'anthropodicée. 1867, 1 vol. in-8. 6 fr.

SMÉE (A.). **Mon jardin**, géologie, botanique, histoire naturelle, 1876; 1 magnifique vol. gr. in-8, orné de 1300 fig. et 62 pl. hors texte. Broché, 15 fr. Cartonn. riche, tranches dorées. . 20 fr.

SOREL (ALBERT). **Le traité de Paris du 30 novembre 1815.** 1873, 1 vol. in-8. 4 fr. 50

TÉNOT (Eugène). **Paris et ses fortifications**, 1870-1880. 1 vol. in-8. 5 fr.

THULIÉ. **La folie et la loi.** 1867, 2e édit., 1 vol. in-8. 3 fr. 50

THULIÉ. **La manie raisonnante du docteur Campagne**, 1870, broch. in-8 de 132 pages. 2 fr.

TIBERGHIEN. **Les commandements de l'humanité.** 1872. 1 vol. in-18. 3 fr.

TIBERGHIEN. **Enseignement et philosophie.** In-18. 4 fr.

TIBERGHIEN. **La science de l'Ame.** 1 v. in-12, 3e édit. 1879. 6 fr.

TIBERGHIEN. **Éléments de morale univ.** 1 v. in-12, 1879. 2 fr.

TISSANDIER. **Études de Théodicée.** 1869, in-8 de 270 p. 4 fr.

TISSOT. **Principes de morale.** In-8. 6 fr.

TISSOT. Voy. KANT, page 3.

VACHEROT. **La science et la métaphysique.** 3 vol. in-18. 10 fr. 50

VACHEROT. Voyez pages 2 et 7.

VAN DER REST. **Platon et Aristote.** In-8, 1876. 10 fr.

VÉRA. **Strauss et l'ancienne et la nouvelle foi.** In-8. 6 fr.

VÉRA. **Cavour et l'Église libre dans l'État libre.** 1874, in-8. 3 fr. 50

VÉRA. **L'Hégélianisme et la philosophie.** In-18. 3 fr. 50

VÉRA. **Mélanges philosophiques.** 1 vol. in-8. 1862. 5 fr.

VÉRA. **Platonis; Aristotelis et Hegelii de medio termino doctrina.** 1 vol. in-8. 1845. 1 fr. 50

VÉRA. **Introduction à la philosophie de Hegel.** 1 vol. in-8, 2e édition. 6 fr. 50

VILLIAUMÉ. **La politique moderne**, 1873, in-8. 6 fr.

VOITURON (P.). **Le libéralisme et les idées religieuses.** 1 vol. in-12. 4 fr.

WEBER. **Histoire de la philos. europ.** In-8, 2e édit. 10 fr.

UNG (EUGÈNE). **Henri IV, écrivain.** 1 vol. in-8. 1855. 5 fr.

ZEVORT (Edg.). **Le Marquis d'Argenson**, et le Ministère des affaires étrangères de 1744 à 1747. 1 vol. in-8. 6 fr.

ENQUÊTE PARLEMENTAIRE SUR LES ACTES DU GOUVERNEMENT

DE LA DÉFENSE NATIONALE

DÉPOSITIONS DES TÉMOINS :

RAPPORTS :

PIÈCES JUSTIFICATIVES :

PRIX DE CHAQUE VOLUME. . . . . **15 fr.**

PRIX DE L'ENQUÊTE COMPLÈTE EN 18 VOLUMES. . . **241 fr.**

Rapports sur les actes du Gouvernement de la Défense nationale, se vendant séparément :

LES ACTES DU GOUVERNEMENT
DE LA
DÉFENSE NATIONALE
(DU 4 SEPTEMBRE 1870 AU 8 FÉVRIER 1871)

ENQUÊTE PARLEMENTAIRE FAITE PAR L'ASSEMBLÉE NATIONALE
RAPPORTS DE LA COMMISSION ET DES SOUS-COMMISSIONS
TÉLÉGRAMMES
PIÈCES DIVERSES — DÉPOSITIONS DES TÉMOINS — PIÈCES JUSTIFICATIVES
TABLES ANALYTIQUE, GÉNÉRALE ET NOMINATIVE

7 forts volumes in-4. — Chaque volume séparément 16 fr.

L'ouvrage complet en 7 volumes : 112 fr.

Cette édition populaire réunit, en sept volumes avec une Table analytique par volume, tous les documents distribués à l'Assemblée nationale. — Une Table générale et nominative termine le 7° volume.

ENQUÊTE PARLEMENTAIRE
SUR
L'INSURRECTION DU 18 MARS

1° RAPPORTS. — 2° DÉPOSITIONS de MM. Thiers, maréchal Mac-Mahon, général Trochu, J. Favre, Ernest Picard, J. Ferry, général Le Flô, général Vinoy, colonel Lambert, colonel Gaillard, général Appert, Floquet, général Cremer, amiral Saisset, Schœlcher, amiral Pothuau, colonel Langlois, etc. — 3° PIÈCES JUSTIFICATIVES.

1 vol. grand in-4°. — Prix : 16 fr.

COLLECTION ELZÉVIRIENNE

MAZZINI. **Lettres de Joseph Mazzini** à Daniel Stern (1864-1872), avec une lettre autographiée. .3 fr. 50

MAX MULLER. **Amour allemand,** traduit de l'allemand. 1 vol. in-18. .3 fr. 50

CORLIEU (le D'). **La mort des rois** de France, depuis François Ier jusqu'à la Révolution française, études médicales et historiques. 1 vol. in-18. .3 fr. 50

CLAMAGERAN. **L'Algérie,** impressions de voyage. 1 vol. in-18. .3 fr. 50

STUART MILL (J.). **La République de 1848,** traduit de l'anglais, avec préface par M. SADI CARNOT. 1 vol. in-18 (1875). 3 fr. 50

RIBERT (Léonce). **Esprit de la Constitution** du 25 février 1875. 1 vol. in-18. 3 fr. 50

NOEL (E.). **Mémoires d'un imbécile,** précédé d'une préface de *M. Littré.* 1 vol. in-18, 3e édition (1879). 3 fr. 50

PELLETAN (Eug.). **Jarousseau, le Pasteur du désert.** 1 vol. in-18 (1877). Couronné par l'Académie française. 6e édit. 3 fr. 50

PELLETAN (Eug.). **Élisée, voyage d'un homme à la recherche de lui-même.** 1 vol. in-18 (1877). 3 fr. 50

PELLETAN (Eug.). **Un roi philosophe,** Frédéric le Grand. 1 vol. in-18 (1878). 3 fr. 50

E. DUVERGIER DE HAURANNE (Mme). **Histoire populaire de la Révolution française.** 1 v. in-18, 2e édit., 1879. 3 fr. 50

ÉTUDES CONTEMPORAINES

BOUILLET (Ad.). **Les bourgeois gentilshommes. — L'armée d'Henri V.** 1 vol. in-18. 3 fr. 50

— **Types nouveaux et inédits.** 1 vol. in-18. 2 fr. 50

— **L'arrière-ban de l'ordre moral.** 1 vol. in-18. 3 fr. 50

VALMONT (V.). **L'espion prussien,** roman anglais, traduit par M. J. DUBRISAY. 1 vol. in-18. 3 fr. 50

BOURLOTON (Edg.) et ROBERT (Edmond). **La Commune et ses idées à travers l'histoire.** 1 vol. in-18. 3 fr. 50

CHASSERIAU (Jean). **Du principe autoritaire et du principe rationnel.** 1873. 1 vol. in-18. 3 fr. 50

NAQUET (Alfred). **La République radicale.** In-18. 3 fr. 50

ROBERT (Edmond). **Les domestiques.** In-18 (1875). 3 fr. 50

LOURDAU. **Le sénat et la magistrature dans la démocratie française.** 1 vol. in-18 (1879). 3 fr. 50

FIAUX. **La femme, le mariage et le divorce,** étude de sociologie et de physiologie. 1 vol. in-18. 3 fr. 50

PARIS (le colonel). **Le feu à Paris et en Amérique.** 1 vol. in-18. 3 fr. 50

OEUVRES COMPLETES

DE

EDGAR QUINET

Chaque ouvrage se vend séparément :

Édition in-8, le vol... 6 fr. | Édition in-18, le vol. 3 fr. 50

I. — Génie des Religions. — De l'origine des dieux. (Nouvelle édition.)
II. — Les Jésuites. — L'Ultramontanisme. — Introduction à la Philosophie de l'histoire de l'Humanité. (Nouvelle édition, avec préface inédite.)
III. — Le Christianisme et la Révolution française. Examen de la Vie de Jésus-Christ, par STRAUSS. — Philosophie de l'histoire de France. (Nouvelle édition.)
IV. — Les Révolutions d'Italie. (Nouvelle édition.)
V. — Marnix de Sainte-Aldegonde. — La Grèce moderne et ses rapports avec l'Antiquité.

VI. — Les Romains. — Allemagne et Italie. — Mélanges.
VII. — Ahasvérus. — Les Tablettes du Juif errant.
VIII. — Prométhée. — Les Esclaves.
IX. — Mes Vacances en Espagne. — De l'Histoire de la Poésie. — Des Epopées françaises inédites du XII° siècle.
X. — Histoire de mes idées.
XI. — L'Enseignement du peuple. — La Révolution religieuse au XIX° siècle. — La Croisade romaine. — Le Panthéon. — Plébiscite et Concile. — Aux Paysans.

Viennent de paraître :

Correspondance. Lettres à sa mère. 2 vol. in-18.... 7 »
Les mêmes. 2 vol. in-8. .... 12 »
La révolution. 3 vol. in-18.................... 10 50
La campagne de 1815. 1 vol. in-18............. 3 50
Merlin l'enchanteur, avec une préface nouvelle, notes et
commentaires, 2 vol. in-18. 7 fr.
Ou 2 vol. in-8. 12 fr.
La création. 2 vol. in-18........................ 7 fr.
L'esprit nouveau. 1 vol. in-18................. 3 fr. 50
La république. 1 vol. in-18. 3 fr. 50

BIBLIOTHÈQUE POPULAIRE

BARNI (Jules). Manuel républicain. 1 vol. in-18. 1 fr.
MARAIS (Aug.). Garibaldi et l'armée des Vosges, 1 vol.
in-18. 1 fr. 50
FRIBOURG (E.). Le paupérisme parisien. 1 fr. 25

BIBLIOTHÈQUE UTILE

LISTE DES OUVRAGES PAR ORDRE D'APPARITION

Le vol. de 190 p., br., 60 cent. — Cart. à l'angl., 1 fr.

Le titre de cette collection est justifié par les services qu'elle rend chaque jour et la part pour laquelle elle contribue à l'instruction populaire.

Les noms dont ses volumes sont signés lui donnent d'ailleurs une autorité suffisante pour que personne ne dédaigne ses enseignements. Elle embrasse *l'histoire, la philosophie, le droit, les sciences, l'économie politique et les arts,* c'est-à-dire qu'elle traite toutes les questions qu'il est aujourd'hui indispensable de connaître. Son esprit est essentiellement démocratique ; elle s'interdit les hypothèses et n'a d'autre but que celui de répandre les saines doctrines que le temps et l'expérience ont consacrées. Le langage qu'elle parle est simple et à la portée de tous, mais il est aussi à la hauteur du sujet traité.

I. — **Morand.** Introd. à l'étude des Sciences physiques. 2e édit.
II. — **Cruveilhier.** Hygiène générale. 6e édition.
III. — **Corbon.** De l'enseignement professionnel. 2e édition.
IV. — **L. Pichat.** L'Art et les Artistes en France. 3e édition.
V. — **Buchez.** Les Mérovingiens. 3e édition.
VI. — **Buchez.** Les Carlovingiens.
VII. — **F. Morin.** La France au moyen âge. 3e édition.
VIII. — **Bastide.** Luttes religieuses des premiers siècles. 4e éd.
IX. — **Bastide.** Les guerres de la Réforme. 4e édition.
X. — **E. Pelletan.** Décadence de la monarchie française. 4° éd.
XI. — **L. Brothier.** Histoire de la Terre. 4e édition.
XII. — **Sauson.** Principaux faits de la chimie. 3e édition.
XIII. — **Turck.** Médecine populaire. 4e édition.
XIV. — **Morin.** Résumé populaire du Code civil. 2e édition.
XV. — **Zaborowski.** L'homme préhistorique. 2e édit.
XVI. — **A. Ott.** L'Inde et la Chine. 2e édit.
XVII. — **Catalan.** Notions d'Astronomie. 2e édition.
XVIII. — **Cristal.** Les Délassements du travail.
XIX. — **Victor Meunier.** Philosophie zoologique.
XX. — **G. Jourdan.** La justice criminelle en France. 2e édition.
XXI. — **Ch. Rolland.** Histoire de la maison d'Autriche. 3e édit.
XXII. — **E. Despois.** Révolution d'Angleterre. 2e édition.
XXIII. — **B. Gastineau.** Génie de la Science et de l'Industrie.
XXIV. — **H. Leneveux.** Le Budget du foyer. Économie domestique.
XXV. — **L. Combes.** La Grèce ancienne.
XXVI. — **Fréd. Lock.** Histoire de la Restauration. 2e édition.
XXVII. — **L. Brothier.** Histoire populaire de la philosophie.
XXVIII. — **E. Margollé.** Les Phénomènes de la mer. 4e édition.
XXIX. — **L. Collas.** Histoire de l'Empire ottoman. 2e édition.
XXX. — **Zurcher.** Les Phénomènes de l'atmosphère. 3e édition.
XXXI. — **E. Raymond.** L'Espagne et le Portugal. 2e édition.
XXXII. — **Eugène Noël.** Voltaire et Rousseau. 2e édition.
XXXIII. — **A. Ott.** L'Asie occidentale et l'Egypte.
XXXIV. — **Ch. Richard.** Origine et fin des Mondes. 3e édition.
XXXV. — **Enfantin.** La Vie éternelle. 2e édition.

XXXVI. — L. Brothier. Causeries sur la mécanique. 2e édition.

XXXVII. — Alfred Doneaud. Histoire de la marine française.

XXXVIII. — Fréd. Lock. Jeanne d'Arc.

XXXIX. — Carnot. Révolution française. — Période de création (1789-1792).

XL. — Carnot. Révolution française. — Période de conservation (1792-1804).

XLI. — Zurcher et Margollé. Télescope et Microscope.

XLII. — Blersy. Torrents, Fleuves et Canaux de la France.

XLIII. — P. Secchi, Wolf, Briot et Delaunay. Le Soleil, les Étoiles et les Comètes

XLIV. — Stanley Jevons. L'Économie politique, trad. de l'anglais par H. Gravez.

XLV. — Em. Ferrière. Le Darwinisme. 2e édit.

XLVI. — H. Leneveux. Paris municipal.

XLVII. — Boillot. Les Entretiens de Fontenelle sur la pluralité des mondes, mis au courant de la science.

XLVIII. — E. Zevort. Histoire de Louis-Philippe.

XLIX. — Geikie. Géographie physique, trad. de l'anglais par H. Gravez.

L. — Zaborowski. L'origine du langage.

LI. — H. Blersy. Les colonies anglaises.

LII. — Albert Lévy. Histoire de l'air.

LIII — Geikie. La Géologie (avec figures), traduit de l'anglais par H. Gravez.

LIV. — Zaborowski. Les Migrations des animaux et le Pigeon voyageur.

LV. — F. Paulhan. La Physiologie d'esprit (avec figures).

LVI. — Zurcher et Margollé. Les Phénomènes célestes.

LVII. — Girard de Rialle. Les peuples de l'Afrique et de l'Amérique.

LVIII. — Jacques Bertillon. La Statistique humaine de la France (naissance, mariage, mort).

LIX. — Paul Gaffarel. La Défense nationale en 1792.

LX. — Herbert Spencer. De l'éducation.

LXI. — Jules Barni. Napoléon Ier.

LXII. — Huxley. Premières notions sur les sciences.

LXIII. — P. Baudoin. L'Europe contemporaine (1789-1879).

REVUE Politique et Littéraire	REVUE Scientifique
(Revue des cours littéraires, 2ᵉ série.)	(Revue des cours scientifiques, 2ᵉ série.)
Directeur :	Direoleurs :
M. Eug. YUNG.	MM. A. BREGUET, et Ch. RICHET.

La septième année de la **Revue des Cours littéraires** et de la **Revue des Cours scientifiques**, terminée à la fin de juin 1871, clôt la première série de cette publication.

La deuxième série a commencé le 1ᵉʳ juillet 1871, et depuis cette époque chacune des années de la collection commence à cette date.

REVUE POLITIQUE ET LITTÉRAIRE

La *Revue politique* continue à donner une place aussi large à la littérature, à l'histoire, à la philosophie, etc., mais elle a agrandi son cadre, afin de pouvoir aborder en même temps la politique et les questions sociales. En conséquence, elle a augmenté de moitié le nombre des colonnes de chaque numéro (48 colonnes au lieu de 32).

Chacun des numéros, paraissant le samedi, contient régulièrement :

Une *Semaine politique* et une *Causerie politique*, où sont appréciés, à un point de vue plus général que ne peuvent le faire les journaux quotidiens, les faits qui se produisent dans la politique intérieure de la France, discussions parlementaires, etc.

Une *Causerie littéraire* où sont annoncés, analysés et jugés les ouvrages récemment parus : livres, brochures, pièces de théâtre importantes, etc.

Tous les mois la *Revue politique* publie un *Bulletin géographique* qui expose les découvertes les plus récentes et apprécie les ouvrages géographiques nouveaux de la France et de l'étranger. Nous n'avons pas besoin d'insister sur l'importance extrême qu'a prise la géographie depuis que les Allemands en ont fait un instrument de conquête et de domination.

De temps en temps une *Revue diplomatique* explique, au point de vue français, les événements importants survenus dans les autres pays.

On accusait avec raison les Français de ne pas observer avec assez d'attention ce qui se passe à l'étranger. La *Revue* remédie à ce défaut. Elle analyse et traduit les livres, articles, discours ou conférences qui ont pour auteurs les hommes les plus éminents des divers pays.

Comme au temps où ce recueil s'appelait *la Revue des cours littéraires* (1864-1870), il continue à publier les principales leçons du Collège de France, de la Sorbonne et des Facultés des départements.

Les ouvrages importants sont analysés, avec citations et extraits, dès le lendemain de leur apparition. En outre, la *Revue politique* publie des articles spéciaux sur toute question que recommandent à l'attention des lecteurs, soit un intérêt public, soit des recherches nouvelles.

Parmi les collaborateurs nous citerons :

Articles politiques. — MM. de Pressensé, Ch. Bigot, Anat. Dunoyer, Anatole Leroy-Beaulieu, Clamageran.

Diplomatie et pays étrangers. — MM. Van den Berg, C. de Varigny, Albert Sorel, Reynald, Léo Quesnel, Louis Leger, Jezierski.

Philosophie. — MM. Janet, Caro, Ch. Lévêque, Véra, Th. Ribot, E. Boutroux, Nolen, Huxley.

Morale. — MM. Ad. Franck, Laboulaye, Legouvé, Bluntschli.

Philologie et archéologie. — MM. Max Müller, Eugène Benoist, L. Havet, E. Ritter, Maspéro, George Smith.

Littérature ancienne. — MM. Egger, Havet, George Perrot, Gaston Boissier, Geffroy.

Littérature française. — MM. Ch. Nisard, Lenient, Bersier, Cidel, Jules Claretie, Paul Albert, H. Lemaître.

Littérature étrangère. — MM. Mézières, Büchner, P. Stapfer, A. Barine.

Histoire. — MM. Alf. Maury, Littré, Alf. Rambaud, G. Monod.

Géographie, Economie politique. — MM. Levasseur, Himly, Vidal-Lablache, Gaidoz, Debidour, Alglave.

Instruction publique. — Madame C. Coignet, MM. Buisson, Em. Beaussire.

Beaux-arts. — MM. Gebhart, Justi, Schnaase, Vischer, Ch. Bigot.

Critique littéraire. — MM. Maxime Gaucher, Paul Albert.

Notes et impressions. — MM. Louis Ulbach, Pierre et Jean.

Ainsi la *Revue politique* embrasse tous les sujets. Elle consacre à chacun une place proportionnée à son importance. Elle est, pour ainsi dire, une image vivante, animée et fidèle de tout le mouvement contemporain.

REVUE SCIENTIFIQUE

Mettre la science à la portée de tous les gens éclairés sans l'abaisser ni la fausser, et, pour cela, exposer les grandes découvertes et les grandes théories scientifiques par leurs auteurs mêmes ;

Suivre le mouvement des idées philosophiques dans le monde savant de tous les pays;

Tel est le double but que la *Revue scientifique* poursuit depuis dix ans avec un succès qui l'a placée au premier rang des publications scientifiques d'Europe et d'Amérique.

Pour réaliser ce programme, elle devait s'adresser d'abord aux Facultés françaises et aux Universités étrangères qui comptent dans leur sein presque tous les hommes de science éminents. Mais, depuis deux années déjà, elle a élargi son cadre afin d'y faire entrer de nouvelles matières.

En laissant toujours la première place à l'enseignement supérieur proprement dit, la *Revue scientifique* ne se restreint plus désormais aux leçons et aux conférences. Elle poursuit tous les développements de la science sur le terrain économique, industriel, militaire et politique.

Elle publie les principales leçons faites au Collège de France, au Muséum d'histoire naturelle de Paris, à la Sorbonne, à l'Institution royale de Londres, dans les Facultés de France, les universités d'Allemagne, d'Angleterre, d'Italie, de Suisse, d'Amérique, et les institutions libres de tous les pays.

Elle analyse les travaux des Sociétés savantes d'Europe et d'Amérique, des Académies des sciences de Paris, Vienne, Berlin, Munich, etc., des Sociétés royales de Londres et d'Edimbourg, des Sociétés d'anthropologie, de géographie, de chimie, de botanique, de géologie, d'astronomie, de médecine, etc.

Elle expose les travaux des grands congrès scientifiques, les Associations *française, britannique et américaine*, le Congrès des naturalistes allemands, la Société helvétique des sciences naturelles, les congrès internationaux d'anthropologie préhistorique, etc.

Enfin, elle publie des articles sur les grandes questions de philosophie naturelle, les rapports de la science avec la politique, l'industrie et l'économie sociale, l'organisation scientifique des divers pays, les sciences économiques et militaires, etc.

Parmi les collaborateurs nous citerons :

Astronomie, météorologie. — MM. Faye, Balfour-Stewart. Janssen, Normann Lockyer, Vogel, Laussedat, Thomson, Rayet, Briot, A. Herschel, Callandreau, Trépied, etc.

Physique. — MM. Helmholtz, Tyndall, Desains, Mascart, Carpenter, Gladstone, Fernet, Bertin, Breguet, Lippmann.

Chimie. — MM. Wurtz, Berthelot, H. Sainte-Claire Deville, Pasteur, Grimaux, Jungfleisch, Odling, Dumas, Troost, Peligot. Cahours, Friedel, Frankland.

Géologie. — MM. Hébert, Bleicher, Fouqué, Gaudry, Ramsay, Sterry-Hunt, Contejean, Zittel, Wallace, Lory, Lyell, Daubrée, Velain.

Zoologie. — MM. Agassiz, Darwin, Haeckel, Milne Edwards, Perrier, P. Bert, Van Beneden, Lacaze-Duthiers, Giard, A. Moreau, E. Blanchard.

Anthropologie. — MM. de Quatrefages, Darwin, de Mortillet, Virchow, Lubbock, K. Vogt.

Botanique. — MM. Baillon, Cornu, Foivre, Spring, Chatin, Van Tieghem, Duchartre, Gaston Bonnier.

Physiologie, anatomie. — MM. Chauveau, Charcot, Moleschott, Onimus, Ritter, Rosenthal, Wundt, Pouchet, Ch. Robin, Vulpian, Virchow, P. Bert, du Bois-Reymond, Helmholtz, Marey, Brücke, Ch. Richet.

Médecine. — MM. Chauveau, Cornil, Le Fort, Verneuil, Liebreich, Lasègue, G. Séc, Bouley, Giraud-Teulon, Bouchardat, Lépine, L. H. Petit.

Sciences militaires. — MM. Laussedat, Le Fort, Abel, Jervois, Morin, Noble, Reed, Usquin, X***.

Philosophie scientifique. — MM. Alglave, Bagehot, Carpenter, Hartmann, Herbert Spencer, Lubbock, Tyndall, Gavarret, Ludwig, Th. Ribot.

Prix d'abonnement :

Une seule Revue séparément			Les deux Revues ensemble		
	Six mois.	Un an.		Six mois.	Un an.
Paris........	12ᶠ	20ᶠ	Paris........	20ᶠ	36
Départements.	15	25	Départements.	25	42
Étranger.....	18	30	Étranger....	30	50

L'abonnement part du 1ᵉʳ juillet, du 1ᵉʳ octobre, du 1ᵉʳ janvier
et du 1ᵉʳ avril de chaque année.

Chaque volume de la première série se vend : broché......	15 fr.
relié........	20 fr.
Chaque année de la 2ᵉ série, formant 2 vol., se vend : broché..	20 fr.
relié....	25 fr.

Port des volumes à la charge du destinataire.

Prix de la collection de la première série :

Prix de la collection complète de la *Revue des cours littéraires* ou de
la *Revue des cours scientifiques* (1864-1870), 7 vol. in-4. 105 fr.
Prix de la collection complète des deux *Revues* prises en même temps,
14 vol. in-4.. 182 fr.

Prix de la collection complète des deux séries :

Revue des cours littéraires et *Revue politique et littéraire*, ou *Revue
des cours scientifiques* et *Revue scientifique* (décembre 1863 — juillet 1880), 25 vol. in-4................................ 285 fr.
La *Revue des cours littéraires* et la *Revue politique et littéraire*, avec
la *Revue des cours scientifiques* et la *Revue scientifique*, 50 volumes
in-4.. 506 fr.

REVUE PHILOSOPHIQUE
DE LA FRANCE ET DE L'ÉTRANGER
Paraissant tous les mois

Dirigée par TH. RIBOT

Agrégé de philosophie, Docteur ès lettres

(4e année, 1880.)

La REVUE PHILOSOPHIQUE paraît tous les mois, depuis le 1er janvier 1876, par livraisons de 6 à 7 feuilles grand in-8, et forme ainsi à la fin de chaque année deux forts volumes d'environ 680 pages chacun.

CHAQUE NUMÉRO DE LA *REVUE* CONTIENT :

1° Plusieurs articles de fond ; 2° des analyses et comptes rendus des nouveaux ouvrages philosophiques français et étrangers; 3° un compte rendu aussi complet que possible des *publications périodiques* de l'étranger pour tout ce qui concerne la philosophie; 4° des notes, documents, observations, pouvant servir de matériaux ou donner lieu à des vues nouvelles.

Prix d'abonnement :

Un an, pour Paris, 30 fr. — Pour les départements et l'étranger, 33 fr.
La livraison...................... 3 fr.

REVUE HISTORIQUE
Paraissant tous les deux mois

Dirigée par MM. Gabriel MONOD et Gustave FAGNIEZ

(4e année, 1880.)

La REVUE HISTORIQUE paraît tous les deux mois, depuis le 1er janvier 1876, par livraisons grand in-8 de 15 à 16 feuilles, de manière à former à la fin de l'année trois beaux volumes de 500 pages chacun.

CHAQUE LIVRAISON CONTIENT :

I. Plusieurs *articles de fond*, comprenant chacun, s'il est possible, un travail complet. — II. Des *Mélanges et Variétés*, composés de documents inédits d'une étendue restreinte et de courtes notices sur des points d'histoire curieux ou mal connus. — III. Un *Bulletin historique* de la France et de l'étranger, fournissant des renseignements aussi complets que possible sur tout ce qui touche aux études historiques. — IV. Une *analyse des publications périodiques* de la France et de l'étranger, au point de vue des études historiques. — V. Des *Comptes rendus critiques* des livres d'histoire nouveaux.

Prix d'abonnement :

Un an, pour Paris, 30 fr. — Pour les départements et l'étranger, 33 fr.
La livraison...................... 6 fr.

TABLE ALPHABÉTIQUE DES AUTEURS

PARIS. — IMPRIMERIE E. MARTINET, RUE MIGNON, 2